Nadine Hauer
Die Mitläufer —
Oder die Unfähigkeit zu fragen

Nadine Hauer

Die Mitläufer

Oder
Die Unfähigkeit zu fragen

Auswirkungen des Nationalsozialismus auf die Demokratie von heute

Leske + Budrich, Opladen 1994

ISBN: 3-8100-1185-1

Druck und Verarbeitung: Druckerei Enk, Bocholt

Printed in Germany

Vorwort

Als die Forschungsarbeit, die Grundlage zum vorliegenden Buch, abgeschlossen war, stand die Mauer in Berlin noch, und es gab keine Anzeichen für zunehmende Gewalt, Ausländerfeindlichkeit und erstarkenden Rechtsextremismus. Und doch ließ diese Studie zwei Schlüsse zu: die „Wiederkehr des Verdrängten", die NS-Zeit, könnte in Deutschland und Österreich jederzeit wieder zum Durchbruch kommen; die Folgen des „Mitläufer"-Syndroms würden den (damals noch bestehenden) Ostblockstaaten, vor allem aber der DDR, noch bevorstehen. Überraschend waren nur das Ausmaß und die Schnelligkeit, mit der dies erfolgte. Manchmal ist es schlimm, recht zu haben.

Nadine Hauer
Wien im Oktober 1993

Inhaltsverzeichnis

„... Es liegt nahe, daran zu denken, daß die großen geschichtlichen Katastrophen, Kriege, Revolutionen, Untergang von Völkern, in viel innigerem Zusammenhang mit Einbrüchen von Neurosen stehen, als wir bis jetzt begriffen haben, die Erforschung dieser Zusammenhänge würde freilich eine doppelte Pathogenese bedingen, einmal die Krankheit als Ursache angesehen und einmal als Folge, jede ein Bild für sich, total verschieden in der Wirkung, mit total verschiedener Therapie. Wäre es nicht wichtig, zu wissen, vor allem wichtig, brennend wichtig, ob wir das Ursachenphänomen oder das Folgephänomen vor uns haben! ...“
„... Die Krankheit der Jugendlichen ist in Wahrheit die Sehnsucht nach Autorität, nach Persönlichkeit ...“

(Jakob Wassermann: Etzel Andergast, 1931)

1. Einleitung

Die Beschäftigung mit der KZ-Nachfolgegeneration, also den Kindern insbesondere jüdischer KZ-Opfer, gehört zwar auch zu jenen Themen, mit denen sich die Wissenschaft noch nicht ausreichend befaßt, aber es gibt doch immer wieder Ansätze dazu. Im allgemeinen konzentrieren sich die Wissenschaftler dabei auf die Generation der KZ-Opfer und sind der Ansicht, mit dem Aussterben der direkt betroffenen Opfer wären die Auswirkungen des KZ-Traumas beendet.

1984 ist im Wieder Sensen-Verlag die Studie „Extremtraumatisierung und ihre Folgen für die nächste Generation. Die psychischen Störungen der Nachkommen ehemaliger KZ-Häftlinge" erschienen. Die Autorin Hedi Francesconi konnte nachweisen, daß eine Reihe von Symptomen, die sich bei den KZ-Opfern zeigten, auch bei deren Kindern, die nach 1945 geboren sind, eindeutig feststellbar waren — zum Beispiel das sogenannte KZ-Syndrom. Und sie hat ebenso nachgewiesen, daß unter anderen auch dieses Symptom in abgeschwächter Form an die nachfolgende(n) Generation(en) weitergegeben wird, wenn keine bewußte Bewältigung des erlittenen Traumas erfolgt.

Mehrere Anhaltspunkte führten mich zu der Überlegung, eine ähnliche Traumatisierung könnte es auch bei den Nachfolgegenerationen derjenigen geben, deren Eltern „auf der anderen Seite" standen, in irgendeiner Form „Täter" waren, aber auch bei jenen — und das schien mir fast noch wesentlicher —, deren Eltern bewußt oder unbewußt, gewollt oder ungewollt, weggesehen haben, nichts wissen wollten oder konnten, also „Mitläufer" waren, die sich unterordneten, das Geschehene geschehen ließen usw.

Ethnopsychoanalytisch orientierte Autoren — Georges Devereux hat sich dieses Themas schon 1956 angenommen — weisen darauf hin, daß es ein „ethnisches Unterbewußtsein" gibt, das sich aus all dem zusammensetzt, was eine Generation entsprechend den fundamentalen Anforderungen ihrer Kultur selbst zu verdrängen lernt und dann ihrerseits die folgende Generation zu verdrängen zwingt. Zu dieser Form „ethnischer Störungen" des Unterbewußtseins kann auch das „kollektive Schuldgefühl" gerechnet werden, von dem seit 1945 so viel — behauptend oder ablehnend — die Rede ist.

Alice Miller hat in ihrem 1981 erschienenen Buch „Du sollst nicht merken" ein Kapitel den sogenannten nicht-sexuellen Tabus gewidmet. In ihrer analytischen Praxis (und sie vertrat den Standpunkt, daß ihre Patienten keine Ausnahmen waren) hat sie Störungen festgestellt, die mit der NS-Zeit der Elterngeneration eindeutig im Zusammenhang stehen. „Die gefährlichen Zonen, die es zu vermeiden gilt, sind Schuld- und Schamgefühle der Eltern, ihre Verwirrung und Enttäuschung über das eigene Verführtsein angesichts der Katastrophe, in die Hitler sie geführt hatte. Und auch hier gilt das Gesetz der Erziehung: nicht nur das Geschlagenwerden und der sexuelle Mißbrauch wird den Kindern weitergegeben, sondern auch die Schuldgefühle. ...Das verleugnete Trauma ist wie eine Wunde, die nie vernarben kann und die jederzeit wieder anfangen kann zu bluten."

Das Gesagte trifft zweifellos auch auf die Opfer zu. In meiner Studie ging es aber um die „andere Seite" und um die Erkenntnis, daß die nachfolgende(n) Generation(en) durch das nationalsozialistische System psychisch geschädigt wurde(n). Das konnte ich auch in meiner jahrelangen Tätigkeit als Journalistin bei Interviews und in der Erwachsenenbildung feststellen: Viele haben mündlich oder schriftlich zum Ausdruck gebracht, daß sie unter der Schuld leiden, die ihre Eltern den Opfern gegenüber auf sich geladen haben, und daß sie ganz besonders auch darunter leiden, daß ihre Eltern ein Gespräch mit ihnen darüber verweigert, sie mit diesem Problem also im Stich gelassen haben. Und sie sahen sich selbst kaum imstande, später ihren Kindern Erklärungen für die NS-Zeit zu geben, weil es da immer noch eine „dunkle Stelle" gab, ein Tabu, das nicht überwunden ist (Alice Miller).

Die Auseinandersetzung mit den Opfern, Widerstandskämpfern und Tätern im Zusammenhang mit dem Nationalsozialismus ist für viele kein Tabu mehr. Auffällig aber ist, daß diese Auseinandersetzung mit der großen Mehrheit der Bevölkerung, also mit den sogenannten „Mitläufern", bisher nicht stattgefunden hat. Da es aber dieser große Teil der Bevölkerung war, der diese Diktatur — freiwillig oder unfreiwillig, gewollt oder ungewollt, bewußt oder unbewußt — mitgetragen hat, ist es kaum vorstellbar, daß diese Zeit bei diesen achtzig bis neunzig Prozent der Bevölkerung keine Spuren hinterlassen hat, auch wenn sie davon weniger aktiv oder passiv betroffen waren als die Opfer, Widerstandskämpfer und Täter. Auffällig ist, daß es, im Gegensatz zu den Opfern,

Widerstandskämpfern, aber auch Tätern, vor allem die große Mehrheit der „Mitläufer“ ist, die den Nationalsozialismus zum Tabu „gemacht“ hat und daran bis heute festhält; wäre das nicht eher ein Beweis dafür, daß auch sie von dieser Zeit stark und nachhaltig geprägt worden sind?

Das würde bedeuten, daß der Nationalsozialismus nicht nur die damals lebende Generation geistig und seelisch beeinträchtigt hat, sondern daß diese Beeinträchtigung auch auf die nachfolgende(n) Generation(en) weiterwirkt. Sollten meine Überlegungen stimmen, so müßten sich ähnliche Auswirkungen auf die „Mitläufer-“Nachfolgegeneration(en) auch in jenen Ländern herausstellen, in denen kommunistische Diktaturen zu Ende gegangen sind.

1.1. Mögliche Mißverständnisse oder Einwände vorweggenommen

Die Grundlage dieses Buches bildet ein Forschungsprojekt, das vom österreichischen „Fonds zur Förderung der wissenschaftlichen Forschung“ in der Zeit von Oktober 1987 bis März 1990 finanziert wurde. Die vorliegende Publikation sollte aber ein populärwissenschaftliches Buch werden, ich habe daher bewußt in Sprache und Form die typisch wissenschaftliche Schreibweise vermieden.

Obwohl ich Politologin bin, galt dieses Projekt unter der Leitung des Wiener Tiefenpsychologen Prof. Dr. Hans Strotzka als psychologische Forschungsarbeit, vor allem auch deshalb, weil ich sowohl in der Vorgangsweise als auch bei der Auswertung psychologische Methoden verwendet habe. Die Verbindung zur Politikwissenschaft ergab sich durch die „Politische Psychologie“, die zwar (noch) nicht in Österreich, aber in der BRD, in der Schweiz und in Italien bereits Bestandteil der Psychologie geworden ist.

Leider haben die Politologen den Stellenwert der Psychologie für ihre Wissenschaft bisher nicht genügend anerkannt, ebensowenig wie den Begriff der „Politischen Kultur“. Seit dem Abschluß des Forschungsprojektes im Frühjahr 1990 habe ich daher ausschließlich in psychologischen Fachzeitschriften publiziert und ausschließlich bei psychologischen Fachtagungen und an psychologischen Instituten deutscher Universitäten Vorträge gehalten.

Bei den jeweils anschließenden Diskussionen über meine Ergebnisse wurden Einwände gebracht, die ich im wesentlichen berücksichtigt habe. Wegen meiner vorwiegend gesellschaftlichen Orientierung bei der Auswertung und Interpretation kam es aber auch immer wieder zu

Mißverständnissen. Durch die Methode des Tiefeninterviews und meine Orientierung an der Neurosenlehre bin ich zwar zu Ergebnissen gekommen, die auch individualpsychologisch und familientherapeutisch interessant sind (das kam vor allem bei den Fachtagungen zum Ausdruck), ich habe aber letztlich doch den Schwerpunkt auf die gesellschaftspolitische Bedeutung meiner Ergebnisse gelegt. Dabei habe ich mich an die Wissenschaftstheorie von Karl Popper gehalten, wonach jede Theorie nur bis zu ihrer Widerlegung Bestand hat; Gegenargumente waren mir daher wichtiger als Bestätigungen.

Aus dem Titel meines abschließenden Forschungsberichtes an den „Fonds zur Förderung der wissenschaftlichen Forschung" — „Auswirkungen gesellschaftlicher Tabus auf die Nachfolgegenerationen — am Beispiel des Nationalsozialismus" — sollte deutlich zum Ausdruck kommen, daß das NS-Tabu nur ein Fallbeispiel war. Mir lag — und liegt auch in dieser Publikation — daran, nachzuweisen, daß meine Ergebnisse in den wesentlichen Punkten für gesellschaftliche Tabus im allgemeinen Gültigkeit haben. Das DDR-Kapitel, das erst später entstanden ist, soll dafür ein weiteres Beispiel sein.

2. Grundlegende Überlegungen — Die Hypothesen

In den Jahren vor der „Wende“ häuften sich vor allem in der ehemaligen BRD die Fälle, in denen die „dunkle Stelle“ zum zentralen Thema in Psychotherapien geworden ist. Diese Tatsache hat die Therapeuten selbst in ein Dilemma gebracht. Während nämlich so heikle Themen wie Sexualität, Geschlechterrollen und Mutter/Vater-Töchter/Söhne-Konflikte bereits feste Bestandteile jeder Therapeutenausbildung sind, ist die NS-Zeit auch hier eine „dunkle Stelle“ geblieben. Daß die Zahl der Fälle in Therapien und daher das Dilemma der Therapeuten in Österreich noch immer viel geringer oder nur in Ansätzen vorhanden ist, läßt keineswegs den Schluß zu, das Problem wäre in Österreich nicht relevant. Im Gegenteil: die historische „Lebenslüge“, Österreich wäre das erste Opfer Hitler-Deutschlands gewesen, hat es nur stärker verstellt und in bewährt österreichischer Manier unterschwellig belassen. Almuth Massing, Psychoanalytikerin am Zentrum für Psychologische Medizin der Universität Göttingen, hat 1982 gemeinsam mit anderen Autoren das Buch „Mehrgenerationen-Familientherapie“ veröffentlicht. Darin stellt sie fest, daß ein wesentlicher Aspekt der NS-Generation, über ihre Erlebnisse Stillschweigen zu bewahren, die Angst aus der NS-Ideologie war: „Wenn ich rede, was ich denke, sehe, weiß und fühle, dann werde ich bestraft“. „Das Mißtrauen saß so stark in den Knochen“, daß es auch dann nicht aufgegeben werden konnte, als die Realität diesem Verhalten nicht mehr entsprach. Nach Alice Millers These, wonach Kinder die Tabus ihrer Eltern stillschweigend übernehmen, akzeptierten diese, daß sich Fragen zur NS-Zeit „nicht gehören“ und durch negative Reaktionen der Eltern „bestraft“ werden.

Die NS-Generation — so Almuth Massing — hat aber ein massives Interesse, das Thema der Enkelgeneration gegenüber zur Sprache zu bringen. Sie wollen „in Ruhe sterben können“, wollen ihre Erlebnisse noch rasch abladen. Sie haben immer daran gedacht, nun wollen sie ihr Unbehagen und ihre Schuldgefühle loswerden. In Therapien kommt deutlich zum Ausdruck, daß auch bei den Mitläufern „latent immer ein Unrechtsbewußtsein da war". Heute sagen sie auch, daß sie viel mehr gesehen, viel mehr geahnt, ja gewußt haben, als sie früher jemals zugeben wollten. Nicht von der Vernichtung der Juden, nicht von Auschwitz, aber über das viele Unrecht, das täglich geschehen ist. Dieses Bedürfnis nach „Abladen" kommt auch außerhalb von Therapien in vielen Gesprächen mit alten Leuten deutlich zum Ausdruck.

Ein wesentlicher Grund, warum die NS-Generation mit ihren Kindern über ihre Erfahrungen, ihr „Unrechtsbewußtsein" nicht sprechen konnte oder wollte, war die Angst, die Autorität als Eltern zu verlieren. Horst Eberhard Richter schreibt in „Die Chance des Gewissens", daß zumindest in der BRD die 68er-Bewegung auch gegen das Tabu NS-Zeit, gegen diese Mauer des Schweigens opponierte (für Österreich hat das keine Rolle gespielt): Plötzlich bekam die junge Generation „ein Machtmittel" zur öffentlich legitimierten Kritik an den Eltern, also an der NS-Generation „in die Hand", der diese keineswegs gewachsen war. Trotzdem blieb die 68er-Generation — in der ja nur eine Minderheit aktiv war — hilflos: sie blieb in persönlichen Attacken stecken. Sie wollte den Eltern Fragen stellen, wußte aber nicht, welche Fragen sie stellen sollte, weil sie über den Alltag der NS-Zeit zu wenig wußte. Die Schein-Auseinandersetzung verbohrte sich im Angriff „Ihr seid schuld" und in der Verteidigung „Wir haben nichts getan, wir haben nichts gewußt". Was nach Bewältigung aussah, wurde nur zur öffentlichen Frontstellung zwischen den Generationen.

Das gemeinsame Tabu „Alltagsleben in der NS-Zeit" und „Unrechtsbewußtsein" führte in eine gefährliche Sackgasse: in die Fixierung auf die Vernichtung der sechs Millionen Juden und Auschwitz einerseits und auf den Krieg und die Bombenangriffe gegen Kriegsende andererseits. Damit lenkte die NS-Generation vom NS-Alltagserleben, von allem, was sie wußte, ab, denn hinsichtlich der systematischen Judenvernichtung und Auschwitz konnten die meisten nun tatsächlich reinen Gewissens behaupten, sie wären daran nicht beteiligt gewesen, hätten davon auch nichts gewußt, und durch den Krieg und die Bomben waren sie selbst Opfer geworden. Die Beteiligung an der Diskriminierung (nicht nur der Juden!), das Mit-Tun im NS-Alltag und das Akzeptieren des Krieges zu Beginn blieb somit weiterhin gemeinsames Tabu.

An der stillschweigenden Aufrechterhaltung dieses Tabus hatte die Nachfolgegeneration allerdings ebenfalls großes Interesse. Nicht nur die zwar lautstark öffentlich geäußerte, aber innerhalb der Familie weiterhin tabuisierte Kritik an den Eltern, spielte dabei eine Rolle. Das Hinterfragen des normalen NS-Alltags, das mögliche Verständnis für die „Normalität“, in die die Eltern verstrickt waren, hätte ja bedeutet (und bedeutet es bis heute), auch die heutige „Normalität“, die eigene Sozialisation, die persönliche (Un)Fähigkeit zum Widerspruch in weit weniger schwierigen Situationen zu hinterfragen. Die stillschweigende Weitergabe von Verhaltensweisen erfolgte also beinahe lückenlos.

Je mehr unbewältigter Konfliktstoff innerhalb einer Familie vorhanden ist, desto mehr davon wird an die dritte Generation und an die nächsten weitergegeben (Almuth Massing), sowohl „rein privat“ wie gesellschaftlich. Der Konflikt Eltern — Kinder, den es in jeder Generation gibt, erhielt durch die NS-Zeit nach 1945 eine besondere Dimension. Lautete der Konflikt NS-Generation — Kinder „Ihr seid schuld“ und „Wir waren es nicht“, so liegt er in der nächsten Eltern-Kind-Generation darin, keine Gesprächsbasis zu haben, weil die Eltern nichts wissen, nicht gefragt haben, nicht fragen konnten oder auch nicht fragen wollten.

Für die Enkelgeneration (und die folgenden?) bedeutet das: sie trägt die unaufgearbeiteten Tabus mit. Vieles, was es an Konflikten zwischen Eltern und Kindern immer gegeben hat und gibt, hat durch die NS-Ideologie eine über dieses übliche Maß hinausgehende Dimension bekommen. Hat nicht das Gefühl der Orientierungslosigkeit bei vielen Jugendlichen — nicht nur bei den sogenannten Neonazis — heute möglicherweise *auch* damit zu tun, daß Wesentliches unausgesprochen geblieben ist? Daß Ideologien und Werte durch die NS-Ideologie fragwürdig geworden und daher kein Thema mehr sind?

Als besonders heikel im Rahmen dieses an sich schon unbeliebten Themas erweist sich die Rolle der Frauen, vor allem der Mütter. Selbst bei den Therapeuten, die dem Thema NS-Zeit und seinen psychosozialen Folgen nicht mehr ausweichen, gilt dieses Thema als besonders heißes Eisen, an das man besser nicht rührt. In meiner Studie sollte auch dieses heiße Eisen aufgegriffen werden — aus einem einfachen Grund: wenn die Sozialisation wesentlich durch die Erziehung erfolgt, so müssen Mütter dabei auch in der NS-Zeit eine wichtige Rolle gespielt haben, denn bis heute spielen die Mütter eine wesentliche Rolle in Erziehung und Sozialisation. Außerdem waren Frauen, also auch Mütter, ebenso „Mitläufer“ wie Männer. Oder haben sie nicht im Alltag gelebt, vieles gesehen, geahnt, gewußt, oft sogar auch mitgemacht?

Die NS-Generation sieht sich selbst als Opfer: als Opfer der NS-Propaganda und als Opfer des Krieges — berechtigt. Auch die Nachfolgegeneration sieht sich als Opfer: als Opfer von NS-Eltern, die nicht mit ihnen gesprochen haben — ebenfalls berechtigt. Bei den Eltern geht es darum, nicht „Täter“, auch nicht „Mit-Täter“ oder „Mitläufer“ zu sein. Und die Nachfolgegeneration will sich nicht als Kinder von „Tätern“, auch nicht von „Mit-Tätern“ oder „Mitläufern“ sehen. Auch aus diesem Grund erfolgte die stillschweigende Einhaltung des Tabus bei der Nachfolgegeneration: man wollte gar nicht so genau wissen, ob und was die Eltern getan, gesehen oder gewußt haben.

Wie Alice Miller sieht Thea Bauriedl, Psychoanalytikerin und Begründerin des „Institut für Politische Psychoanalyse“ in München, in Schuld und Scham einen wichtigen Grund dafür, daß so viele dem Thema NS-Zeit so hartnäckig ausweichen. In „Die Wiederkehr des Verdrängten. Psychoanalyse, Politik und der Einzelne“ hat sie 1986 festgehalten, daß darin auch der Grund zu finden ist, warum alltägliche Verhaltensweisen aus der NS-Zeit ständig wiederholt werden: man sieht zu, hält sich heraus, auch dort, wo es keineswegs an die Existenz geht.

Man kann von einem kollektiven Narzißmus sprechen, der sich auch in Gesellschaft und Politik niederschlägt: Macht bedeutet wie damals die Stärke des „Guten“ gegen die Bedrohung des „Bösen“. Bis zur „Wende“ beziehungsweise bis zum völligen Zusammenbruch der Ostblock-Diktaturen war der Kommunismus für die westdeutsche und österreichische Gesellschaft das „Böse“; heute sind die jeweilige „Politische / Wirtschaftliche Moral“ oder die eigene Nationalität das „Gute“, ist die jeweils andere Auffassung von Politischer/Wirtschaftlicher Moral oder die jeweils andere Nationalität das „Böse“. Die Feindbilder haben sich nur verschoben. „Die Giftmenge ist dieselbe geblieben, sie wird vielleicht verdünnter, aber sie verteilt sich mehr“, meint Thea Bauriedl, denn es wurden nicht nur die NS-Inhalte, sondern auch deren Grundprinzipien weitergegeben; und diese stehen im Gegensatz zu der Einsicht, daß jeder im Zweifelsfall sowohl Opfer wie (Mit)Täter oder Mitläufer sein kann, und daß in diesem Zweifelsfall die meisten doch lieber nicht auf der Seite der Opfer stehen.

Die Tatsache, daß die ehemalige DDR sich als antifaschistischer Staat deklarierte, darf nicht darüber hinwegtäuschen, daß die NS-Zeit dort weniger thematisiert wurde als in der alten BRD und sogar als in Österreich. Alle angeführten Überlegungen betreffen daher auch die Fünf Neuen Länder.

Da ich der Meinung bin, daß vor allem das Schweigen der großen Mehrheit der „Mitläufer“ über den NS-Alltag dafür ausschlaggebend ist, daß sich das Tabu NS-Zeit so hartnäckig halten und bis heute auswirken konnte, versuchte ich, mich diesem Alltag über die in den Familien vermittelte Kommunikationsweise zu nähern.

Ausgehend von der Annahme, daß die Identität eines Heranwachsenden durch die frühe Sozialisation grundgelegt wird, vermutete ich einen Zusammenhang zwischen der Kommunikation über ein gesellschaftliches Tabu-Thema und der in der Familie erlernten allgemeinen Kommunikation. Daraus ergab sich die Hypothese: Die Art und Weise, wie über ein gesellschaftliches Tabu in der Familie kommuniziert wird, gleicht der Kommunikation im Familien-Alltag (also auch über Meinungen, Werte etc.) oder ist ihr zumindest sehr ähnlich. Stimmt diese Hypothese, so würde das weiter bedeuten: Die Kommunikation über ein gesellschaftliches Tabu wirkt sich auf die individuelle Identität eines Heranwachsenden ebenso aus wie auf seine gesellschaftliche Orientierung, also auf seine spätere politische Identität.

Diese beiden Hypothesen ergaben noch zwei Fragen: Gibt es weitere Auswirkungen auf die nachfolgende(n) Generation(en) (also die Enkel etc. der NS-Generation)? Was folgt daraus für die gesellschaftliche/politische Kultur in der ehemaligen (und heutigen) BRD und in Österreich?

Der Tabu-Kreis

„Wenn man etwas ausspricht,
wird es existent“ (Oscar Wilde)

Was ist ein „Tabu“? Das Wort „tabù“ stammt aus dem Polynesischen und heißt in dieser Sprache „heilig“. Es bedeutet, daß eine Person oder eine Sache im Gegensatz zum Gewöhnlichen, Profanen („nóa“) steht und nicht von jedem nach Belieben berührt oder gebraucht werden kann, weil darin das Übernatürliche wohnt, das dem Menschen zwar sehr wertvoll, aber auch gefährlich werden kann, wenn er sich ihm unvorbereitet nähert. Das „Heilige“ wird daher mit einem „Zaun“ von Tabu-Vorschriften mit oft verwirrenden, unberechenbaren und strengen Bestimmungen über Rein und Unrein, Erlaubt und Verboten umgeben, um den menschlichen Trieben Schranken zu setzen und dadurch ein Zusammenleben zu ermöglichen. Diese Tabus dienen daher auch der Sicherung der Schwachen — vorwiegend Frauen, Kindern und gewöhnlichen Menschen im allgemeinen — gegen die magischen Kräfte der Priester und Häuptlinge. Es gibt aber auch andere Tabus, die der Erhaltung der Macht eben dieser mächtigen „mana“ dienen.

Während das Tabu bei den afrikanischen Völkern einen Ort hat, den jeder kennt und an dem sich jeder orientieren kann, hat es in unserer Kultur diesen Ort verloren. Das Tabu ist abstrakt und unkontrollierbar geworden und bleibt der Phantasie jedes einzelnen überlassen, der sich in dieser Orientierungslosigkeit oft überfordert fühlt. Freud hat das Tabu als das „unbestechliche Gewissen“ (Almuth Massing spricht vom „latenten Unrechtsbewußtsein“) bezeichnet; doch schließlich rächt sich das verletzte Tabu, das der Machterhaltung oder der Verdrängung dient, denn ein schlechtes Gewissen allein engt den Spielraum von Denken und Fühlen ein und führt zu „ungerechtem“/„unfairem“ Handeln.

Aufgrund dieser Überlegungen habe ich zu den Auswirkungen gesellschaftlicher Tabus den „Tabu-Kreis“ entwickelt:

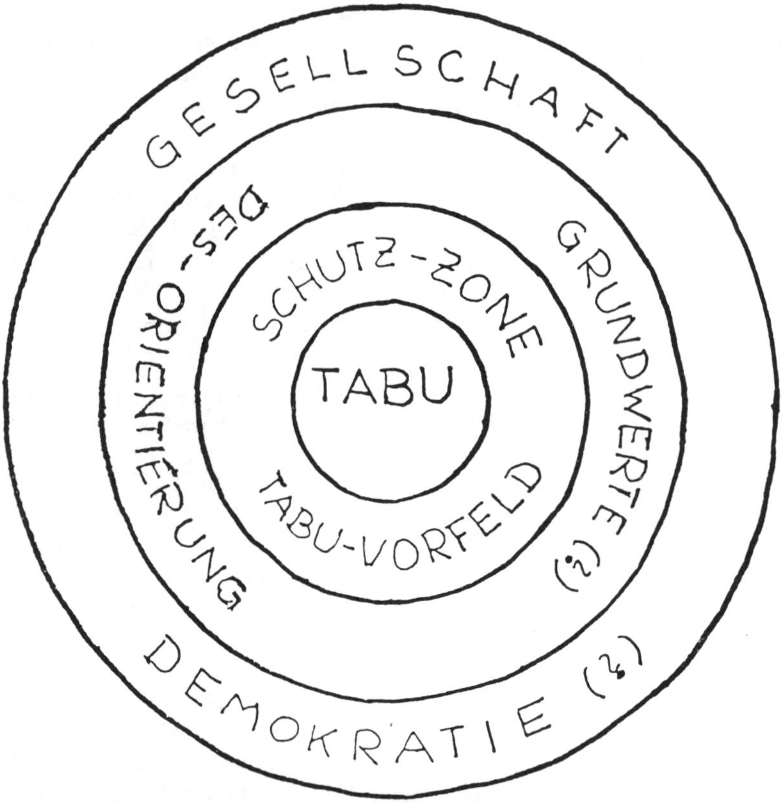

Zu diesem „Tabu-Kreis“ kam ich aufgrund folgender Überlegungen: Wenn es ein Tabu gibt, so löst die Angst davor, das Tabu könnte angesprochen werden, eine ähnliche Reaktion aus wie der „vorauseilende“ Gehorsam: man versucht, allen Themen, allen Begriffen und Wörtern auszuweichen, die möglicherweise mit dem Tabu zu tun haben oder auch nur im entferntesten zu tun haben könnten; ich habe diese Schicht das „Tabu-Vorfeld“ oder „Schutzzone“ genannt, weil dahinter die unbewußte Absicht steht, sich davor zu schützen, mit dem Tabu konfrontiert zu werden, das man verdrängt hat. Während dieser „vorauseilende“ Gehorsam durch „vorauseilendes“ Wohlverhalten eine Vorausleistung für Zuwendung und Belohnung darstellt, soll die gleichzeitige „vorauseilende“ Angst vor „Bestrafung“ oder Ablehnung schützen.

Dieser Abwehrmechanismus — um einen solchen handelt es sich zweifellos — hat auch die Funktion, ein Krisenbewußtsein zu vermeiden. Jede(r) vermeidet es, sich mit einem belastenden Konflikt zu beschäftigen, wenn er/sie meint, nicht die Kraft zu haben, um ihn zu lösen. Dieser vordergründige Vorteil hat aber sehr nachteilige Folgen für das Seelenleben, da die Spannungen des Konflikts erhalten bleiben. Je größer die Zahl derer, die von diesen Spannungen betroffen sind, desto größer ist der gesellschaftliche Stellenwert des verdrängten Konfliktes.

Je stärker das Tabu, individuell oder gesellschaftlich, desto dichter muß die „Schutzzone" sein. In diese „Schutzzone" fallen auch Werte und Vorstellungen, die zur individuellen und gesellschaftlichen Orientierung wichtig wären. Bekommen Kinder und Jugendliche aber keine Wertvorstellungen vermittelt, an denen sie sich reiben, die sie hinterfragen können, so nimmt man ihnen die Möglichkeit, selbst eine persönliche und gesellschaftliche Orientierung zu finden. Die Folge ist eine „Des-Orientierung" aufgrund mangelnder Wertvorstellungen („Sinnlosigkeit").

Schon von Werten zu sprechen ist heute fragwürdig, gilt von vornherein als übermäßig konservativ bis reaktionär. Begriffe wie Loyalität, Verantwortung, Leistung, Pflicht, Heimat, Kameradschaft, Autorität, Aggression oder Macht — um nur einige aufzuzählen — lösen bis heute vor allem bei allen jenen, die fortschrittlich sein wollen, aber auch bei Jugendlichen negative Assoziationen aus; ihr Stellenwert auch in einer demokratischen Gesellschaft wird daher nicht vermittelt. Ganz abgesehen davon, daß diese Begriffe — wie immer man dazu steht — Bestandteil unseres Alltags sind und durch Leugnung oder Verdrängung nicht aus dem gesellschaftlichen Leben verschwinden. Diese Begriffe sind durch den Nationalsozialismus so stark in Mißkredit geraten, daß sie auch heute noch nicht ohne Unbehagen angesprochen werden können. Damit fallen viele Wert-Begriffe in die „Schutzzone" vor dem gesellschaftlichen Tabu, es wird unmöglich, Jugendlichen eine Orientierung für ihr persönliches Verhalten in der Gesellschaft (eine „Weltanschauung") zu geben.

Im Unterschied zu einem „nur" individuellen oder familiären Tabu, das mit Hilfe von außen (Therapie) angesprochen werden kann, ist das beim gesellschaftlichen nicht möglich, weil die möglichen Helfer an diesem kollektiven Tabu teilhaben. Erst in den letzten Jahren ist das Vorhandensein dieses gesellschaftlichen Tabus auch zwischen Therapeuten und Klienten vereinzelt angesprochen worden. Das Ausblenden einer gesellschaftlich nicht akzeptierten Realität ist auch in anderen Bereichen nachweisbar. So hat — um nur ein Beispiel zu nennen — ein Forscherteam festgestellt („Psychologie Heute" vom Juli 1992), daß die auch unter Psychologen verbreitete Ansicht, Frauen erkrankten viel häufiger an Depressionen als Männer, der Realität nicht entspricht. Zu den Gründen, die das Forscherteam für die Hartnäckigkeit der Fehldiagnosen anführte, gehörte die Tatsache, daß Experten, weil sie Depressionen für eine eher weibliche Krankheit halten, Männer viel seltener nach Symptomen fragen, die für Depressionen typisch sind.

Zwei Gründe könnten – von ihrer eigenen Verstrickung in gesellschaftliche Tabus abgesehen – dafür ausschlaggebend sein, daß Therapeuten den Stellenwert gesellschaftlicher Strukturen (Tabus sind Bestandteile dieser Strukturen) für den Einzelnen nicht ansprechen. Zum einen ist es auch für sie selbst schwierig, mit ihrer Ohnmacht gegenüber diesen Strukturen zurandezukommen, zum anderen bedeutet das Akzeptieren der Grenzen in diesen gesellschaftlichen Strukturen, daß der einzelne auch für die Gesellschaft, in der er lebt, Verantwortung trägt, nicht nur für sein persönliches Leben – und wie sollte ein Therapeut ihm dabei helfen?

Im gesellschaftlichen Zusammenhang hat das Festhalten an gesellschaftlichen Tabus durch die Des-Orientierung als Folge der „Schutzzone“ schwerwiegende Bedeutung für die Fähigkeit beziehungsweise Unfähigkeit zur Gestaltung einer demokratischen Kultur.

3. Der Theoretische Ansatz — Methode

3.1. Ethnopsychoanalyse

Als theoretischen Ansatz habe ich die Ethnopsychoanalyse gewählt (Georges Devereux, Mario Erdheim, Paul Parin u.a.). Die Ethnopsychoanalytiker meinen, daß alles, was Soziologen und Psychologen in einer fremden Kultur beobachten, um diese Gesellschaft zu verstehen, auch für das eigene Land Gültigkeit hat. Ethnopsychoanalytischer Ansatz bedeutet daher, sich als Angehörige(r) der eigenen Gesellschaft wie ein(e) Beobachter(in) außerhalb zu stellen und zu beschreiben, welche Spielregeln, Normen und Rituale gelten, an die man sich — längst nicht mehr hinterfragt — hält.

Jede Gesellschaft — auch unsere — besteht auch aus einer Vielzahl alltäglicher Rituale und Normen, an die wir uns so gewöhnt haben, daß sie selbstverständlich geworden sind. Diese Normen und Rituale, die sich auch in Sprachregelungen niederschlagen und für den Alltag notwendig sind, kommen bei uns nicht anders zustande als in anderen Kulturen. Jede Gesellschaft hat ihre Geschichte und ihre Erfahrungen, die auch in Form von Normen weitergegeben werden, die irgendwann einmal nicht mehr hinterfragt werden, weil ihr Ursprung nicht mehr bekannt ist. An diesen tradierten Normen entzündet sich so mancher Generationenkonflikt. Nun gibt es aber nicht nur Spielregeln, Normen und Rituale, die für den Alltag einer Generation durchaus sinnvoll sind und durch nachfolgende Generationen sinnvoll verändert werden, sondern auch solche, die durch kollektive Verdrängung entstanden sind, unbemerkt in den Alltag eindringen und die Gesellschaft belasten.

Tiefgreifende Erfahrungen, die eine ganze Gesellschaft betroffen haben, in die also jede(r) aktiv oder passiv einbezogen war, hinterläßt allgemeine Spuren. Sind diese Erfahrungen schwer zu verarbeiten und daher schwer zu bewältigen, so werden sie zu einem gesellschaftlichen Tabu. Und auch dieses Tabu löst wieder eine Reihe von Spielregeln, Normen und Ritualen aus, um zu verhindern, daß es angesprochen wird;

auch sie finden ihren Niederschlag in den täglichen Sprachregelungen. Eine solche tiefgreifende Erfahrung kann eine Naturkatastrophe, die ein ganzes Land betroffen hat ebenso sein wie eine politische Katastrophe. Zu den kollektiven politischen Erfahrungen gehörten in vielen Ländern die Konfrontation mit dem Faschismus und Nationalsozialismus, zählte in den USA der Vietnamkrieg und in den Ländern des ehemaligen Ostblocks der Stalinismus. Da es mir in meiner vor der Wende durchgeführten Studie um die Auswirkungen gesellschaftlicher Tabus in der alten BRD und in Österreich ging, stand das Tabu Nationalsozialismus der Jahre 1933 beziehungsweise 1938 bis 1945 im Mittelpunkt meiner Untersuchung. Projektleiter der vom österreichischen „Fonds zur Förderung der wissenschaftlichen Forschung" finanzierten Studie war der (nunmehr bereits emeretierte) Vorstand des Tiefenpsychologischen Institutes an der Universität Wien, Prof. Dr. Hans Strotzka.

3.2. Tiefeninterview als Methode

Grundlage für die Untersuchung meiner Hypothesen sollten Gespräche mit der „Mitläufer"-Nachfolgegeneration in Österreich und in der BRD sein.

Das erste Problem war: wie an die „Mitläufer-Kinder" — also die sogenannten Nachgeborenen — in Österreich und in der BRD herankommen? Ich wählte für beide Länder den selben Weg. Nachfolgenden Text sandte ich im Herbst 1987 (auch weltanschaulich) breit gestreut an regionale und überregionale Tages- und Wochenzeitungen und an verschiedene Wochen-, Monats- und Frauenmagazine mit der Bitte um Veröffentlichung:

„Interessieren Sie sich für Zeitgeschichte? Was hat man Ihnen über die Jahre 1938 bis 1945 erzählt? Das Institut für Tiefenpsychologie an der Universität Wien führt eine Untersuchung über Personen durch, die in den letzten Kriegsjahren oder bald danach geboren sind. Anonymität wird zugesichert. Wenn Sie zwischen 36 und 46 Jahre als sind, so wenden Sie sich, bitte, schriftlich an das Wiener Institut für Tiefenpsychologie ... oder telefonisch unter der Nummer ..." (Die Telefonnummer war meine private Telefonnummer, im Text für deutsche Zeitungen war anstelle der Adresse des Institutes auch meine private Adresse angeführt).

Nach telefonischer Terminvereinbarung (Privatnummer oder Telefonnummer am Arbeitsplatz) fuhr ich zu jenen, die zu einem Gespräch bereit waren, und überließ es ihnen, den Ort dafür festzulegen (Wohnung,

Kaffeehaus, Restaurant, Gasthausgarten, Arbeitsplatz etc.). Im Durchschnitt dauerten die — weitgehend unstrukturierten — Gespräche zwei Stunden; sie wurden auf Kassetten aufgenommen und anschließend abgeschrieben. Gleichbleibend war nur meine Einleitungsfrage: „Was war der Grund dafür, daß Sie sich gemeldet haben?" Sonst bestanden die Gespräche inhaltlich aus zwei Teilen:

a) Was und wie wurde in der Kindheit und Jugend von Vater/Mutter über Krieg; Nationalsozialismus; Konzentrationslager (Juden, politisch Verfolgte, Zigeuner, Homosexuelle etc.); die Vernichtung Behinderter; den Alltag; zu Hause erzählt? Wesentlich dabei war, daß es nicht um Faktenwissen, sondern in erster Linie und vor allem darum ging, ob, was und *wie* erzählt wurde.
b) Wie war die allgemeine Kommunikation in Kindheit und Jugend: zwischen den Eltern? Zwischen Mutter und Sohn/Tochter? Zwischen Vater und Sohn/Tochter? Wie war die Erziehung durch die Mutter? Durch den Vater? Verlief die Erziehung der eigenen Kinder und die Kommunikation mit ihnen später ähnlich oder anders? Auch hier stand im Mittelpunkt vor allem die Art und Weise, *wie* gesprochen wurde (und wird).

Meine Gesprächsführung, die sich zwischen der Form eines Interviews und der eines tiefenpsychologischen Gespräches bewegte, läßt sich am besten als Tiefeninterview mit ethnopsychoanalytischen Ansätzen bezeichnen. Charakteristisch dafür ist die unstrukturierte Vorgangsweise, die Raum für Assoziationen, Gefühle und Themenangebote der Interviewten läßt. Wesentlich ist auch der Stellenwert der Beziehung zwischen den beiden Gesprächspartnern, das Fragen nach „Selbstverständlichem", also auch das Ansprechen von Themen, die in stillschweigender Vereinbarung — weil „peinlich" oder „ungehörig" — sonst nicht angesprochen werden (etwa im Sinne des Andersen-Märchens „Des Kaisers neue Kleider", in dem schließlich ein Kind laut ausspricht, daß der Kaiser gar nichts anhat).

3.3. Auswahlkriterien — Repräsentativität

In Österreich meldeten sich, über alle neun Bundesländer verteilt, rund 160 Personen, in der BRD ungefähr 40, ebenfalls gestreut über das Bundesgebiet. Obwohl die Zahl in der BRD viel geringer war, war hier die soziale Streuung besser (in Österreich haben sich keine Arbeiter gemeldet). Da ich mich schließlich auf die Jahrgänge ab 1942 beschränkte, führte ich in der Zeit von Dezember 1987 bis Frühjahr 1989 in Österreich 125 und in der BRD 25 Tiefeninterviews durch.

Meine Gesprächspartner waren tatsächlich fast ausschließlich „Mitläufer-Kinder", also Frauen und Männer, deren Eltern keine aktiven Nationalsozialisten waren (zumindest wußten sie nicht, ob es der Fall war). Es waren etwas mehr Männer als Frauen und es waren fast alle Berufsgruppen vertreten: Selbständige (kleine Unternehmer), Freiberufliche (Ärzte, Musiker, Schriftsteller, Schauspieler, Journalisten), Beamte (die gesamte Hierarchie, auch Universitätsprofessoren, viele Lehrer), Angestellte (aus den verschiedensten Branchen und in verschiedenen Positionen), Hausfrauen. Kaum vertreten waren Landwirte (das ist vor allem für Österreich von Bedeutung) und fast keine Arbeiter. Die Verteilung in großen, mittleren und kleinen Städten sowie kleinen Gemeinden und Orten war recht gut.

3.3.1. Begleitende Untersuchung durch das Wiener Institut für empirische Sozialforschung (IFES)

Die begleitende Untersuchung durch das auf soziologische Themen ausgerichtete IFES hatte zwei Gründe:

a) Kontrolle der Repräsentativität der Interviewten in Österreich
b) Kontrolle für einige Fragen, die sich in meinen Gesprächen als relevant herausgestellt hatten.

Ende November 1988 — zu diesem Zeitpunkt hatte ich etwa achtzig Prozent der vorgesehenen Tiefeninterviews geführt — schloß IFES an seine monatliche repräsentative Österreich-Umfrage einige Fragen für meine Untersuchung an (siehe Kapitel 11.1.). Daraus ergaben sich folgende statistische Daten:

Unter den 2000 von IFES Befragten waren repräsentativ 346 Personen, die altersmäßig den 125 von mir in Österreich interviewten Personen entsprachen (Jahrgänge 1942 bis 1952, also zum Zeitpunkt der Untersuchung 36 bis 47 Jahre alt); ich hatte also rein statistisch rund 36,4 Prozent dieser österreichischen Altersgruppe angesprochen (Tabelle s. S. 27).

Stark überrepräsentiert waren Wien und überraschenderweise Salzburg. Stark unterrepräsentiert war die Steiermark, etwas schwächer unterrepräsentiert Niederösterreich. Zwischen der Überrepräsentierung Wiens und der Unterrepräsentierung Niederösterreichs dürfte ein Zusammenhang bestehen: traditionell erfolgt aus beruflichen Gründen eine starke Zuwanderung von diesem Bundesland nach Wien (Tabelle s. S. 27).

Bundesland	IFES (346) %	Hauer (125) Herkunft	(Zahl)	Heute	(Zahl)
Burgenland	3,3	4,7	(6)	3,1	(4)
Salzburg	4,0	10,2	(13)	11,7	(15)
Vorarlberg	4,7	3,1	(4)	5,5	(7)
Kärnten	6,2	7,0	(9)	4,7	(6)
Tirol	6,6	8,6	(11)	4,7	(6)
Oberösterreich	12,8	11,0	(14)	7,0	(9)
Niederösterr.	18,6	13,3	(17)	9,5	(12)
Steiermark	20,8	9,4	(12)	7,0	(9)
Wien	23,0	32,8	(42)	43,3	(58)

Gemeindegröße / Einwohnerzahl	IFES (346) %	Hauer %	(126) (Zahl)
- 2000	19,9	6,3	(8)
2000 - 3000	15,6	5,6	(7)
3000 - 5000	6,6	5,6	(7)
5000 - 10000	12,1	4,8	(6)
10000 - 20000	7,2	5,6	(7)
20000 - 50000	4,6	4,8	(6)
50000 - 100000	3,4	4,0	(5)
100000 - 200000	6,4	12,7	(16)
200000 - 500000	3,4	4,8	(6)
Wien	20,5	46,0	(58)

Da ich bei den Gesprächspartnern zu wenig auf die Ortsnamen der Herkunftsgemeinden, sondern nur darauf geachtet hatte, aus welchem Bundesland sie kamen, ob aus einer Landeshauptstadt, einer Kleinstadt oder aus einem kleinen Ort, standen mir hier nur die heutigen Wohnorte als Anhaltspunkt zur Verfügung.

Berufe	IFES (346) %	Hauer %	(125) (Zahl)
Selbständige / Freie	6,4	20,6	(26)
Landwirte	6,6	0,8	(1)
Beamte	19,7	30,2	(38)
Hausfrauen / Ohne Beschäftigung	20,2	10,3	(13)
Angestellte	22,3	38,0	(48)
Arbeiter	24,9	—	(—)

Die Überrepräsentierung der Freiberuflichen, Beamten (vor allem Lehrer) und Angestellten war nicht überraschend, ebensowenig die starke Unterrepräsentierung der Landwirte und Arbeiter. Die Bezeichnung „Arbeiter" basiert auf den Angaben des „Hauptverbandes der österreichischen Sozialversicherungsträger", der seine Einteilung nach der Bezahlung — „Lohn" = Arbeiter, „Gehalt" = Angestellter — vornimmt. Karl Blecha, langjähriger Leiter des IFES und nach wie vor Fachmann für soziologisch orientierte Meinungsforschung, meinte allerdings, daß die Bezeichnung „Arbeiter" für 24,9 Prozent der Bevölkerung heute soziologisch nicht mehr zutrifft; darunter fallen zum Beispiel vor allem Facharbeiter, deren sozialpsychologischer Hintergrund durchaus mit dem kleiner und mittlerer Angestellter vergleichbar ist. Karl Blecha hielt 15 Prozent Arbeiter für realistischer. Ich vermute, daß das Fehlen der Arbeiter in meiner Untersuchung — unabhängig vom Prozentsatz — auch auf die Unterrepräsentierung der Steiermark zurückzuführen war.

Es war von vornherein klar, daß die vergleichsweise geringe Zahl von Interviewten nicht statistisch repräsentativ sein konnte; dazu hatte ich die Veröffentlichung meines Aufrufes zu sehr dem Zufall (= dem Entgegenkommen der Zeitungen und Zeitschriften) überlassen müssen. Zweifellos kam mir zugute, daß die Gesprächsbereitschaft im Herbst 1987 als Folge der „Waldheim"-Diskussion größer war als sonst. Die statistisch-empirische Paralleluntersuchung durch IFES sollte vor allem eine Kontrolle dafür sein, daß die von mir Interviewten keine untypische Minderheit darstellten.

Trotz einiger Differenzen hinsichtlich der Repräsentativität zeigen die statistischen Daten jedenfalls, daß die Verteilung meiner Gesprächspartner hinsichtlich Geschlecht, Bundesland, Gemeindegröße und Beruf weitgehend der österreichischen Realität entsprach. Bezüglich der fehlenden Landwirte und Arbeiter (etwa 20 Prozent der Bevölkerung) ließe sich die Vermutung aufstellen, daß das Kommunikations„klima", das im Mittelpunkt meiner Studie stand, in diesen Bevölkerungsgruppen mit großer Wahrscheinlichkeit nicht besser ist als bei den anderen.

3.3.2. Repräsentativität der Gesprächspartner in der BRD

Für die Verteilung in der BRD hatte ich keinerlei statistische Daten. Allerdings hatte ich eine Verteilung über das gesamte Bundesgebiet der alten BRD, auch eine Verteilung auf Großstädte, Kleinstädte und kleine Orte versucht sowie auf eine gewisse Verteilung der Berufe geachtet.

In zwei Gesprächen mit Dr. Almuth Massing und ihrem Team in der Abteilung Psycho- und Soziotherapie am Psychologischen Institut an der Universität Göttingen brachte ich meine Ergebnisse auch im Hinblick auf die Repräsentativität meiner Gesprächspartner in der BRD zur Sprache. Unter Berufung auf ihre langjährige Praxis vertraten Frau Massing und ihre Mitarbeiter die Ansicht, daß die Ergebnisse aus meinen Tiefeninterviews deutlich vieles widerspiegeln, das in ihren Mehrgenerationen-Familientherapien zum Ausdruck kommt (siehe Kapitel 2).

4. Interviews

Das „Herzstück“ des Forschungsprojektes waren die 150 Tiefeninterviews. Die Auswahl der nachfolgenden elf Beispiele erfolgte nach folgenden Kriterien:
Sie sollten möglichst „typisch“ sein, also sowohl inhaltlich wie im Gesprächsverlauf beispielhaft für viele Gespräche; zumindest einige davon sollten durch andere Auswertungsmethoden (siehe 6.2. und 6.3.) bearbeitet worden sein;
die Zahl der weiblichen und männlichen Gesprächspartner sollte der Gesamtverteilung entsprechen;
es sollten deutsche und österreichische Gesprächspartner vertreten sein (dabei konnte ich mich, weil es in der Wichtigkeit erst an letzter Stelle stand, nicht an die Gesamtverteilung halten).

Von den elf Tiefeninterviews sind fünf deutsche (drei Frauen, zwei Männer) und sechs österreichische (je drei Frauen und Männer), insgesamt also sechs Männer und fünf Frauen. Bei der Reihung habe ich die Kommunikations-Typen (siehe Kapitel 5) zwar vorweggenommen, aber bewußt sowohl auf die Kennzeichnung als auch auf persönliche Kommentare verzichtet; ich denke (und hoffe), die Texte sprechen für sich. Redigiert habe ich nur so weit, als es für die Lesbarkeit und Verständlichkeit von Bedeutung war; Wortwahl, Satzbau und Sprachrhythmus blieben unangetastet. Kürzungen waren notwendig (kein Gespräch dauerte weniger als zwei Stunden), sie haben aber die Stimmung, den Inhalt und den Verlauf des Gespräches nicht beeinflußt. Sollten einige Themen, die unter 3.2. angeführt sind, zu kurz kommen, so liegt das daran, daß sie auch in den Gesprächen zu kurz gekommen sind (im Kapitel 7 gibt es ein entsprechendes Resümee).

In einigen Interviews scheint es Brüche zu geben; sie sind nicht nur die Folge der notwendigen Kürzungen. Die Form des unstrukturierten Tiefeninterviews ermöglicht es, auf Assoziationen und Tonfall der Ge-

sprächspartner einzugehen. Das mag gelegentlich den Anschein von Brüchen und Sprüngen ergeben, die jedoch im Verlauf des Tiefeninterviews aufgelöst werden.
(I = Interviewerin, F = Frau, M = Mann)

Österreich / Frau

F: Mein Vater war ein Wehrmachtsangehöriger, und soweit ich das sehen kann, hat also der Krieg sein Leben ruiniert, oder er hat ihn psychisch ziemlich ruiniert. Ich glaube nicht, daß er jemals zu dem Schluß gekommen ist, daß er sich an was beteiligt hat, was nicht richtig war, weil er sich natürlich auch hinter dem versteckt, daß er müssen hat. Was hätte man denn tun sollen, sagt er. Mein Vater ist eher ein einfacher Mensch, und es verschwimmen so diese Phrasen von Pflichterfüllung, daß man das Vaterland verteidigen muß, das verschwimmt so mit der Haltung der kleinen Leute, was hätten sie denn tun sollen.

I: Wo liegt für Sie der Unterschied zwischen Pflichterfüllung und „was hätte ich denn tun sollen"?

F: In Pflichterfüllung liegt für mich eine Identifikation mit den Leuten, die vorgegeben sind, die zu verteidigen sind. Und „was hätten wir tun sollen" ist für mich einfach die Ohnmacht der kleinen Leute.

I: Resignation?

F: Ja, zu wenig Selbstvertrauen, um gemeinsam mit anderen oder für sich allein die Situation zu verändern. Man hätte zum Beispiel weggehen können. Ich habe immer bei meinem Vater vermißt, daß er sich äußert, daß es nicht gut war. Im Vordergrund steht schon immer, daß er nicht anders konnte. Ich meine halt, daß man das ertragen muß als Mensch, daß man irgendetwas tut, was nicht richtig ist.

I: Warum wäre es für Sie so wichtig, daß er sagt,ich weiß, daß das nicht in Ordnung war, wenn er schon sagt, daß ihm nichts anderes übriggeblieben ist?

F: Das ist wahrscheinlich ein moralischer Anspruch an meinen Vater.

...

F: Er ist Mitte 38 zum Militärdienst eingezogen worden und war bis zum Schluß im Krieg. Er war bei irgendeiner komischen Gebirgsdivision, er war kurz in Polen, dann war er in Frankreich, dann in Griechenland, dann am Balkan, zum Schluß war er in Italien.

I: Aber nicht an der Ostfront?

F: Nein, dort war er nicht. Er war bei dieser Division ohne Rang, er hatte keine Spezialausbildung. Von Beruf war er Tischler.

I: Hat sich Ihr Vater als Arbeiter oder als Handwerker gefühlt?

F: Das weiß ich nicht genau. Mein Vater hat erzählt, daß er früher der Sozialdemokratischen Partei nahestand. Er war sicher auf Gewerkschaftsebene interessiert und hat sich um Arbeitsbedingungen auch in seiner damaligen Firma gekümmert. Er war sicher ungeschult, politisch ungebildet. Mein Vater war dann Mitglied der NSDAP.

I: Von Anfang an?

F: Relativ bald. Er war Mitglied der SA, aber nicht Häuptling. Er wurde dann 1945 im Zuge der Entnazifizierung noch einmal neun Monate eingesperrt.

I: Warum ist er eingesperrt worden? Weil er bei der Partei war?

F: Nicht alle, aber er jedenfalls, weil ihn jemand als Mitglied angegeben hat. Ich weiß nicht, ob er Mitglied bei der NSDAP war, aber er war Mitglied bei der SA. Wir haben sehr große Auseinandersetzungen gehabt wegen seiner Nazi-Vergangenheit, wie ich noch zu Hause gelebt habe. Und eigentlich immer wieder.

I: Wann haben Sie erfahren, daß Ihr Vater wegen Zugehörigkeit zur SA gesessen ist?

F: Ziemlich bald, das war immer ein Thema. Diese neun Monate Gefängnis waren eine immense Kränkung für meinen Vater. Er hat so das Gefühl gehabt, er war im Krieg und hat seinen Kopf hingehalten, und er hat nichts getan. Ich bin der Meinung, daß er sich im Krieg gedrückt hat, wo es gegangen ist, also keine besonderen Grausamkeiten.

I: Sie meinen, nicht der Krieg selber hat ihn so umgeworfen, sondern nachher die neun Monate?

F: Ja, das dürfte ihn ziemlich umgehaut haben.

I: Und darüber ist zu Hause geredet worden?

F: Ja, daß es ungerecht war.

I: Wie hat das auf Sie gewirkt?

F: Es sind Leute, die wer waren, nicht gesessen.

I: Und wie haben Sie das ganze dann gesehen?

F: Ich glaube nicht, daß ich mich über die Ungerechtigkeit erregt habe, daß er gesessen ist. Wie ich ein Kind war, war das eher insgesamt eine Summe von Benachteiligung, von Zukurzkommen. Meine Eltern haben wenig über Politik gesprochen. Bei uns üblich war, daß mittags Nachrichten gehört wurden. Da hatten die Kinder ruhig zu sein. Und einmal hat es einen Film gegeben, der „Das Urteil von Nürnberg“ hieß. Dann hat es angefangen, mich zu interessieren. Ich habe dann angefangen, Erkundigungen einzuziehen.

I: Auch zu Hause?

F: Ja.
I: Wie war denn da die Reaktion?
F: Sicher ablehnend.
I: Inwiefern?
F: Daß es teilweise nicht stimmt, daß man von den Judenvernichtungen nichts gewußt hat.
I: Glauben Sie, daß Ihre Eltern nichts gewußt haben?
F: Ich kann die Frage nicht mit Ja oder Nein beantworten. Man kann ja auch Dinge wissen, die man nicht wissen will. Es ist sicher in der Auseinandersetzung mit meinen Eltern über ihre Vergangenheit oder über den Nationalsozialismus sehr viel Konflikt Eltern-Kinder verwoben. Ich wollte dann mit anderen Leuten darüber reden, ich wollte einfach wissen, wie das war.
I: Aber was hatte der Krieg mit den KZs zu tun?
F: Ich würde sagen, daß Auschwitz ohne Krieg nicht möglich gewesen wäre.
I: Aber hätte es nicht doch den Krieg ohne Auschwitz geben können?
F: Prinzipiell würde ich sagen, daß kein Krieg gerechtfertigt ist. Aber es gibt einen Krieg, wo es um Grenzerweiterungen geht, um Handelsvorteile. Und die Besonderheit an dieser Hitlerischen Ideologie ist, daß er gegen Menschen geführt worden ist mit dem Argument, daß sie minderwertig sind, als Individuen.
I: Ist es für Sie so, daß einer, der im Krieg dabei war, auch schon symbolisch Auschwitz mitgedacht hat?
F: Ich nehme an, das war so bei mir.
I: Sei meinen also, daß Ihr Vater auch stillschweigend Auschwitz akzeptiert hat?
F: Es hat sich ja dann im Zuge meiner Befragung herausgestellt, daß er ja mit der Partei etwas zu tun hatte.
I: Hat er, obwohl er die KZs bestritten hat, zu den Bildern irgendwie Stellung genommen?
F: Er ist ein Antisemit.
I: Hat er es gut gefunden?
F: Er ist natürlich der Meinung, daß man Juden nicht umbringen darf. Er ist der Meinung, daß man niemanden umbringen darf. Aber es ist etwas Besonderes mit den Juden.
I: Wie war es mit Kommunisten, Sozialisten, Zigeunern ...
F: Kommunisten und Sozis haben keine Rolle gespielt. Bei Zigeunern teilt er die Vorurteile, daß Zigeuner stehlen.
I: Hat er sich von der Vernichtungsmaschinerie in irgendeiner Form distanziert? Haben Sie den Eindruck, daß er gemeint hat, das akzeptiere ich nicht?

F: Ich denke, ich hätte es nicht geglaubt. Wie ich ihn konfrontiert habe, hat er es nicht geglaubt.

I: Was hat das für Sie bedeutet?

F: Ich glaube, er wollte es nicht glauben. Ich denke mir, die Tatsache, getäuscht worden zu sein, nur für sich selber die Meinung zu haben, daß man betrogen worden ist, ich glaube, das ist sehr schwierig auszuhalten.

I: Ist das nicht etwas anderes, als etwas gut zu finden?

F: Ja. Ich würde sicher sagen, daß er es nicht gut findet.

I: Was hat denn Ihre Mutter erzählt über die Jahre in dieser Zeit?

F: Meine Mutter war sicher ebenfalls von Phrasen infiziert.

I: War sie Parteimitglied?

F: Nein.

I: Bei irgendeiner Organisation?

F: War sie auch nicht dabei. Sie mußte dann beitreten, das war erst während des Krieges. Und meine Mutter hat einmal mit einiger Bitterkeit erzählt, daß sie beim BDF, weil sie noch kein Kind hatte, keine deutsche Frau war. Das hat sie sehr geärgert.

I: Ist sie regelmäßig dorthin gegangen?

F: Ja, so mit dem Argument, daß sie mußte, denke ich mir. Das hat sie aber nicht gesagt. Ich glaube, daß sie auch ganz gern hingegangen ist, weil es eine Unterhaltung war, eine Abwechslung.

I: Haben Sie sie gefragt, warum sie hingegangen ist?

F: Nein.

I: Warum nicht? Den Vater haben Sie ja auch gefragt.

F: Das weiß ich nicht, warum nicht.

I: haben Sie eine Idee, warum Sie es nicht gemacht haben? Haben Sie solche Gespräche wie mit Ihrem Vater auch mit Ihrer Mutter geführt?

F: Nicht in dem Ausmaß, weil ich glaube, daß ich meine Mutter für viel zu dumm halte.

I: Trotzdem kann man etwas für gut oder schlecht finden, was passiert.

F: Dumm.

I: So dumm kann ein Mensch gar nicht sein, daß er nicht beispielsweise Gewalt ablehnen oder akzeptieren kann?

F: Meine Mutter hat einen sehr guten Hausverstand, meine Mutter ist eine sehr warmherzige Person, aber meine Mutter gehört zu der Sorte von Leuten, die sagen, der Hitler hat die Arbeitslosigkeit abgeschafft, die Autobahnen waren gut, aber alles andere ...

I: Hat Ihre Mutter erzählt, was man dort, wo sie gewohnt hat, vom Nationalsozialismus gemerkt hat?

F: Nichts.

I: War gar nichts anders als sonst?

F: Die Männer waren nicht da, irgendwann hat sie nicht mehr als Kellnerin arbeiten können, da hat sie dann auf der Post eine Arbeit als Schalterfräulein gekriegt. Die hat ihr sehr gefallen, und die hätte sie auch nachher gerne weitergemacht. Und mir ist erklärt worden, daß es dann nicht mehr möglich war, nachdem mein Vater ein Nazi war, und da hat man sie aus dem Dienst wieder entfernt. Der Dienst war für sie eine große, wichtige soziale Aufwertung. Und sie hat dann noch von den Lebensmittelkarten erzählt.

I: Und dazwischen?

F: Sie erzählt nichts bemerkenswertes.

I: Und wenn Sie Ihre Mutter mit den Bildern im Film „Das Urteil von Nürnberg" konfrontiert haben?

F: Das war mir offensichtlich nicht so wichtig, meine Mutter damit zu konfrontieren.

I: Aber später haben Sie doch mit Ihrem Vater auch immer wieder über diese Zeit geredet?

F: Ja.

I: Warum nicht mit der Mutter? Oder doch?

F: Ich glaube, es ist mir nicht so wichtig, was meine Mutter gemacht hat.

I: Ist es Ihnen wichtig, ob sie etwas getan hat oder nicht?

F: Nein, eigentlich hat mich das nie sehr beschäftigt. Ich glaube, daß meine Mutter nicht sehr viele Fähigkeiten hat, über das, was sie macht, nachzudenken. Und aus dem Grund auch relativ wenig darüber reden kann. Ich würde sagen, meine Mutter war in dem Sinn auch keine Nazifrau, genauso wenig wie sie heute irgendetwas explizit ist. Sie ist nicht sehr klar strukturiert, sie hat nicht sehr viele Ecken und Kanten.

I: Und Ihr Vater schon?

F: Ja, der schon.

I: Deswegen hat es auch einen Sinn, sich mit ihm auseinanderzusetzen?

F: Ich habe andere Ansprüche an meinen Vater.

I: Emotional oder moralisch?

F: Sowohl als auch. Ich glaube, die Identifikationsfigur in meiner Familie war nicht meine Mutter, sondern mein Vater.

I: Haben Sie Ihre Eltern als autoritär empfunden?

F: Mein Vater ist sicher sehr autoritär. Meine Mutter natürlich auch, ja.

I: Inwiefern Ihre Mutter?
F: Was mein Vater gesagt hat, hat meine Mutter auch gemacht. Mein Vater war auch meiner Mutter gegenüber sehr autoritär. Und meine Mutter hatte natürlich die direkte Erziehungsgewalt.

I: Warum muß Ihr Vater, den Sie mögen, auch noch bestimmten moralischen Ansprüchen gerecht werden?
F: Mein Vater hat sowohl ex- als auch implizit sehr stark moralische Kategorien uns gegenüber vertreten.
I: Das heißt, wenn er das fordert,müssen Sie es auch von ihm fordern.
F: Ja, und das kann dann nicht auf etwas beschränkt sein. Wenn man ein anständiger Mensch ist, muß man etwas mit den Widersprüchen machen.
I: Haben Sie sich auch über andere Dinge mit Ihren Eltern auseinandergesetzt?
F: Ja, das ist völlig klar in unserer Familie, daß wir nicht die Kinder sind, die sie sich wünschen. Aber sie sind auch nicht die Eltern, die wir uns wünschen.
I: Warum haben Sie an Ihre Mutter keinen moralischen Anspruch? Hat Ihre Mutter keinen?
F: Oh ja.
I: Müßte Ihre Mutter nicht auch die moralischen Ansprüche, die sie stellt, einlösen?
F: Meine Mutter glaubt, daß sie sie einlöst.
I: Warum fordern Sie es von Ihrem Vater, aber nicht von der Mutter?
F: Inzwischen fordere ich es nicht mehr von meinem Vater. Ich bin sehr viel milder geworden. Ich habe mir sicher mehr Verständnis dafür erworben, was für ihn möglich war zu tun. Ich sehe, daß der Wunsch, einen Vater zu haben, der im Widerstand war, mein eigener Wunsch war. Mein Wunsch — ist er halt nicht.
I: Daß Sie sagen, Ihre Mutter ist Ihnen zu dumm, reicht mir nicht.
F: Nicht dumm. Mir ist im Grunde meines Herzens schon klar, daß meine Mutter aufgrund ihrer Herkunft und Lebensumstände in ihren Möglichkeiten eingeschränkt war.
I: Das war der Vater auch.
F: Ich habe immer den Eindruck gehabt, daß sich mein Vater mehr beschäftigt hat. Und daß sich meine Mutter mit der Welt einfach nicht sehr beschäftigt.
I: Warum haben Sie von Ihrer Mutter nicht gefordert, daß sie sich Ihren Ansprüchen annähert?
F: Ich denke, weil ich sowieso nie so werden wollte wie sie. Es ist wahrscheinlich auch so, daß meine Mutter im Zuge dieser ganzen Aus-

einandersetzungen nie argumentativ Position bezogen hat. Sie versteckt sich halt sehr häufig hinter den Meinungen meines Vaters.

F: Was ich so schwierig finde, ist das Umgehen mit Vorurteilen ganz allgemein.

I: Welche haben Sie?

F: Das kommt darauf an, wie ich drauf bin.

I: Und wenn Sie schlecht drauf sind?

F: Ich habe sicher eine Abneigung gegen Leute, die ich als spießig bezeichne. Ich kann mich erinnern, daß ich einmal in der U-Bahn, wie Ausländer eingestiegen sind, Scheiß-Pollacken gedacht habe. Und mich hat fast der Schlag getroffen, so schnell war ich offensichtlich mit meiner Zensur. Das hat mich sehr beschäftigt, weil ich mir gedacht habe: ich denke so etwas! Und dann denke ich mir, woher kommt das? Und ich habe beobachtet, daß ich, wenn es mir besser geht, ganz einfach besser damit umgehen kann. Ich habe sicher Vorurteile gegen einen bestimmten Frauentypus. Ich würde das sicher nie laut sagen, und wenn jemand versucht, irgendetwas zu tun, würde ich mich einmischen und sagen: sind Sie wahnsinnig! Nur, ich beobachte, daß bei mir Vorurteile zum Tragen kommen, wenn ich mich eingeschränkt fühle, das ist ein Hinweis für mich, daß ich mit irgend etwas nicht gut zurechtkomme. Es ist dann weniger eine Sache der Abgewöhnung, als meine Situation zu verändern, soweit es mir möglich ist, damit ich das nicht zu denken brauche.

I: Ist nicht ausschlaggebender, ob man seine Vorurteile umsetzt, als ob man sie denkt?

F: Wenn man es sich nicht denkt, dann kann man es auch nicht umsetzen.

I: Sie meinen, es geht nicht darum, daß Sie es sich abgewöhnen wollen?

F: Ich glaube, es ist nicht abzugewöhnen. Ich will nicht den Eindruck vermitteln, daß ich so einen supermoralischen Anspruch habe. Ich glaube, daß ich mich sehr mit meinen üblen Seiten auseinandersetze, und auch damit leben kann. Aber ich weiß nicht, wie ich dazu komme, „Scheiß-Pollacken“ zu denken.

I: Halten Sie sich in diesem Punkt für gefährdet?

F: Ich halte mich nicht für gefährdet, aber ich würde nicht ausschließen, daß ich umfalle.

I: Was würde bei Ihnen Umfallen bedeuten?

F: Daß ich irgend etwas tue, was ich nicht gutheißen kann, um einen persönlichen Vorteil, auch um den Vorteil, wo dazuzugehören. Wenn ich meinem Vater Mitläufertum vorwerfe, ist das ein Vorwurf, der sich auch gegen mich richtet. Ich bin auch ein Mitläufer. Aber mir reicht der Anspruch, wenn ich weiß, so leicht bin ich nicht in so eine Situation zu bringen.

BRD/Frau

F: Ich bin aus Stutthof, Kreis Danzig, Anfang 45 sind wir raus. Mein Vater ist während der Flucht gestorben, er war nicht an der Front. Mein Vater war Fischer. Als wir bombardiert wurden, war mein Vater da. Er hat immer zwei Kinder genommen, die ältesten, und ist über die Straße. Da hat meine Mutter noch gesagt, daß er sie ganz alleine gelassen hat, daß er so feige war. So hat sie das empfunden. Da hat er sich immer zwei Kinder genommen und hat sich draußen hingeschmissen. Und die Mutter war mit den anderen allein. Wir waren sechs.

I: Warum war Ihr Vater nicht an der Front?

F: Das weiß ich nicht, das ist auch nie erzählt worden. Verstehe ich auch nicht. Wir haben alles erzählt. Die Mutter hat viel über die Kriegszeit gesprochen. Wie es auf den Schiffen war, und über die Dänen, die gut zu uns waren.

I: Das ist ja das Kriegsende, ich meine vorher?

F: Da weiß ich gar nicht mehr so viel.

I: Während des Krieges, wie hat Ihre Mutter da gelebt, wie war das Leben da?

F: Die Älteren mußten über Land gehen und Milch holen, und wenn die Bomben kamen, haben wir uns mit den Milchkannen hingeschmissen.

I: Was hat Ihre Mutter über den Kriegsbeginn erzählt?

F: Erstens die sechs Kinder. Sie hat mir einmal erzählt, wenn sie irgendjemand gehabt hätte, damit wir die Strapazen nicht miterleben müssen.

I: Das waren die Strapazen Ende des Krieges. Was war Anfang des Krieges?

F: Sie wußte nicht, wo sie bleiben soll. Sie sagte, jetzt kommt Krieg, was sollen wir machen. Sie sah schon viele Familien weglaufen.

I: Warum sind die weggelaufen?

F: Aus Angst. Die Mädchen wurden vergewaltigt.

I: Am Anfang des Krieges? Waren Ihre Eltern Deutsche?

F: Ja.

I: Die Deutschen haben angegriffen, die Deutschen haben den Krieg begonnen.

F: Ich war ja erschüttert. Deutsche haben damals gegen Deutsche gekämpft. Wir hatten doch das KZ in Stutthof, da war mein Onkel Robert dort gefangen.

I: Warum war er gefangen?

F: Ich weiß es nicht. Er hat aufgemuckt, er hat sich gewehrt oder irgendetwas gesagt. Und da war ein Schulfreund, und der war Aufseher im KZ. Der hat meinem Onkel 90 Schläge verteilt, weil er ihn nicht mit SS-Mann angesprochen hat. Das ist eine Tatsache. Ich war sehr ärgerlich, daß Deutsche Deutsche getötet und geschlagen haben.

I: Die Deutschen haben überall angefangen.

F: Was da passiert ist, mußte man nicht machen. Es ist geschehen, und das kann man gar nicht mehr gutmachen.

I: Verrennen wir uns nicht. 1939 haben doch Deutsche keine Mädchen vergewaltigt?

F: Anfang des Krieges hat man da schon irgendwie gehaust. So hat man mir erzählt.

I: Auch der Vater?

F: Meine Mutter meistens.

I: Was hat der Vater gemacht? Sie war ja nicht allein.

F: Der war viel auf Fischfang und hat schon manchmal gehamstert.

I: Was haben Sie sich unter Nazis vorgestellt?

F: Sie hat erzählt, daß die Nazis alles an sich reißen wollten, alles unterdrücken wollten. Man hört ja nur das, was man uns erzählt.

I: Wie hat man es Ihnen erzählt?

F: Die schrecklichsten Dinge.

I: Ich meine jetzt nicht den Krieg, ich rede von vorher. Was hat man Ihnen über den Nationalsozialismus erzählt?

F: Daß sie alles an sich reißen wollten, alles untergraben wollten. An die Macht wollten, den kleinen Mann, uns Zivilisten an die Wand drücken. Nur sie sind oben.

I: Wann konnten Sie in Ihrer Jugend mit Begriffen wie Hitler und Nazis etwas anfangen?

F: Das kam eigentlich erst später. Mit 20 habe ich mir gar nicht so viele Gedanken gemacht.

I: Wenn bei Ihnen zu Hause erzählt wurde, ist da von Hitler und Nazis gesprochen worden?

F: Hitler und Nazis, das ist schon ein Schreckgespenst gewesen für uns. Das hat man so in den Boden getrampelt, das kann man gar nicht mehr erklären.

I: Schon als Kleinkind? Von zu Hause?

F: Ja, das ist uns eingebleut worden. Ich kann es nur wiedergeben. Man hat alle Juden, alle Menschen, die aufgemuckst haben, an die Wand gestellt. Ob es Deutsche waren oder sonst wer, alles mögliche. Der Hitler hat die Befehle gegeben, und andere mußten sie ausführen. Egal, wer es war. Ob Deutsche oder sonst welche. Der hat vor nichts haltgemacht.

I: Das wurde Ihnen als Kleinkind erzählt? Warum haben Sie sich dann mit 20 keine Gedanken gemacht?

F: Bewußt. Wenn man klein ist, denkt man, der ist ein Schwein gewesen, man hörte es auch, Schwein und diese Ausdrücke, Verbrecher, Ungeheuer. Ich finde es auch schlimm, daß man Kindern das so beibringt. Ich finde auch, daß Kinder darunter leiden. Ich habe darunter sehr gelitten, innerlich, daß es solche Menschen gegeben hat, Deutsche oder andere. Und daß man uns das so beigebracht hat. Man hätte sagen können, paß auf, mit uns reden sollen. Meine Mutter war auch sehr couragiert, kein Blatt vor den Mund. Sie hätte es etwas gedämpfter sagen müssen. Man hört, das sind Schweine und Dreckskerle, man konnte mit diesen Worten noch gar nichts anfangen. Ich würde das ganz anders machen. Warten, bis das Kind größer ist, bewußter denken kann. Ich bin der Meinung, daß man es dann anders formulieren müßte. Ruhig, gelassen, nicht so dramatisieren. Der Hitler hat die Macht an sich gerissen, er wollte alle Menschen so machen, wie er ist. Er wollte alle ins Gefängnis sperren, die ihm nicht gesonnen sind. Das Denken, Fühlen, Handeln, sogar den Menschen wollte er ändern. Ein deutsches Volk wollte er ja züchten.

I: Sie meinen, das versteht ein sechsjähriges Kind nicht?

F: Nein.

F: Meine Mutter war eine sehr harte Frau. Mußte sie auch sein damals. Das ging nicht einfach so. Sie hat uns gut erzogen, gute Menschen aus uns gemacht. Allein diese Erzählungen, ich wünschte, ich hätte das nie erfahren. Ich habe Hitler nie selbst gekannt. Warum hat der Mann das gemacht?

I: Das hätten Sie doch in der Schule oder Ihre Mutter fragen können?

F: Es gibt keinen einzigen Menschen, der einem diese Frage richtig beantworten kann. Es kommt immer nur,Hitler war ein Schwein, der wollte alle vernichten. Meine Mutter hat gesehen, wie die Schornsteine rauchten in Stutthof, in diesem KZ. Unser Onkel ist dort verhungert.

I: Alles, was da Schreckliches passiert ist, haben Sie gewußt?

F: Ja, schon.

I: Viele erzählen mir, sie hätten gar nichts gewußt.

F: Bei uns ist viel darüber geredet worden. Auch heute kann meine Mutter noch ellenlange Geschichten erzählen. Wenn ich frage, hast du Hitler schon einmal gesehen, hört man sofort die Sachen wie „nichts getaugt“, „wollte alle umbringen“, „hat seine Leute um sich gehabt, die haben die anderen erschossen“. Warum genau, weiß man nicht.

I: Wenn Sie das immer wissen wollten, warum haben Sie nie versucht, eine Antwort darauf zu finden?

F: Freilich habe ich es versucht, aber diese Antwort ist nie gesagt worden.

I: Es gibt doch eine ganze Menge Bücher, wo Antworten drinstehen?

F: Ja. Man verdrängt das, man guckt gar nicht nach. Man bekommt da von jemandem gesagt, der es weiß, also ist man damit zufrieden. Ich habe im Fernsehen die jungen Leute gesehen, die in Auschwitz gesühnt haben, das hat mich interessiert. Ich habe mit meinen Mann darüber diskutiert. Ich dachte, das kann doch nicht wahr sein. Diese Menschen haben geweint und den Toten die Schuhe geputzt, körbeweise. Ich habe auch meinen Sohn gefragt. Die haben geweint und gezittert für Dinge, mit denen sie überhaupt nichts zu tun haben. Das finde ich nicht richtig.

I: Was stört Sie daran?

F: Diese jungen Menschen waren so fertig, die haben geweint.

I: Sie sind ja freiwillig gegangen.

F: Das habe ich auch gesagt. Ich habe mich nur gefragt, wie kann man sagen „wir wollen sühnen für das, was der gemacht hat“. Es ist für mich gehirnlos, schizophren nenne ich so etwas, wenn ein junger Mensch sich sein inneres Leben dadurch kaputtmacht.

I: Der braucht das vielleicht.

F: Der hat Unkraut gezupft. Ich begreife das nicht. Mein Mann hat sich aufgeregt, Wahnsinn, verrückt. Der hat gemeint verrückt, die spinnen. Ich bin der Meinung, man sollte das gar nicht vergessen, daß man das gemacht hat. Man sollte auch nicht hingehen wie diese jungen Menschen und sühnen. Ich verstehe das nicht. Diese Jugendlichen werden krank davon, ich habe das an den Gesichtern gesehen. Die haben so geweint und gegenseitig so gezittert.

I: Wenn jemand weint und zeigt, daß er unglücklich ist ...

F: Das ist etwas anderes, das soll jeder,jeder Mensch muß das machen. Aber für so was, was so viele Jahre schon vorbei ist.

I: Warum meinen Sie, daß man es nicht vergessen soll?

F: Was nützt uns allen, wenn wir es immer hochschäumen lassen, wir ändern es nicht.

I: Sie haben gesagt, man darf es nicht vergessen. Warum?

F: Wenn ich etwas so schlimmes mache. Man soll auch nicht davon abkommen. Man hört das immer wieder, man soll diesen ganzen Kram endlich begraben.

I: Warum meinen Sie, man soll es nicht begraben?

F: Daß es sich nicht noch einmal wiederholt.

I: Wie soll es sich nicht wiederholen, wenn die Leute dabei nicht entsetzt sind?

F: Man soll schon berührt sein, aber es soll nicht so ausarten, daß man Weinkrämpfe bekommt. Eine Realität muß dabei bleiben. In dem Moment, als ich das gesehen habe, konnte ich mich selbst nicht äußern, weil es für mich selbst wieder so schrecklich war. Dieser Haufen Schuhe, und die putzen das!

I: Sie hätten ja abdrehen können?

F: Ich wollte es wissen. Man sagt in dem Moment, die sind verrückt für mich. Man überlegt aber später, warum hast du das gesagt. Vielleicht ist man in dem Moment auch erschreckt. Ich sehe das heute ganz anders, ich habe das heute besser verarbeitet. Danach muß ich sagen, ich bewundere sie, daß sie das machen. Wenn man sagt, die Jugend ist nichts, dann stimmt das überhaupt nicht. Die Jugend ist gut. Andererseits wundere ich mich, daß sie das machen, und sage, wie kann man nur. Es ist aber auch gar nicht so verkehrt, daß sie es gemacht haben, weil es nur der Jugend, wenn sie es nicht sieht, wieder passieren kann. Das soll ein bißchen abschrecken.

I: Wichtig ist doch auch, daß man ein Faktenwissen bekommt. Ich frage mich die ganze Zeit, warum Sie sich das nicht geholt haben?

F: Ja, das ist die Frage, warum hat man das nicht gemacht?

I: Warum haben Sie es nicht gemacht?

F: Das weiß ich nicht. Vielleicht, und ich glaube, das ist bei allen Menschen so gewesen, daß man das einfach weggeschoben hat. Ich nehme auch an, weil man so viel davon erfahren hat als Kind. Dann ist es irgendwann zuviel geworden. Jetzt könnte ich das wieder rausholen. Jetzt.

I: Haben Sie jetzt das Bedürfnis, mehr Fakten zu wissen?

F: Ich bin ein Mensch, den alles interessiert, und vor allem, was damals wirklich gewesen ist, und nicht vom Hörensagen.

I: Dann muß man lesen.

F: Ich habe jetzt von meinem Sohn ein Buch gelesen, das er nicht mehr braucht. Das hat mich interessiert. Da steht alles mögliche drin, von Hitler, Juden. Ich würde mich auch mit diesen Jugendlichen unterhalten, warum die da hingegangen sind. Ich würde sagen, ihr seid für mich nicht richtig gewesen, erklärt es mir.

I: Was mich noch interessiert: von den aktuellen politischen Dingen in der BRD, beschäftigt Sie da irgendetwas? Die Ausländerfrage zum Beispiel?

F: Was ich persönlich darüber denke? Es wird immer sehr viel darüber geschimpft. Nur bin ich der Meinung, man darf nicht über diese Menschen schimpfen. Man muß sich vorstellen, ich hätte kein Geld, käme aus dem niedrigsten Stand und müßte in die Türkei und würde dort behandelt wie dreckige Ausländer. Schlimme Sache. Die Deutschen meinen ja immer, sie sind das größte Volk auf der Welt. Das ist ja der größte Fehler. Die Deutschen glauben immer, sie wüßten und könnten alles. Das ist total verkehrt, soll man gar nicht denken. Alle Menschen sind gleich, ob arm ob reich.

I: So scheint es aber nicht zu sein. Ich glaube nicht, daß die Armen und Reichen gleich sind.

F: Ich meine für alle.

I: Was meinen Sie, sollen Ausländer herinnen bleiben?

F: Ich habe mit Ausländern noch nie etwas erlebt. Mein Mann hat Tuchfühlung mit ihnen.

I: Meinen Sie, sie sollen hierbleiben oder nicht?

F: Von mir aus können sie hierbleiben.

I: Auch wenn Sie sich einschränken müßten?

F: Das ist so ein heikles Thema, das kann man gar nicht so beantworten. Wenn ich mich einschränken müßte für meine Familie und dann noch für andere. Ich meine jetzt, dann werde ich persönlich betroffen, daß dann alle sagen, die müssen raus.

I: Ich habe Sie gefragt.

F: Was ich jetzt erlebt habe, können sie hierbleiben.

I: Solange Sie damit nichts zu tun haben?

F: Könnte sein, ja. Solange ich nicht drastisch davon betroffen werde. Da müßte auch die Regierung dafür sorgen, erstmal für das eigene Volk. Jeder hat einen eigenen Schutz, das ist natürlich im Wesen des Menschen.Ich schütze mich auch manchmal vor meiner Familie. Ich habe auch mit Ausländern gearbeitet. Ausländer ist ein schlimmes Wort. Gastarbeiter, man hat sie geholt, man kann sie nicht einfach stoppen. Ich würde auch noch helfen, ich bin ein Mensch, der immer helfen will.

F: Jeder, der einen tötet, sollte lebenslänglich bekommen. Wenn einer jemanden bewußt umbringt, sollte man ihn auch ... Ich bin aber nicht dafür, daß man gleiches mit gleichem vergeltet. Wenn einer tötet, würde ich sagen, tötet ihn, damit er nicht noch mehr umbringt.

I: Muß man nicht auch fragen, warum er getötet hat?

F: Wenn man einen Mörder fragt, der kann einem das nicht sagen. Es wird nie richtig sein, was sie tun. Tötet man den Mörder, wird der Tote nicht gesühnt.

I: Warum haben Sie dann gesagt, Sie würden fordern, ihn zu töten?

F: Ich habe mir das vorgestellt, ob ich ihn töten könnte, weil es gar nichts nützt.

I: Wenn Sie jetzt abstimmen müßten?

F: Ich bin nicht für Töten, auch wenn einer getötet hat.

I: Sie würden für Nein stimmen?

F: Sehr wahrscheinlich. Nachher würde ich mich fragen, warum hast du das gemacht.

I: Dann gehen Sie doch lieber gar nicht zur Abstimmung?

F: Ja, das wäre das Beste.

I: Dann hat man die anderen entscheiden lassen.

F: Eben. Dann habe ich nicht mitgemischt. Ich habe immer ein ungutes Gefühl, wenn ich höre, im Libanon werden die Hände abgehackt und so. Im Grunde sind wir wieder bei damals. In der Nazizeit ist auch sehr viel an Verbrechen passiert. Damals ist es auch passiert und wurde auch heftig darüber geredet.

I: Sie haben gesagt, es stört Sie, wenn darüber so heftig geredet wird?

F: Im Unterbewußtsein stößt man das, glaube ich, ab.

I: Warum?

F: Vielleicht will man seine Ruhe haben. Ich weiß nicht. Möglich. Ich bin ein Mensch, der sagt, ich möchte es nicht, und schaue doch hin. Ich habe an der Nordsee eine Leiche entdeckt. Mein Mann sagte, geh nicht hin, aber ich ganz vor. Ich bin grün geworden, ich dachte, ich sterbe. Nachher bin ich zu einem Arzt. Der hat gesagt, wo Leben ist, ist auch Tod. Das hat mir zu denken gegeben. Ich habe auch später darüber nachgedacht, würde mich gerne mit den jungen Leuten unterhalten. Die andere Seite hat mich auch gereizt, daß diese jungen Leute das machen und so erschüttert sein können.

BRD/Mann

M: Wir haben als Kinder miterlebt „wir wollen deutsch sein“.

I: Das heißt, Sie sind damit aufgewachsen.

M: Ja.

I: Für Ihre Eltern war die Tatsache, daß sie nicht mehr deutsch waren, etwas sehr Wichtiges?

M: Das kann ich nicht so definieren. Mein Vater war 46 verstorben. Wir haben als Kinder nicht diskutiert.

I: Man bekommt aber etwas mit?
M: Man kriegt mit, daß Franzosen im Land sind, daß man französisches Geld hat und daß man in der Volksschule Französisch lernen mußte. Das wollten wir natürlich nicht.
I: Zuhause war das kein Thema?
M: Das war selbstverständlich, man spricht über solche Dinge nicht.
I: Da selbstverständlich war, daß es für Ihre Mutter unangenehm war, daß sie jetzt nicht mehr deutsch waren?
M: Ja, das könnte sein, da müßten wir sie fragen.
I: Das wissen Sie gar nicht?
M: Die hatte andere Probleme, weil sie mit vier Kindern Witwe war. Das war sehr hart, weil das eine Zeit war, wo es wenig zu essen gab.
I: Den Vater haben Sie wenig gekannt?
M: Doch, doch, ich kann mich erinnern, weil ich schon fünf Jahre alt war.
I: War er im Krieg?
M: Nein.
I: Warum nicht?
M: Weil er unabkömmlich war.
I: Warum war er unabkömmlich?
M: Weil er Bauingenieur für Brückenbauten war.
I: Hat er da zuhause gelebt?
M: Nein, er war immer auf Montage. Er hat die Brücken, die zerstört wurden, wieder repariert.

I: Hat Ihre Mutter später über die Kriegszeit erzählt?
M: Ja, doch, immer wieder.
I: Welchen Eindruck haben Sie da bekommen, wie diese Zeit für sie war?
M: Das da etwas Fatales ist.
I: Also etwas Schlechtes?
M: Ja, ja.
I: Wie hat Ihre Mutter den Krieg gesehen?
M: Für meine Mutter war der Krieg verloren. Es wurde nicht nachgedacht, ob er berechtigt war.
I: Auf welcher Seite war sie eher?
M: Sie hat sich, glaube ich, überhaupt nicht für Politik interessiert. Das haben die Männer gemacht.
I: Aber der Krieg war für sie etwas Schlechtes?
M: Ja, etwas Unangenehmes. Schlecht auch, weil drei Brüder gestorben sind. Über ihren Vater hat sie erzählt, daß er nicht in die Partei wollte und dadurch außer Dienst gestellt wurde. So haben wir von ihr erfahren, daß er nicht für die Nazis war.

I: Hat sie über Ihren Vater etwas erzählt?
M: Ja sicher.
I: Wie war er, hat sie da etwas gesagt?
M: Ich weiß nicht, ob er in der Partei war. Da muß ich nachfragen. Der war Luftschutzbeauftragter in den Dreißigerjahren, hat Vorträge gehalten über Luftschutz. Deshalb vermute ich, daß er in der Partei war.
I: Wieso wissen Sie über Ihren Großvater bescheid, aber nicht von Ihrem Vater?
M: Der war ja tot. Da spricht man anders darüber.
I: Aber der Vater war doch keine erledigte Angelegenheit?
M: Ich ging ja davon aus, daß er ein Nazi war.
I: Warum haben Sie nicht nach ihm gefragt?
M: Sie hat persönliche Sachen erzählt.
I: Aber daß der Großvater wahrscheinlich gegen die Nazis war, hat sie erzählt?
M: Ja, das hat sie erzählt.
I: Warum hat sie sich dann über ihren Mann in dieser Hinsicht nicht geäußert? Immerhin war er ja nicht an der Front?
M: Er war 14 Tage in Frankreich an der Front. Sie hat nur erzählt, er wollte nicht Soldat werden. Viel mehr ist über diese politische Sache nicht geredet worden, ob er wollte, oder war.
I: Andere wollten sicher auch nicht an die Front gehen.
M: Doch, die Brüder wollten Soldaten werden, die wollten auch die Ukraine erobern.
I: Wirtschaftlich hatte Ihr Vater aber eine recht gute Position?
M: Ja.
I: Dann kann er ja kein militanter Gegner gewesen sein.
M: Nein, das ist klar. Das vermute ich aufgrund der Erzählungen. Da haben wir nie darüber geredet.
I: Da fällt mir wieder der Unterschied bei Ihrer Mutter auf: über ihren Vater hat sie gesprochen, über ihren Mann nicht.
M: Sie hat nicht geredet.
I: Haben Sie nicht gefragt?
M: Nein.
I: Warum nicht?
M: Man muß nicht alles fragen.
I: Hat es Sie nicht interessiert?
M: Diese Nazi-Geschichten haben mich teilweise interessiert. Wir haben als Kinder immer das Wort „Nazi“ gehört, wenn die Erwachsenen geredet haben. Das kam immer wieder vor. Und Entnazifizierung und so etwas.

I: Was hat das für Sie bedeutet, als Kind?
M: Wir wußten nicht, was das ist.
I: Haben Sie nicht gefragt?
M: Nein, wir sind ja ziemlich in der alten Struktur erzogen worden. Das hat sich erst in den Sechzigerjahren geändert.
I: Sie haben das pausenlos gehört und haben keine Ahnung gehabt, was das ist?
M: Ich wußte auch nicht, was ein Jud ist, obwohl das Wort „Jud“ immer gefallen ist. Wir waren ja viel mit Bauern zusammen, die waren fast alle in der Partei. Da war „die Juden“ ein Schimpfwort.
I: Wo haben Sie dann einen Nazi gefühlsmäßig zugeordnet?
M: Das war schwieriger, weil das durfte man nicht sagen. Das haben wir mitgekriegt, daß das irgendwie verboten war. Ich habe auch einmal das Wort „Nazischwein“ gehört. Das durften wir als Schimpfwort nicht verwenden.
I: Nach dem Krieg durften Sie es nicht verwenden?
M: Nein, in der Gesellschaft, in der wir gelebt haben.
I: Sie hatten den Eindruck, es ist nicht gut, etwas Negatives über Nazis zu sagen?
M: Ja, das war so die Zeit 1945 bis 1955.
I: Und was war, wenn man sich positiv geäußert hat?
M: Man hat mehr getuschelt, man hat nicht offen darüber geredet. Über die Juden geschimpft hat man offen. Im Familienbereich.
I: Wurde über Nazis im Familienkreis geredet?
M: Da waren wir nicht dabei.
I: hat Sie das nicht gereizt?
M: Nein. Sie haben das ja nicht bewußt vor uns verheimlicht. Sie haben sich dann überhaupt leiser verhalten.
I: Aber als Kind war für Sie klar, das sollten Sie nicht hören?
M: Ja, ja. Von 1950 an war ich in einem Gymnasium. Da gab es die Nazis als Lehrer. Die waren offiziell entnazifiziert, die waren ja keine. Darüber habe ich aber nachträglich nachgedacht. Wir haben nicht von bestimmten Lehrern gewußt, daß das Nazis sind. Das wußten wir nicht genau.
I: Sie haben also in der ganzen Kindheit nie genau gewußt, was ein Nazi ist?
M: Ja.
I: Haben Sie das mit der Zeit bis 1945 in Verbindung gebracht?
M: Sicher.
I: Oder mit dem Krieg?
M: Ja, beides, das war klar. Nazi, Hitler, das war klar.
I: Der Krieg war doch für Ihre Mutter negativ besetzt?

M: Ja, beides, das war klar. Nazi, Hitler, das war klar.

I: Der Krieg war doch für Ihre Mutter negativ besetzt?

M: Ja.

I: Warum waren dann die Nazis nicht auch negativ besetzt?

M: Das ist schwierig. Die Leute haben halt immer viel vom Krieg erzählt. Meistens ohne Haß, so als Erlebnis. Das kann ich auch nachträglich deuten, weil es die erste Reisewelle war, wo Leute vom Dorf wegkonnten, in alle Welt.

...

I: Was ist Ihnen in der Schule über den Nationalsozialismus erzählt worden?

M: Hitler wurde als Wahnsinniger definiert, und er war schuld daran, daß der Krieg gemacht worden ist. Das war das Wesentliche. Und die Nazis liefen parallel.

I: Das hätte mich auch nicht vom Sessel gerissen. Ist auch erzählt worden, was sich, vom Krieg abgesehen, in dieser Zeit abgespielt hat? Es gab ja auch den Holocaust.

M: Da gab es damals einen Film, wo das gezeigt wurde. Ende der Fünfziger Jahre ist der auch in den Schulen gezeigt worden.

I: Das hat Sie nicht beeindruckt?

M. Doch, doch, unbedingt. Das schafft vielleicht einen Schuldkomplex.

I: Bei einem Kind?

M: Weil wir doch national eingestellt waren.

I: Das geht mir jetzt zu schnell. War Ihre Mutter eigentlich ein Nazi?

M: Sie war beim BDM, bei der Partei wahrscheinlich nicht.

I: Haben Sie mit Nazis und mit denen, die am Krieg schuld sind, auch Ihre Familie in Verbindung gebracht?

M: In der Schulzeit nicht. Meine Mutter sagt glaubhaft, sie hat von Juden und dem nichts gewußt.

I: Wo kommt denn bei einem Jugendlichen die Verbindung zur Schuld her?

M: Über den Verstand natürlich.

I: Haben Sie sich schon damals damit identifiziert?

M: Der historische Ballast sozusagen.

I: Daß Sie zu einer Bevölkerung gehören, die das angestellt hat?

M: Ja, sicher.

I: War das bei anderen Gleichaltrigen auch so?

M: Wir sind als Jugendliche im Saarland etwas mehr politisiert gewesen. 1952 bin ich das erste Mal mit westdeutschen Jugendlichen zusammengekommen, und da haben wir Saarländer mehr über Zusammenhänge der Politik gewußt als die. Ich würde sagen, wir haben uns nicht selber schuldig gefühlt. Die höhere Schule hat das so fabriziert. Ich glaube, wir sind dort so erzogen worden, daß das ein Unglück war.

I: Und an einem Unglück fühlt man sich schuldig?

M: Ja. Wenn man an einem Verkehrsunfall beteiligt ist, an dem man zwar nicht schuld ist, wo aber zwei draufgehen, ist man trotzdem schuldig.

I: Hat sich Ihre nähere Umgebung auch schuldig gefühlt?

M: Kaum. Ein schlechtes Gewissen könnte aber schon da gewesen sein. Da gab es in der Verwandtschaft einige Lehrer, und die haben immer mit den ehemaligen Parteigenossen diskutiert. Da haben wir nichts davon verstanden.

I: Wo würden Sie Ihre Mutter im Spektrum zwischen Pro- und Anti-Nazi weltanschaulich zuordnen?

M: Das schaffe ich nicht.

I: Gut. Lassen wir das Zuordnen,machen wir eine Checkliste. Den Krieg hat sie abgelehnt?

M: Ja.

I: Wie hat sie über Hitler gesprochen?

M: Einerseits hat sie zugegeben, daß er faszinierend ist, zweitens war ihr klar, daß es ein Wahnsinn war.

I: Was hat sie an ihm wahnsinnig gefunden?

M: Das weiß ich nicht, das war nicht so ein Thema.

I: Was hat sie über den BDM gesagt?

M: Das hat sie als angenehm empfunden, da hat sie auch Freundschaften gehabt.

I: Hat sie sich, vom Krieg abgesehen, über das Grausame dieser Zeit geäußert?

M: Sie stand ja auch ... der Großvater stand ja kontra zu den Nazis.

I: Wie hat sie den BDM rückblickend gesehen?

M: Da hat sie nicht differenziert. Sie hat den BDM nicht als ein Rädchen betrachtet.

I: Als was sonst?

M: Als Jugend und Freizeit.

I: Worin kam zum Ausdruck, daß sie gegen die Nazis war?

M: Da wird es schwierig.

I: Was ist für Sie, aufgrund Ihres Wissens, an den Nazis positiv oder negativ gewesen?

M: Das ist eine undemokratische Gesellschaft, eine Gesellschaft, die auf dumpfen Gefühlen basiert.

I: Undemokratisch bedeutet auch, daß man nicht sagen kann, was man denkt.

M: Und daß die Dummköpfe regieren, und daß die Industrie sich wohlfühlt.

I: Hat Ihr Vater nicht auch daran verdient?

M: Der war angestellt. Die Nazis kann man sich ohne das Kapital nicht vorstellen.

I: Welche Meinung hat Ihr Vater gehabt? Er hätte ja auch an die Front gehen können?

M: Mein Vater war vielleicht einer von vielen Technikern, die nur an ihrem Fach interessiert sind und daher auch eine Uniform anziehen. Das ist auch heute noch so. Ich kenne die Kollegen, die wollen Aufträge von Politikern haben, und die Politiker sollen machen, was sie wollen. Sie sollen entscheiden. Das ist die Techniker-Einstellung.

I: Wenn Sie dieses Bild von Ihrem Vater haben, was bedeutet das für Sie?

M: Das wäre genau so, so wird er gewesen sein.

I: Und Ihre Mutter? Wenn Sie ihre angebliche Anti-Nazi-Einstellung nicht konkretisieren können, ist es für mich schwer, klar zu sehen.

M: Ja, das ist schwer, man müßte die Mutter fragen.

I: Also 1968 war das andere mehr im Vordergrund?

M: Da hat man einmal nachgefragt.

I: Wäre es da nicht naheliegend gewesen, daß sie da auch bei Ihrer Mutter nachfragen?

M: Haben wir vielleicht auch einmal.

I: Was ist da herausgekommen?

M: Aber ich war ja da schon weg. Wir haben aber guten Kontakt gehabt. Ich habe einmal vor ein paar Jahren gefragt, weil es da einen Film gab über das Jahr vor dem Krieg, ob das stimmt, daß die 1938 genau wußten, daß es einen Krieg geben wird. Das hat sie bestätigt. Sie sagte, das wäre allgemein bekannt gewesen.

I: Haben Sie auch gefragt, wie sie zu der ganzen Nazi-Zeit gestanden ist?

M: Nein, das habe ich nicht.

I: Warum nicht?

M: Muß das sein?

I: Nein, aber es wäre so naheliegend.

M: Man weiß ja eine Menge Sachen so, aber man macht keine Analysen, das ist das Problem.

I: Ich glaube nicht, daß das eine Frage der Analyse ist. Wenn man an einer Zeit interessiert ist, fragt man vielleicht nahestehende Personen „Du, wie war das? Wie hast Du das erlebt?“ Das ist ja keine analytische Angelegenheit.

M: Nein, nein, das ist richtig. Aber ich weiß ja, wo meine Mutter die ganze Zeit war.

I: Auch was sie gesehen, was sie gehört hat?

M: Von Juden hat sie nichts gehört, sagt sie.

I: Und von undemokratischen Handlungen?

M: Nein. Oder nicht hören wollen, das kann ja auch sein.

I: Warum können Sie sie heute nicht fragen „Damals hast Du das gut gefunden, wie siehst Du es heute?"

M: So haben wir zuhause nie geredet.

I: Können Sie sich nicht vorstellen, daß Sie sie heute fragen?

M: Ja, sicher. Heute ist die Sache auch anders. Sie ist seit fünf Jahren aktiv in der Friedensbewegung. Vorher war sie beruflich beschäftigt.

I: Wie aktiv ist sie in dieser Bewegung?

M: Sie nützt ihre Kriegserlebnisse aus, damit sie jungen Leuten hilft, sich gegen den Krieg zu wehren.

I: Aber ich rede ja über die Nazi-Zeit.

M: Ich muß noch einmal erinnern, daß sie sich als Frau selber auch als unpolitisch definiert hat.

I: Während des Krieges gab es ja auch die Nazi-Zeit für die Zivilbevölkerung. Wie hat sich denn da der Alltag abgespielt?

M: Kinder kriegen. Ich wüßte nicht, was noch war.

I: Es gab doch immer wieder Versammlungen?

M: Da war sie nicht dabei.

I: Man hörte die Reden. Man hat doch etwas gehört und gesehen. Man lebte ja nicht zurückgezogen und sah nur seine Kinder?

M: Doch, würde ich so sagen. Das einzige, was sie über die Zeit erzählt hat, war die Evakuierung.

I: Sonst hat sie in diesen Jahren nichts erlebt, was erzählenswert wäre?

M: Müßte man nachfragen.

I: Mich interessiert eigentlich, warum Sie nie nachgefragt haben, auch zu einer Zeit, wo das für Sie ein wichtiges Thema war?

M: Ich war auch nach der APO-Zeit nicht besonders scharf auf Nazi-Geschichten. Das ging ja über viele Jahre, daß mir klar geworden ist, daß da eigentlich kein Bruch war in der BRD.

I: Ich nehme an, Ihre Mutter hat gewußt, daß Sie sich in der APO engagiert haben?

M: Ja.

I: Wie hat sie sich dazu geäußert?

M: Positiv.

I: Was hat sie daran positiv gefunden?

M: Daß das richtig ist, was die machen, die neue Kritik.
I: Was hat sie daran gut gefunden?
M: Sie fragen immer nach der Mutter, das ist nur ein Randproblem von mir. Ihr hat gefallen, daß halt Ungerechtigkeiten aufgedeckt wurden. Falsche Herrschaft, falsche Monopole, wirtschaftlich, Macht, Staat, große Koalition, Notstandsgesetze.
I: Können Sie beschreiben, wo Ihre Mutter heute weltanschaulich steht?
M: Sie steht links.
I: Und früher?
M: Ich weiß nicht, wo sie stand, das ist lange vorbei. Man muß nicht alles klären.
I: Alles sicher nicht, aber wichtige Fragen schon.
M: Vielleicht waren sie nicht wichtig für die Mutter.
I: Aber vielleicht für Sie?
M: Für mich auch nicht so sehr. Das Nazi-Problem lief immer irgendwie fern.
I: Sie haben aber den Eindruck, es hat sich nichts geändert.
M: Ja, aber erst in den letzten Jahren. Ich würde heute auch das nationale Engagement anders sehen.Ich wäre heute dafür, daß Saarland nach Frankreich kommt.

I: Hat Ihnen die Schule nie Schwierigkeiten gemacht?
M: Nein, nein. Obwohl wir schon Prügel gekriegt haben. Das waren wir dann gewöhnt. Prügel gab es bis in die höhere Schule.
I: Das haben Sie in Ordnung gefunden?
M: Damals schon.
I: Hat das Ihre Mutter in Ordnung gefunden?
M: Ja.
I: Wieso?
M: Weil es begründet war. In der höheren Schule haben wir Prügel gekriegt, wenn wir schlechtere Noten hatten.
I: Das hat Ihre Mutter akzeptiert?
M: Ja.
I: Finden Sie das in Ordnung, daß Ihre Mutter die Schläge akzeptiert hat?
M: Ja.
I: Würden Sie das heute akzeptieren, wenn Sie Kinder hätten?
M: Das ist keine Frage mehr, weil es verboten ist. Und wie man in Schulen zurecht kommt, ist ein anderes Thema. Das geht mich nichts an, da weiß ich nicht Bescheid. Ich möchte kein Lehrer sein, um Gottes Willen.

I: Aber eine Ohrfeige ganz allgemein können Sie akzeptieren?
M: Ja, aber es muß angepaßt sein.
I: Was wäre das zum Beispiel?
M: Wenn einer etwas klaut.
I: Und wie ist das mit dem Gehorsam?
M: Das hängt davon ab, da wird es schwierig. Wir sind ja zum Gehorsam erzogen worden.
I: Von wem?
M: Von unserer vorhergehenden Generation.
I: Auch von Ihrer Mutter?
M: Ja, schon.
I: Wo haben Sie Ihrer Mutter gehorchen müssen?
M: Ich meine das jetzt so, daß wir als Kinder nicht von uns aus kritisch gefragt haben.
I: Wenn sie gesagt hat, daß sie etwas tun sollen, dann haben Sie es getan?
M: Ja. Und wenn wir es nicht getan haben, dann wurden wir geschimpft.
I: Wie haben Sie sich mit ihren Geschwistern verstanden?
M: Wir haben immer Krieg gespielt, wir haben einander bekriegt.

I: Warum ist es für sie nicht wichtig, zu wissen, wie Ihre Mutter zur Nazi-Zeit gestanden ist oder heute steht?
M: Ich habe jetzt ein leidlich gutes Verhältnis zu ihr, und das würde vielleicht belastet werden, wenn ich etwas Genaueres weiß. Ich will es lieber nicht wissen.
I: Warum nicht?
M: Vielleicht mag ich meine Mutter auch nicht. Sie interessiert mich nicht, vielleicht finde ich es deshalb auch nicht notwendig, zu wissen, ob sie schuldig ist.
I: Wieso schuldig?
M: Wer etwas nicht wissen wollte, ist eigentlich schon schuldig geworden.

Österreich/Frau

F: Ich bin prinzipiell davon ausgegangen, daß in meinem Elternhaus über Politik so gut wie nichts geredet worden ist. Meine Mutter ist aus einer Lehrerfamilie und hat deswegen immer ungeheure Dünkel gehabt, die ich nicht verstanden habe, weil so etwas Besonderes ist es ja nicht. Mein Vater ist Sudetendeutscher und aus einer Arbeiterfamilie, und meine Mutter hat das immer sehr geringschätzig behandelt. Mein Vater war der wesentlich Herzlichere und Aufgeschlossenere. Sie sind aus beruflichen Gründen in Österreich herumgezogen, weil mein Vater hat keine berufliche Ausbildung gehabt. Er hat sich aber tüchtig hinaufgearbeitet, bis zum Betriebsleiter.

I: Das war aber schon in der Kriegszeit?

F: Ja, das war ein kriegswichtiger Betrieb, eine Waffenfabrik, und deshalb ist er nicht eingezogen worden.

I: Ist es zum Ausdruck gekommen, daß er sich als Sudetendeutscher fühlt?

F: Gar nicht. Er hat schon eine starke Beziehung zu seiner Heimat gehabt, er hat mir als Kind oft Märchen vom Riesengebirge erzählt.

I: Und politisch?

F: Überhaupt nicht. Das war überhaupt kein Thema, und ich hatte auch nie den Eindruck, daß es für ihn irgendwie ein Problem war. Meine Mutter hat mir von der Begeisterung erzählt, die sie für das Nazi-Regime gehabt hat. Mein Vater hat nie darüber gesprochen. Meine Mutter hat den Kontakt zwischen meinem Vater und mir weitgehend blockiert. Sie hat ihn vor mir verächtlich gemacht und mich von ihm ferngehalten. Deswegen weiß ich sehr wenig über seine Einstellung. Er ist mittlerweile gestorben. Ich reime mir das aber so zusammen, daß er zwar bei der Partei war, aber daß er überhaupt nicht den ideologischen Hintergrund für sich irgendwie akzeptiert hat. Er war weder so begeistert wie meine Mutter, er hat vieles sehr kritisch gesehen. Er war ein sehr weichherziger Mensch, und die Auswirkungen, die dann später zutage gekommen sind, waren für ihn sicher sehr schwer zu verkraften. Das ist eine Vermutung aus seiner Persönlichkeit heraus.

I: Woher kommt dieser Eindruck von Weichheit, Herzlichkeit und Wärme?

F: Das war so eine nonverbale Herzlichkeit, er hat mir immer das Gefühl gegeben, daß ich alles von ihm haben kann. Mir war das damals gar nicht bewußt, daß in dieser Beziehung etwas fehlt, die ganze verbale Kommunikation.

I: Vor allem das Konkrete?

F: Ja, es war nur ein theoretisches Angebot. Wahrscheinlich von der Ausstrahlung her, nonverbal. Er war aufgeschlossen gegenüber anderen Leuten, er war im Ort beliebt, er hatte so etwas Strahlendes. Liebevolles und war hilfsbereit, und jeder hat gesagt, so ein lieber Mensch. Ich habe mich sehr sicher gefühlt als seine Tochter, die alles kriegen kann, alles hat und mit allem zu ihm kommen kann. Ich habe aber nie irgendwie konkreter nachgefragt. Ich habe dann mit meiner Mutter einen ernsthaften Krach gehabt, da war dann jahrelang die Verbindung abgebrochen und auch nicht mehr aufgenommen worden.

I: Auch nicht mit dem Vater?

F: Ja, weil er sich der Mutter untergeordnet hat. Ich habe nicht das Gefühl gehabt, daß ich mit ihm Kontakt haben kann, obwohl ich später gelegentlich das Bedürfnis gehabt habe. Aber ich habe gewußt, daß es ohne die Mutter nicht geht, und über sie hinweg kann ich auch nicht. Ich wollte ihn auch nicht in den Konflikt bringen, weil er mußte ja mit ihr leben und er hat sie bis zum letzten Tag abgöttisch geliebt, obwohl sei eine sehr gefühlskalte Frau war und er wahnsinnig viel vermißt hat. Das weiß ich aus Äußerungen von ihm.

I: Er hätte sich auch nie heimlich mit Ihnen getroffen?

F: Nein, das hätte er nie gemacht.

I: Wie alt waren Sie, als die ersten Bemerkungen der Mutter in bezug auf die Begeisterung gefallen sind?

F: Meinem Gefühl nach immer, sie hat immer wieder erzählt, was für ein Erlebnis das für sie war. Diese ganzen Standardgeschichten, die sie als Wienerin erlebt hat.

I: Haben Sie gefragt, warum sie so begeistert war?

F: Ja, es hieß, das war toll, er hat uns Arbeit versprochen, es war eine schreckliche wirtschaftliche Situation, es war eine furchtbare Lage in Wien, die Juden haben die ganzen guten Posten gehabt, und wir waren arbeitslos. Sie hat nicht „wir" gesagt, sie hat nie das Bedürfnis zu arbeiten gehabt, sie hat auch nie eine Stunde in ihrem Leben gearbeitet. Sie hat die Handelsschule gemacht und nie gearbeitet. Ich bin erst nach zehn Jahren Ehe auf die Welt gekommen. Sie ist nie so weit „gesunken", daß sie gearbeitet hätte. Ich habe keinen Grund gehabt, das anzuzweifeln, so klang es, weil sie die einzige Informationsquelle für mich war. Auch so das Gefühl, über Politik wollen wir nicht reden, wir sind da so hineingelegt worden. Weil es dann vorbei war, weil sie den Krieg verloren haben.

I: Wie hat sie die spätere Zeit empfunden, die Jahre nach dem „Anschluß".

F: Über das Nachher hat sie relativ wenig erzählt, und ich habe komischerweise damals nicht nachgefragt.

I: Und vom Alltag, haben Sie da eine Vorstellung bekommen?

F: Der Alltag dürfte bei ihr nie sehr anders gewesen sein. So wie sie ihn geschildert hat, hat sie ihre Zeit verbracht, den Zwei-, später Drei-Personenhaushalt zu machen. Zu Mittag mußte immer alles schon gemacht sein, und den Nachmittag hat sie halt dann mit Illustrierten und mit Büchern verbracht, in Kaffeehäusern, und sonst nichts.

I: War sie in einer Frauenorganisation?

F: Nein, sie war überhaupt nicht aktiv. Sie war nirgends, sie war nur zu Hause, ihr Leben lang. Ich weiß nicht, ob sie Parteimitglied war, ich weiß nur, daß es mein Vater war. Das weiß ich durch Bilder im Familienalbum, da waren Flecken auf den Fotos. Das hat mir meine Mutter gesagt, daß die Flecken die übermalten Parteiabzeichen sind, weil das die anderen nicht wissen müssen. Sie war immer eine Außenseiterin im Ort, auch vorher in den anderen Orten, als Zugereiste und als jemand, der sich immer besser vorgekommen ist als die anderen. Sie hat sich nicht untergeordnet dem Idealbild der deutschen Frau, weil sie schwarzhaarig war und das selber geschätzt hat, vom Erscheinungsbild eher die extravagante Städterin war, nicht deutsche Dirndlkluft.

I: Wie hat sich die Stellung Ihrer Mutter im Ort auf Ihre Jugendzeit ausgewirkt?

F: Ich war als Kind eine Außenseiterin. Ich bin in eine Volksschule gekommen, in der alle Kärntnerisch gesprochen haben, nur ich hochdeutsch. Ich habe mir aber sehr bald eine Freundin gefunden und habe auch sehr bald Kärntnerisch gelernt. Weil, ich wollte nicht Außenseiterin sein. Ich habe immer ein enormes Bedürfnis gehabt, integriert zu sein.

F: Daß Krieg eine schreckliche Sache ist, so allgemein, haben sie schon gesagt. Zwei Onkeln waren in Kriegsgefangenschaft. Das waren die bösen Russen, die den Onkel gefangengenommen haben. Der hat sich für eine edle Sache eingesetzt und ist gefangengenommen worden. Es war aber so die Einstellung, man redet vor einem Kind über nichts.

I: Der Krieg war also doch nicht so negativ besetzt?

F: Der Krieg war für eine gute Sache, aber ich habe dann schon gefragt, wieso der Krieg verlorengegangen ist, wenn das alles so toll war. Da ist mir erzählt worden, daß immer eine furchtbare Sabotage war. Alles ist verraten worden von den bösen Agenten. Und der Hitler hätte gewonnen, wenn das mit der V2 damals geklappt hätte, aber das ist verraten worden.

I: Glauben Sie, daß Ihrem Vater bewußt war, daß er in einem Betrieb gearbeitet hat, der das Regime unterstützt?

F: Wahrscheinlich schon. Die Äußerung in die Richtung ist nie gefallen. Was ich oft erzählt bekommen habe, ist, daß es in dem Betrieb Fremdarbeiter gegeben hat, aus den besetzte Gebieten in Polen, und daß mein Vater sich so um die bemüht hat. Er hat diesen Fremdarbeitern Lebensmittel zukommen lassen, er hat sich da in Gefahr begeben, das haben sie schon erzählt, das habe ich von meiner Großmutter gehört.

I: Und von Ihrer Mutter kam da nichts?

F: Kann mich nicht erinnern. Eher in die Richtung, er ist ja zu gutmütig, sie haben ihm auch nicht gedankt. Sie haben dann 1945 ausgesucht, an welchem Baum sie meine Großmutter und meinen Vater aufhängen wollen.

I: Für die Besatzungsmächte war Ihr Vater jemand, der im NS-Regime engagiert war?

F: Ja, er hat dann 45 den Posten verloren, hat auch keinen Posten gefunden. Und er ist mit dem Fahrrad jede Woche weit gefahren, um in einer Fabrik als Hilfsarbeiter zu arbeiten. Gesagt wurde, damals war ein gerechteres Regime, und dann hat man ihn schlecht behandelt, weil er ein Sudetendeutscher ist.

I: Hat Ihr Vater selbst nie etwas darüber gesagt?

F: Ich kann mich nicht erinnern.

I: Und über die Zeit vor 1938?

F: Ist auch wenig zur Sprache gekommen, nur gelegentliche Erwähnungen über das Lager in Wöllersdorf, wo die Brüder meiner Mutter als Illegale waren.

I: Und vom Vater wieder nichts?

F: Er war damals am Land unterwegs, ich glaube, er war politisch überhaupt nicht aktiv. Er hat seine Arbeit gemacht, er hat seine Frau über alles geliebt, es hat sonst nichts gegeben, er ist in all dem aufgegangen. Er ist zur Partei beigetreten, weil man ihm einen Arbeitsplatz versprochen hat.

F: Ich habe den Eindruck eines intakten Elternhauses gehabt, die ganze Zeit, die ich zu Hause verbracht habe. Sie haben vor mir nie gestritten, sie waren immer freundlich zueinander. Ihre Kälte habe ich als Kind nie empfunden. Das war so alles sehr freundlich und glatt und ordentlich. Überhaupt kein Eindruck von irgendeinem Bruch in dem ganzen. Mit der Mutter habe ich viel geredet, über die Schule und so, viele Sachen habe ich aber auch immer verheimlicht, ich habe immer sehr viele Dinge für mich behalten. Meine Mutter war so anbiederisch, und das war mir immer etwas unangenehm. Ich habe mich deshalb immer mehr zurückgezogen, ich habe das irgendwie auch als unechtes Interesse empfunden, so eine anbiederische Freundlichkeit, stolz sein, meine Tochter erzählt mir ja alles. Aber ich spürte kein wirkliches Interesse dahinter, sondern einfach ein Aneignen wollen, aber nicht echt Anteil nehmen an dem ganzen.

I: Woran haben Sie das gemerkt?

F: Aus irgendeiner Bemerkung, das könnte ich nicht so genau sagen.

I: Wie Sie das Tagebuch der Anne Frank gelesen haben, haben Sie das in Beziehung gesetzt zu der Zeit, über die Ihre Mutter immer geredet hat? War da gleich klar, daß das in diese Zeit hineinfällt?

F: Ja, schon, und ich bin dann fragen gegangen, und sie hat gesagt, das ist alles Erfindung, das ist alles Lüge. Aber ich habe an das Buch geglaubt und merkte, daß ich mit meiner Mutter nicht darüber reden kann. Das war eines der Dinge, die ich in mir verschlossen habe, wie ich dann gesehen habe, ich kann mit ihr nicht darüber reden. Sie tut das ab als Lüge und als Unwahrheit, und mich hat das Buch sehr mitgerissen, weil ich damals in einem ähnlichen Alter war, und ich habe es auch sehr oft gelesen. Mit dem habe ich mich dann in mich zurückgezogen.

I: Hat Ihre Mutter weltanschaulich überhaupt keine Spuren hinterlassen?

F: Überhaupt nicht, außer daß sie meinen Widerstand hervorgerufen hat.

I: Wie würden Sie das erklären?

F: Ich weiß nicht, woher das kommt. Es war irgendwie ... es kann mit dem Vater zusammenhängen, und es ist halt wirklich dann die Umgebung, in die ich langsam gekommen bin, wie ich angefangen habe, mir selbst mein Leben zu suchen. Als ich mit 25 geschieden wurde, war meine erste große Liebe ein israelischer Bursche, der frisch nach Wien gekommen ist.

I: War das Zufall?

F: Es war an sich Zufall, aber es war sicher keiner natürlich. Das war für mich der, der die Tür aufgemacht hat.

I: Haben Sie gelegentlich so etwas wie Wiedergutmachungsgefühle?

F: Nein, weil ich nicht den Eindruck habe, daß in meiner Umgebung außer gedanklich irgendetwas passiert ist. Ich habe mir gedacht, ich habe eine Verpflichtung, es anders zu machen. Ich habe eine Verpflichtung mit diesem Vorbild vor Augen, ich hatte immer das Gefühl, ich muß es anders als meine Mutter machen, ich muß mir die Zusammenhänge bewußt machen. Ich möchte am laufenden sein, ich möchte politisch hellhörig sein. Das war für mich eigentlich das wichtigste, so zu werden und meine Kinder so zu erziehen. Ich hatte nicht das Gefühl, ich muß da etwas abtragen, sondern mir war es viel wichtiger, einen neuen Anfang zu setzen und nicht dort weiter zu machen.

I: Ihre Mutter hat zwar so gedacht, aber sie hat in keiner Weise etwas gemacht, wo Sie ihr einen Vorwurf machen könnten?

F: Aktiv gehandelt nicht, aber ich machte ihr immer den Vorwurf, daß sie bei ihrem Intelligenzgrad, den sie eindeutig hatte, nie etwas durchschaut hat.

Österreich/Mann

M: Mein Interesse an Zeitgeschichte ist sicher größer als das eines Durchschnittsbürgers. Ich habe oft zu Hause mit meiner Familie Debatten und Diskussionen, die mit meinem Vater, der noch die HJ mitgemacht hat, sehr emotional geführt werden. Ich versuche ihn doch immer auf gewisse Umstände hinzuweisen, die sein etwas einseitiges Verhalten dokumentieren.

I: Wann haben denn die Kontroversen angefangen?

M: Das hat erst angefangen, wie ich mich etwas bewußter mit Geschichte beschäftigt habe, das könnte mit 15, 16 Jahren gewesen sein.

I: Hat die Schule dabei irgendeine Rolle gespielt?

M: Nein, eigentlich nicht. Geschichte und Geographie waren eigentlich immer meine Lieblingsfächer, und ich habe auch immer sehr viel gelesen, habe versucht, durch Lektüre verschiedener Kompendien einen Gesamtüberblick über verschiedene geschichtliche Dinge zu bekommen.

I: War Ihnen die Tatsache, daß Ihr Vater ein bißchen einseitig geprägt ist, schon früher bewußt, oder ist das erst durch Ihre Beschäftigung mit Geschichte entstanden?

M: Es ist mir früher aufgefallen, aber ich habe es nicht als rassistisch empfunden, ich war damals eigentlich über Zusammenhänge nicht informiert und es war mir auch alles nicht sehr klar. Tendenziös an seinen Äußerungen war eben auch die Globalschuld der Juden, daß die Juden das Kapital hatten und sonst niemand, das war eben auch während der Ersten Republik so und umso mehr auch kurz vor Beginn des Zweiten Weltkrieges durch seinen Eintritt in diese faschistische Organisation der HJ, daß dabei immer eine Bewußtseinsbildung stattgefunden hat, die halt sehr einseitig verlaufen ist. Da hat er eben dieses nationalsozialistische Gedankengut unkritisch übernommen, und für ihn läuft es eigentlich heute noch so wie damals.

I: Wie alt war er 1938?

M: Da war er elf Jahre alt. Er hat das Kriegsende noch als Luftwaffenhelfer und als Schanzer beim Ostwall miterlebt.

I: Hat er Ihnen irgendetwas erzählt über die Zeit von 1938 bis 1945?

M: Für ihn war die HJ etwas Begeisterndes, er hat geschätzt, daß sie eine durchorganisierte Bewegung war, auch das Gedankengut hat ihn fasziniert, vor allem auch deswegen, weil er als Kind vom Land kam. Da war die HJ natürlich die große Welt für ihn, diese Zucht und Ordnung, und daß eben Ignoranten geächtet werden, das hat ihm gut gepaßt.

I: Wie haben Sie Ihren Vater mit diesen Äußerungen als Kind so erlebt?

M: Man kriegt bei politischen Diskussionen, die Erwachsene führen, so gewisse Standardfloskeln mit, und das war bei ihm eben so, daß grundsätzlich die Juden schuld waren, daß der Krieg verloren ging sowieso, und daß es überhaupt zum Krieg gekommen ist.

I: Das war also ein häufiges Thema bei ihm?

M: Wenn ein Anlaß dazu war, wenn Nachrichten waren oder wenn eine Debatte mit Erwachsenen war, die bei uns am Tisch gesessen sind, dann ist das durchaus zum Thema geworden. In unseren Debatten ging es einfach nur um Dinge, die er leugnet, Holocaust zum Beispiel, die aber Tatsache sind. Auf der anderen Seite ihm klar zu machen, daß nicht nur die Juden, sondern viele Dinge auch zu diesem Krieg geführt haben.

I: Wieso nicht nur?

M: Sicher ist möglich, daß doch ein Großteil der jüdischen Banken in jüdischer Hand war. Ich meine, das ist nicht der Grund, daß man ihnen eine Teilschuld zusprechen könnte, sondern ich versuche jetzt meinen Vater zu verstehen mit seiner Argumentation: die Juden hatten das Kapital und das zu Wucherzinsen verliehen.

I: Ich möchte das jetzt auseinanderhalten. Sie versuchen, Ihren Vater zu verstehen, aber ich möchte gerne wissen, wie Sie es sehen. Ob Sie meinen, daß das mit eine Ursache war.

M: Kann ich.

I: Also ist das nicht nur, um Ihren Vater zu verstehen, sondern das ist auch eine Ansicht, die Sie haben?

M: Ja.

I: Wie haben Sie, abgesehen von diesen Debatten, Ihre Erziehung empfunden? War die auch dadurch geprägt?

M: Ich erlebte ihn eher als Despoten, als autoritären, wenig pädagogisch denkenden Menschen, der aus einer Stimmung heraus Maßnahmen setzte und diese auch schlagkräftig unterstützte.

I: Wie würden Sie Ihre Beziehung zu Ihrem Vater beschreiben?

M: Die ist im Prinzip nicht schlecht, und rückblickend muß ich sagen, daß er permanent pädagogische Fehler gemacht hat.

I: Haben Sie ihn gemocht?

M: Ich habe ihn gemocht und ich mag ihn noch immer. Und versuche, ihn auch in diesen fruchtlosen Debatten zu einem offeneren Weltbild zu bringen, muß aber doch sehen, daß es sehr schwer ist, und er kaum Argumente annimmt. Ich beschenke ihn bewußt und provokant zu Weihnachten mit solchen Wälzern über Weltkriege, ich sehe sonst keine Möglichkeit, ihn mit Dingen, die unbestritten sind, zu konfrontieren in seinem engen Geschichtsbild. Ich sehe das als eine Sendung, einen Auftrag, daß man Leute, die verbohrt sind und engstirnig sind und denen auch jede Grundlage für jegliches Werturteil fehlt, daß man denen das wenige, was man selber weiß, vielleicht irgendwie mitteilt, so daß sie es dann als geschichtliche Tatsache akzeptieren.

I: Wie hat sich denn Ihre Mutter dazu gestellt?

M: Völlig passiv. Sie war immer sehr indigniert, wenn die Wogen der Emotion hochgegangen sind. Vor allem für meinen Vater war das sehr provokant, daß ich mich bemüht habe, ihm in einem trockenen und moderaten Tonfall die Argumente zu entkräften. Er hat sich dann natürlich in die Enge getrieben gesehen und hat dann jedesmal die Stimme erhoben, wenn ich ihm widersprochen habe.

I: Was für einen Eindruck haben Sie denn, was Ihre Mutter meint oder fühlt zu den Einstellungen Ihres Vaters?

M: Ich glaube, die hat das seit Jahrzehnten hingenommen und würde es nie wagen aufgrund seiner autoritären Position — er ist der typische Patriarch —, obwohl sie intellektuell als Volksschuldirektorin über ihm steht. Aber er dominiert und er würde sich nie von ihr eine Meinung aufoktroieren lassen oder sich belehren lassen. Sie hat sich immer aus diesen Debatten herausgehalten.

I: Aber was, meinen Sie, denkt sie dazu, was sind ihre Gedanken zu dieser Zeit?

M: Sie war BDM-Mädel und hat eigentlich nie irgendwelche faschistoide oder antisemitische Tendenzen in den letzten zwanzig oder dreißig Jahren, wie ich sie bewußt erlebt habe, erkennen lassen.

I: Aber wenn sie darüber redet, lehnt sie es ab?

M: Sie redet nicht darüber. Sie steigt auch nicht in die Debatte ein, sie hält sich da heraus. Indifferent.

I: Stört Sie das nicht? Sie könnte sich ja auch äußern?

M: Was soll ich Ihnen sagen? Sie haben sicher recht, wenn Sie sagen, sie könnte sich äußern, aber vielleicht tut sie es nicht, um eben diesen Streitgesprächen zu entkommen, weil sie immer ein Mensch war, der ewig zu kalmieren hatte und der immer ein ruhender Pol sein mußte.

I: Aber in Einzelgesprächen mit Ihnen zum Beispiel?

M: Zu dieser Thematik gab es keine Einzelgespräche.

I: Bis heute nicht?

M: Nein. Ich glaube, das wird es auch nicht geben. Ich müßte wirklich von mir aus zu bohren beginnen, initiativ sein, um sie zu irgendwelchen Statements zu veranlassen. Sie steigt darauf nicht ein, sie fühlt sich irgendwie ein bißchen intellektuell unterlegen, und ich glaube nicht, daß sie da mitgehen würde.

I: Ich meine aber ihre Einstellung.

M: Wenn sie eine hat, dann teilt sie sie nicht mit, und ich habe es ihr auch bis jetzt noch nicht entlocken können.

I: Warum nicht?

M: Sie zieht sich zurück.

I: Wie sind denn die Debatten mit Ihrem Vater entstanden?

M: Die Debatten sind dann entstanden, nachdem bei mir die Bewußtseinserweiterung durch Geschichtsstudien eingesetzt hat, durch das erste Kontra, das ich ihm gegeben habe. Das war 1967, beim israelisch-arabischen Krieg, wo er da so ein Statement von sich gegeben hat, es ist Zeit, daß die Araber jetzt die Juden ins Meer treiben. Was sich die dort alles erlauben, nehmen dort den armen Palästinensern das Land weg etc. Und ich habe gemeint, für dich ist es ähnlich wie schon zwanzig Jahre vorher, die angestrebte Endlösung, um die Ungerechtigkeiten abzustellen. Und dann ist es hin— und hergegangen.

I: Sie sagen, Sie haben das Bedürfnis, Ihrem Vater vielleicht doch noch irgendwie beizubringen, daß er falsch denkt. Wieso haben Sie nicht dasselbe Bedürfnis zu wissen, wie Ihre Mutter denkt?

M: Ich muß Ihnen sagen, mich stört es an meiner Mutter, daß sie sich jeder Diskussion entzieht. Und ich muß sagen, ich bin nicht bereit, jemandem nachzulaufen und ihn an den Tisch zu bitten, um an der Diskussion teilzunehmen. Wenn sie das nicht freiwillig tut, dann sehe ich keinen Sinn darin, sie jetzt quasi an den Haaren hereinzuzerren und ihr eine Meinung abzuverlangen.

I: Während ihrer ganzen Jugend, wo sie Sie erzogen hat, da hat sie doch, wie Sie sagen, immer kalmieren müssen. Hat sie da nie Position bezogen, wenn Ihr Vater mit Ihnen autoritär umgegangen ist? Wie hat sie sich da verhalten?

M: Sie hat zwar schon eben beruhigt und hat uns eben auch ein Versprechen abverlangt, daß wir uns bessern usw., aber ich würde nicht sagen, daß sie da bewußt entgegengewirkt hat, weil sie dieses Risiko schon immer gescheut hat.

I: Können Sie mit Ihrem Vater auch konform gehen oder gibt es nur Differenzen?

M: Nein, das kann man nicht sagen. Konform gehe ich sicher in Dingen, die eine christliche Weltanschauung ausmachen, weil die trägt er trotz all seiner antisemitischen Haltungen zur Schau.

I: Trägt er sie zur Schau oder hat er sie?

M: Er hat sie auch. Das mag eine Diskrepanz sein, aber ich würde sagen, daß er doch von seinem Typus her eigentlich schon ein ÖVP-Mensch ist und nicht eher rechtsradikaleren Elementen zuzuordnen ist.

I: Autoritär, schlagen, es geschieht, was ich will, dieser ganze autoritäre Stil, den Sie mir vermitteln, paßt das zur christlichen Weltanschauung? Was ist denn das Christliche daran?

M: Von ihm aus die Werte, die christlich sind, kommen schon zum Tragen, also ich meine, er ist für die Familie da, soweit man das in einen gedanklichen Rahmen fassen kann, dann weiters, er hat ein Leistungsbewußtsein, was die ÖVP auch vertritt.

I: Wir sprechen doch von christlich?

M: Vielleicht habe ich da einen schlechten Ausdruck gewählt. Ich wollte damit eben die konservativere Weltanschauung ausdrücken. Ich würde sagen, christlich ist in dem Fall vielleicht verfehlt.

I: In den Grundwerten können Sie Ihren Vater also akzeptieren? Sind das auch die Werte, die weitgehend Ihre sind?

M: Durchaus.

I: Das heißt, der Unterschied liegt im Antisemitismus. Gibt es noch welche?

M: Sicher auch die Ignoranz, die in ihm ist faktisch. Also er glaubt, daß er aus seiner Schmalspursicht mit ORF-Nachrichten oder Kronenzeitung über irgendwelche Dinge reden kann. Es fehlt ihm sehr viel Hintergrundinformation, und wenn ich mich bemühe, die ihm zu liefern, dann schnappt er ein, weil das faßt er als Belehrung auf, und das hat er nie vertragen. Das verträgt er heute noch nicht. Er läßt sich nie etwas sagen, er glaubt heute noch, daß er in allen Dingen recht hat. Er ist ein großer Verdränger, meiner Meinung nach.

I: Aber die NS-Zeit, die verdrängt er nicht?

M: Nein, die ist ihm hoch und heilig, weil damals war ja alles besser. Da gab es keine asozialen Elemente, die wurden ausgerottet, es gab keine Leute, die die Arbeit verweigert haben, und jeder hat halt geleistet und geschaffen und alle waren motiviert usw. Mir fallen jetzt noch ein paar Dinge ein. Speziell Rauschgiftproblematik, also das ist was, wo er immer sofort einhakt und wo er meint — ich meine, er hat es sicher nicht wörtlich gesagt, aber er hat es so gemeint —, daß die genauso vergast gehört hätten diese asozialen Elemente, Hascher, Fixer und was immer, oder Aids. Überall findet er einen Anknüpfungspunkt für seine Theorie.

I: Aber für Leistung sind Sie auch, Sie sind doch auch gegen Leute, die die Arbeit verweigern.

M: Ich bin für Leistung, ich bin auch sicher dagegen, daß Leute ihre Zeit verbummeln, als verwöhnte Muttersöhnchen vegetieren, das ist keine Frage. Ich würde mich eher als Liberalen bezeichnen, also bei mir gibt es Dinge, die die ÖVP vertritt, die ich absolut nicht akzeptieren kann. Großteils aus dem Familienrecht, also das Dagegensein gegen Abtreibung, und wenn man jetzt das noch weiterverfolgt mit dem Pillenverbot des Papstes, das sind lauter Dinge, die kann ich absolut nicht akzeptieren. Ich bin auch kein Mensch, der einem Kind nicht auch einen gewissen Freiraum läßt, wo es sich abreagieren kann, wo es eben auch nicht angepaßt agieren kann, wo es seine Wut auslassen kann, wo es seine Aggressionen abreagieren kann, wo es aber auch Zuspruch oder Trost oder was immer es braucht findet.

M: Ich sehe in meinen Versuchen, ihm Tatsachen zu liefern, jetzt nicht, ihn zu kritisieren, sondern nur, ihn mit Tatsachen zu konfrontieren, die er in sich aufnehmen sollte, um sein etwas einseitiges Weltbild einmal umzugestalten.

I: Ich glaube, um jemanden innerlich zu verändern, sind Argumente meistens nicht sehr zielführend.

M: Wie würden Sie es machen?

I: Ich würde versuchen, zu begreifen, warum er so ist.

M: Das ist mir echt unmöglich, dafür fehlt mir die Zeit. Da gehören psychiatrische Sessionen in Legionen dazu, um den Mann einmal so aufzumachen, wozu er geworden ist. Das ist einfach unmöglich. Ich weiß nicht, ob er mich immer für voll genommen hat und ob er das jetzt überhaupt schon oder noch tut. Meine Frau erzählt mir wenn sie mit ihm allein ist und über irgendwelche Dinge mit ihm spricht, ist er oft ganz anders. Es ist sicher eine über Jahre gestörte Vater-Sohn-Beziehung, die in diesen latenten Konflikten ausartete.

I: Wenn Diskussionen mit Schülern entstehen, wie würden Sie denen schildern, was für Sie das Negative am Nationalsozialismus ist und was Sie, um der Sache gerecht zu werden, als positiv sehen?

M: Um mit dem wenigen Positiven zu beginnen: was mich sicher fasziniert, ist die Tatsache, daß das Heer der Arbeitslosen der Ersten Republik Beschäftigung fand, sei es beim Autobahnbau, sei es auch beim Kanonenbau. Aber es war einmal Arbeit da und diese hunderttausenden Leute waren wieder beschäftigt. Ansonsten können Sie nehmen, was Sie wollen, von der arischen Rasse bis zu den Mutterkreuzen, und was es da noch an Tinnef gegeben hat. Diese ganze Problematik ist für mich ein derartiger Horror und ein Alptraum, vor allem auch durch diverse Schlüsselerlebnisse die man gehabt hat, zum Beispiel eine Ausstellung zum Holocaust. Da war ich 17, und da wurde man wirklich umfassend über diese Dinge informiert, und das war derart erschütternd für mich, daß ich damals wirklich geprägt worden bin, speziell von dieser einen Ausstellung. Das war nicht von der Schule aus, ich bin allein hingegangen.

I: Da Ihr Vater das alles ablehnt, kann ich annehmen, daß er die KZs als Greuelmärchen abtut?

M: Ich weiß nicht, ob es heute so ist, daß er an seiner Auschwitzlüge festhält, aber ich erinnere mich an ein Zitat von ihm vor zehn, fünfzehn Jahren, daß das gar nicht wahr sei und daß das alles von den Medien überbewertet werde etc.

I: Sagt dazu Ihre Mutter auch nichts?

M: Die ist nicht dabei bei diesen Debatten.

I: Was vermuten Sie? Meinen Sie, daß Ihre Mutter vehement gegen diese ganzen Sachen ist?

M: Ich kann Ihnen wieder nur sagen, daß sie einfach nicht präsent ist bei diesen Debatten.

I: Ich frage Sie trotzdem, weil, irgend etwas vermuten Sie ja?

M: Na sicher, es ist schon so. Sie kommt dann ins Zimmer, wenn die Wogen hoch hergehen, und meint, jetzt hört einmal auf mit diesem Blödsinn. Also es ging ihr darum, daß der Streit aufhört, und mehr oder weniger auch ein Hinweis an ihn, das doch endlich einzusehen und nicht so dumm zu argumentieren, aber das kommt eher selten vor. Ich würde schon sagen, daß sie informiert ist über die ganze Situation, daß ihr das ein Begriff ist, was der Nationalsozialismus angerichtet hat, trotz der BDM-Vergangenheit. Daß sie sich eher gewisser Dinge bewußt ist als er, aber sie hat nie ... in den wenigen Momenten, wo sie etwas von sich gibt, eigentlich nie verherrlicht. Ich habe das nie wirklich so in Erfahrung gebracht, aber das einzige, wo sie gezeigt hat, daß ihr das gefallen hat, war diese Landverschickung oder was da war. Da war sie irgendwann einmal in Ostpreußen. Das ist natürlich für ein Mädel, das nie irgendetwas gesehen hat, sicher sensationell. Aber im Gegensatz zu meinem Vater hat sie eigentlich nie die Struktur der Organisation positiv bewertet oder hervorgehoben. Sie hat auch nie gemeint, das war eine bessere Zeit oder so. Mein Eindruck von ihr ist der, daß sie das ähnlich sieht wie ich.

I: In der Volksschulzeit, wie Sie noch zu Hause waren, wie war Ihre Mutter da?

M: Sehr autoritär, muß ich sagen, keine Frage.

I: Das habe ich bisher nicht sehr gut herausgehört. Ich bin jetzt im Augenblick etwas verblüfft.

M: Das ist es ja. In den vier Jahren Volksschule war es damals ein Muß, daß ihr Sohn — damals war sie noch Volksschullehrerin —, daß der einfach absolut gute Noten hat. Und wenn ich einmal einen Zweier heimgebracht habe, das war eine mittlere Katastrophe, da wurde ich sofort zu Zusatzarbeiten verdonnert. Was mir an ihr am wenigsten gefallen hat: ihr ging es weniger um die Familienmitglieder als um den Ruf derselben in dieser kleinen Gemeinde. Sie sind wahnsinnig prestigebewußt, speziell meine Mutter, also mein Vater nur am Rande. Ihm bedeutet es halt sehr viel, daß er mit seinen Kindern renomieren kann. Bei meiner Mutter ist das irgendwie so arg, daß ihr jeder Bereich, der nur irgendwie die Ehre der Familie antastet, heilig ist. Da hat sie meinen mittleren Bruder zum Teil in entwürdigenden Situationen auf den Knien angefleht, er möge dieses Mädchen doch stehen lassen, weil die so einen schlechten Ruf hat, und er möge doch früher nach Hause kommen, also das war ein Wahnsinn. Ich muß Ihnen sagen, ich bin dankbar, daß ich nicht immer zu Hause war.

Österreich / Frau

F: Ich habe vier erwachsene Kinder, drei Söhne und, die Älteste, eine Tochter, mit der ich große Schwierigkeiten habe, da sie eine andere Meinung über diese Zeit hat. Ich möchte nichts verteidigen, was ich nicht verteidigen kann, jedoch sehe ich mich oftmals gezwungen, meinen Vater in Schutz zu nehmen. Dadurch kommt es zu ungeheuren Debatten zwischen mir und meiner Tochter, es entsteht eine Kluft zwischen uns, da es ihr einfach nicht möglich ist, ein gewisses Verständnis aufzubringen. Sie versteht nicht, daß es mir fernliegt, diese Zeit, dieses Regime oder diese Ideologie zu verteidigen. Ich möchte ihr bloß erklären, warum mein Vater dabei war, was er dachte und wie er getäuscht wurde. Wenn sie diese Dinge in Frage stellt, fühle ich mich persönlich angegriffen.

I: Sie haben vier Kinder, die anderen drei sind Söhne, gab es mit ihnen keine Gespräche?

F: Ununterbrochen sprechen wir darüber, wobei ich von ihnen weit leichter einen Widerspruch ertrage, da die Gespräche ruhig und sachlich geführt werden, während jene mit meiner Tochter sehr emotionell sind. Es ist keineswegs so, daß die Buben meine Meinung teilen, sie verhalten sich auch eher distanziert, doch habe ich bei ihnen eher das Gefühl, daß sie meine Situation verstehen oder vielmehr akzeptieren.

I: Wieso war das eigentlich für die Kinder ein Thema? Es gibt andere Familien, wo diese Probleme nie zur Sprache kommen.

F: Es ist immer schon ein Thema gewesen, auch schon bei uns zu Hause. Ich hatte eine sehr enge Beziehung zu meinem Vater, und da er bereits 1971 gestorben ist, als meine Kinder noch sehr klein waren, habe ich immer das Bedürfnis gehabt, ihnen von ihm zu erzählen. Ein weiterer Grund war dann die „Holocaust"-Geschichte, da waren meine Kinder schon erwachsen genug, daß man darüber reden konnte, und ab diesem Zeitpunkt hat dieses Thema nichts an Aktualität verloren.

I: War das auch ein Thema zwischen Ihnen und Ihrem Mann?

F: Mein Mann ist politisch eigentlich weniger interessiert. Er ist Naturwissenschaftler, und diese Gespräche haben vor allem zwischen mir und den Kindern stattgefunden. In letzter Zeit hat er eigentlich auch meine Partei ergriffen, bei dieser Waldheim-Geschichte, weil er sich dann selbst auch mit seinem Vater beschäftigt hat. Vor kurzem erst sind Briefe aufgetaucht, die sein Vater aus dem Feld geschrieben hat, und seine Mutter begann plötzlich, seine Lebenserinnerungen aufzuzeichnen, obwohl sie nie geschrieben hat. Seine Mutter hat also jetzt nach vierzig Jahren diese Briefe in die Hand genommen und sie erstmals wieder gelesen, da sie früher immer Scheu davor gehabt hat. Dann hat sie uns die Briefe gezeigt, schrieb Erinnerungen nieder, und auch wir fanden darin einiges, was wir den Kindern erklärt haben. Der Großvater schrieb zum Beispiel: „Bitte heb mir die Zeitungen auf, denn wenn ich zurückkomme, möchte ich nachlesen, was da vor sich geht." Er hat alles so dargestellt, als ob er nur ein kleines Rädchen ist und eigentlich keinen Überblick hat.

I: Wenn ich mir das so anhöre, bekomme ich den Eindruck, daß es bei Ihnen immer ein Thema mit den Kindern gewesen ist, weil es für Sie immer ein Thema gewesen ist. Das heißt, Sie dürften es immer eingebracht haben.

F: Ja.

I: Wann haben Sie begonnen, mit Ihren Kindern darüber zu sprechen? Offensichtlich gaben Sie den Anstoß zu den Gesprächen, oder kam der Anstoß von den Kindern?

F: Nein, er ist von mir gekommen. Immer dann, wenn sie aus der Schule kamen, wenn sie aus dem Geschichtsunterricht etwas brachten. Woran ich mich aber ganz deutlich erinnere, ist der Holocaust-Film.

I: Warum war es für Sie immer ein Thema? Warum, glauben Sie, haben Sie es immer wieder aufgegriffen?

F: Weil ich diese Ablehnung besonders meiner Tochter gespürt habe, weil ich ihr immer wieder erklären wollte, daß mein Vater furchtbar draufgezahlt hat. Ich selbst habe meinen Vater immer als Opfer empfunden, seine ganze Lebensgeschichte. Obwohl er bei der Partei war, und zwar bei der Waffen-SS, hatte er doch keine richtige Funktion inne. Er hat furchtbar draufgezahlt. Diese Angriffe in den Zeitungen, in den Medien, die alle diese Leute, die dabei waren, so hinstellten, als ob sie Verbrecher gewesen wären. Und das war eigentlich mein Hauptanliegen, ihnen zu erklären, daß ihr Großvater kein Verbrecher gewesen ist, wie er dazu gekommen ist und woran er geblaubt hat.

I: Woher wissen Sie, daß Ihr Vater Parteimitglied war?

F: Meine Mutter erzählte mir, daß er mit 17 Jahren illegalerweise beitrat. Meiner Mutter gegenüber sprach er von einem reinen Zufall, und daß er ebenso zu den Kommunisten hätte gehen können, wenn da jemand gewesen wäre. Triste Verhältnisse zu Hause, kein eigenes Heim, folglich fand er Geborgenheit in einer Gemeinschaft. So erzählte es mir meine Mutter.

I: Wieso wissen Sie das von Ihrer Mutter und nicht von ihm?

F: Ich habe mit meinem Vater zwar schon sehr viel gesprochen, aber gerade über den Grund seines Beitrittes sprachen wir eher nicht, und er hat auch eher ungern über diese tristen Verhältnisse von zu Hause gesprochen. All dies erzählte mir meine Mutter, daß es ein Zufall ist, daß er zu dieser Partei gegangen ist.

I: Warum war das so unangenehm? Ist das so schlimm, wenn ein Vater erzählt, daß seine Familienverhältnisse nicht gut waren?

F: Sicherlich nicht, aber vielleicht war ihm das nicht so bewußt, daß dies ein Grund war, dort beizutreten. Vielleicht war das auch die Erklärung oder Interpretation meiner Mutter.

I: Er trat also mit 17 Jahren bei, das war ja vermutlich noch vor dem „Anschluß". Wie war das dann nach dem „Anschluß", was wissen Sie in dieser Zeit von ihm? Warum ging er zum Beispiel zur Waffen-SS, was hat er sich erwartet, wie hat er den Verlauf dieser Jahre gesehen?

F: Meine Eltern waren sieben Jahre lang verlobt, es hat also keine Wohnung gegeben, auch keine Möglichkeit zu heiraten. Dann hatten sie Gelegenheit zum Heiraten und auch eine Wohnung wurde ihnen angeboten. Meine Mutter erzählte mir diesbezüglich, daß man ihnen drei Adressen von Judenwohnungen gab, von denen sie sich eine hätten aussuchen können. Mein Vater ging dann eher widerwillig zu einer dieser Wohnungen, und als man ihm dort zittrig die Tür öffnete, teilte er meiner Mutter dann mit, daß er keine von diesen Wohnungen haben wolle. Er hat das also abgelehnt, und sie bekamen dann eine kleine Neubauwohnung. Ich hatte von meinem Vater immer den Eindruck, daß er ein sehr anständiger Mensch war, und das hat meine Mutter auch bestätigt.

I: Wann ist er eingerückt?

F: Er ist sofort bei Kriegsbeginn eingerückt.

I: Freiwillig oder wurde er eingezogen?

F: Ich glaube, daß er eingezogen worden ist. Es gibt verschiedene Dinge, die ich einfach nicht weiß, und das ist ein Umstand, der mich schon sehr bedrückt, weil wir eigentlich viel miteinander gesprochen haben. Und nachher – ich war 30, als er starb – konnte ich nicht verstehen, warum ich ihm verschiedene Fragen nicht gestellt habe, die mich nachher äußerst interessiert hätten.

I: Worüber haben Sie mit ihm gesprochen? Worüber hat er mit Ihnen geredet?

F: Er hat verschiedene Details erzählt, aber ohne Zusammenhang. Ich weiß, daß er in Rußland war, daß er verwundet worden ist, weiß jedoch nicht genau, bei welcher Einheit er gewesen ist und wie der ganze Ablauf vor sich ging. Dies ist etwas, was mich sehr bedrückt und was ich eigentlich nicht verstehen kann. Zu meiner Entschuldigung kann ich nur sagen, daß ich in fünf Jahren vier Kinder bekam und anscheinend mit diesen Kleinkindern so beschäftigt war.

I: Ich nehme an, die Gespräche mit Ihrem Vater haben nicht nur stattgefunden, wie Sie schon 20 waren, haben sie nicht früher begonnen? Wenn er mit Ihnen über diese Zeit geredet hat, hat er da von sich aus begonnen oder haben Sie ihn gefragt?

F: Er hat von sich aus geredet, und ich habe ihn auch gefragt, wobei er immer sagte, daß er es weiß, daß die anderen nicht möchten, daß man ständig vom Krieg spricht. Ich hatte eigentlich nichts dagegen.

I: Wie alt waren Sie, als er begann, darüber zu sprechen und zu erzählen?

F: Ich habe den Eindruck, schon als Kind. Das ist nämlich sehr bezeichnend, die erste Geschichte, die ich gehört habe, war die Bombardierung von Dresden, war der Einmarsch der Russen in Ostpreußen und all diese schrecklichen Geschichten. Eigentlich habe ich nur diese Sachen gehört, und bekam folglich als Kind das Gefühl, wie schrecklich die anderen mit uns umgegangen sind. Ich erinnere mich an Details, die er erzählt hat, zum Beispiel: sie haben gesagt, wir hätten den Kindern in Rußland die Köpfe abgeschnitten, das ist aber überhaupt nicht wahr, wir haben ihnen Schokolade gegeben. Solche Dinge hat er erzählt, so daß ich das Gefühl bekam, daß dies alles gar nicht der Wahrheit entspricht, sondern es sich vielmehr um feindliche Propaganda handelt und daß das, was mein Vater erlebt hat, etwas ganz anderes war.

I: Was war das? Hat er Ihnen jemals erzählt, daß er schießen mußte?

F: Nein, das nicht. Ich erinnere mich aber schon, daß ich ihn manchmal fragen wollte, ob er jemanden getötet hat, daß ich das jedoch nicht getan habe.

I: Haben Sie Ihren Vater sehr gemocht?

F: Ja, sehr. Manchmal ist mir diese Frage auf der Zunge gelegen, ich habe jedoch nie gefragt.

I: Haben Sie eine Vermutung, warum Sie es nicht getan haben? Angenommen, Sie hätten mit ihm gesprochen, und er hätte gesagt, er hat nie jemanden getötet. Hätten Sie ihm das geglaubt?

F: Ja, unbedingt. Ich habe mir das auch nicht als Nahkampf vorgestellt, sondern weit entfernt.

I: Nehmen wir einmal an, Sie hätten ihn gefragt und er hätte gesagt, ja natürlich, Soldatsein heißt, wenn man im Krieg ist, muß man jemand anderen töten. Wenn er Ihnen diese Antwort gegeben hätte, was hätte das für Sie bedeutet, wenn Sie versuchen, sich das vorzustellen?

F: Das würde auch nichts an meiner Meinung ändern, wenn es innerhalb des Krieges geschehen ist, schließlich ist ja auch auf sie geschossen worden. Was ich nicht hätte akzeptieren können, wären irgendwelche Grausamkeiten.

I: Was hätte Sie gestört, wenn er Ihnen gesagt hätte, es war Krieg, die anderen haben versucht, uns zu töten, wir haben versucht, sie zu töten?

F: Ich kann es Ihnen nicht sagen, ich habe die Frage nicht gestellt. Irgendwo aus Rücksichtnahme hatte ich das Gefühl, daß man über manche Dinge nicht spricht.

I: Gab es Andeutungen oder Vermutungen, als Sie noch jünger waren, daß das vielleicht nicht nur reine Kriegshandlungen gewesen sind? Wie sind Sie auf die Idee mit den Grausamkeiten gekommen?

F: Nein, solche Dinge überhaupt nicht. Ich erinnere mich auch noch, daß er immer wieder gesagt hat, daß er an der Front nichts von den KZs gewußt hat. Und dies ist ein Punkt mit meinen Kindern, da ihnen von einigen Seiten immer wieder gesagt wird, daß das nicht möglich sein kann. Mein Vater hat mir oft glaubhaft gesagt, daß sie an der Front gewesen seien und davon einfach nichts gewußt haben. Damit wäre er auch nicht einverstanden gewesen.

I: Hat er Ihnen erklärt, was die Waffen-SS war, daß das vielleicht etwas anderes war als einfache Frontsoldaten?

F: Ich habe also als Kind den Eindruck gehabt, daß nur die Besten genommen wurden, die sich auch verschiedenen Untersuchungen unterziehen mußten.

I: Haben Sie ihn nicht gefragt, inwiefern sich das auch in seiner Tätigkeit niedergeschlagen hat, daß diese Leute besser waren als alle anderen?

F: Es ist ja auch in Nürnberg die Waffen-SS nicht als verbrecherische Organisation bezeichnet worden.

I: Das habe ich auch nicht gesagt, aber hatten Sie den Eindruck, ob da ein Unterschied war zwischen denen und den anderen?

F: Für mich war der Unterschied meinen Vater betreffend der, daß er dann später darunter ganz besonders zu leiden hatte. Für mich war mein Vater immer ein Opfer. Er hat ein Studium begonnen, und durfte dieses dann nicht fortsetzen, weiteres verlor er auch seinen Arbeitsplatz. Er schrieb dann bezüglich des Studiums ein Gesuch an den damaligen Bundespräsidenten, das jedoch abgelehnt wurde.

I: Finden Sie, daß man ihm Unrecht getan hat?

F: Ja, so habe ich ihn immer gesehen.

I: Sehen Sie ihn heute anders?

F: Heute sehe ich, daß er ein Verführter gewesen ist. Er hat an etwas geglaubt, was diesen Einsatz nicht wert war. Auch meine Mutter hat oft hervorgehoben, daß er einen sehr beständigen Charakter hatte, und das war für mich damals ein Wert. Er hat seine Freunde verachtet, die nach dem Krieg zu einer anderen Partei gingen, das hat er einfach nicht getan. Für mich war diese Uneinsichtigkeit in seinem Charakter begründet, er hat an das nun einmal geglaubt und ist deshalb einfach davon nicht abgegangen, auch nicht um einen persönlichen Vorteil. Die anderen hat er als „Schnittlauch auf der Suppe" bezeichnet, die sichs dann eben gerichtet haben und folglich viel besser hatten. Das kam für ihn nicht in Frage.

I: Gibt es bei Ihnen jetzt einen Unterschied in dieser Sichtweise? Hat es Ihnen gefallen, haben Sie das als positiv empfunden?

F: Ja, schon lange nicht mehr, ich sehe jetzt darin keinen Wert mehr, und kann mir auch heute ein Gespräch mit ihm nicht mehr so gut vorstellen, wenn er noch immer nicht zugeben würde, was an der Sache falsch war. Aber wie ein Gespräch heute sein würde, das weiß ich nicht.

I: So ähnlich wie zwischen Ihnen und Ihren Kindern?

F: Ich erkläre es mir bei ihm so, daß er deshalb nicht davon abgehen konnte, da sein ganzes Leben dadurch verpfuscht gewesen ist, und deshalb durfte er es nicht zugeben. So sehe ich das heute.

I: Wenn Sie versuchen, das Ihren Söhnen zu erklären, können die das nicht akzeptieren?

F: Meine Söhne sicherlich schon, meine Tochter jedoch ist so sehr gegen alles, was damals geschehen ist, daß es ihr einfach nicht möglich ist.

I: Sie glauben, daß das bei Ihren Söhnen leichter ist?

F: Das Gespräch ist sicher nicht so emotionell, sie sind schon etwas sachlicher und können andere Standpunkte sicher besser akzeptieren.

F: Ich habe das nie so gesehen, daß er imstande gewesen wäre, an irgendwelchen Greueltaten teilzunehmen, sondern eher, daß er ein Verführter war und daß es für ihn eine große Idee war. Diese wenigen Beispiele, so wie das mit den Wohnungen, galten für mich als Beweis, daß sich mein Vater nicht bereichern wollte, daß er das aufgrund seines Stolzes ablehnte.

I: Würden Sie ihm das übelnehmen, wenn Sie feststellen müßten, daß er vielleicht eine Idee so hoch geschätzt hat, daß er gemeint hat, diese Idee muß unbedingt durchgesetzt werden, auch wenn Dinge getan werden, von denen Sie sagen würden, daß das schon über das hinausginge, was Sie vielleicht noch akzeptieren würden?

F: Ich glaube schon, daß ich es aus der Zeit und wie es damals war, daß es eben ganz anders war als heute, daß ich es verstehen könnte.

I: Vielleicht würde ein Gespräch dann auch friedlich verlaufen? Warum haben Sie das Gefühl, daß Sie ihn Ihren Kindern gegenüber so massiv verteidigen müssen? Wenn Sie zum Beispiel das, was ich jetzt zu formulieren versucht habe, auch Ihrer Tochter sagen, meinen Sie, das könnte sie nicht akzeptieren? Daß er vielleicht Dinge getan hat, die falsch waren, die Sie auch falsch finden, die schlimm sind, schrecklich, fürchterlich, aber in der Zeit damals ...

F: Sie haben vollkommen recht mit Ihrer Frage. Meine Buben wissen ja, daß das ein gespanntes Verhältnis ist zwischen uns, und mein Sohn hat genau dasselbe gesagt, daß sie nämlich darauf warten würde, daß ich so etwas sage.

I: Haben Sie es Ihren Söhnen gegenüber gesagt?

F: Ja, das ist kein Problem.

I: Haben Sie es Ihren Söhnen gegenüber so gesagt, oder haben Sie es nicht für notwendig empfunden?

F: Nein, die haben nicht darauf gewartet, und mein Sohn hat gemeint, meine Tochter würde darauf warten, das würde unser Verhältnis verbessern.

I: Meinen Sie, daß Ihre Söhne das offensichtlich so sehen, daß Sie sowieso dieser Meinung sind?

F: Ja, ich fühle mich von ihnen besser verstanden. Ich fühle mich verstanden, daß ich nicht dieses Regime verteidigen möchte, nicht diese Ideologie, daß ich das verurteile, was damals an Grauen passiert ist, aber daß ich immer nur erklären möchte, warum mein Vater daran geglaubt hat. Da fühle ich mich von ihnen besser verstanden als von meiner Tochter.

F: Wir feiern schöne Feste, Geburtstage und so weiter werden immer schön gefeiert, mit einer großen Tafel, und es ist eigentlich immer sehr friedlich. Und dann kam ein Geburtstag, wo es richtig laut geworden ist wegen dem Waldheim. Es waren dann alle bestürzt, wieso das möglich gewesen ist.

I: Könnten Sie sich vorstellen, daß Ihnen Ihre Tochter vielleicht in dieser Hinsicht irgend etwas übelnimmt?

F: Ja, sicher, es wäre für mich sozusagen ein Traum, wenn Sie mit ihr auch sprechen könnten. Aber das ginge ja über Ihre Tätigkeit hinaus.

I: Vielleicht nimmt sie Ihnen die Verteidigung des Vaters übel, obwohl Sie ihr vermitteln, daß Sie das Regime nicht verteidigen. Ich weiß es nicht. Es gibt auch die Möglichkeit, daß sie vielleicht hinter der Verteidigung des Vaters eine nicht ganz klare Abgrenzung dem Regime gegenüber empfindet.

F: Das wird Sie vielleicht interessieren. Mir fällt da eine Geschichte ein, wo sie mir vorwarf, ich hätte Antisemitismus transportiert, da war ich also sehr bestürzt. Dann hat sie erst folgende interessante Geschichte erzählt: sie war sehr geschickt im Formen von Ton und hat also eine Plastik gemacht, und ihr Schulkollege hat sie dann gefragt, was das werden soll, worauf sie sagte, das wird ein häßlicher alter Jud. Sie hat dann nichts mehr gesagt, und er auch nicht. Erst später kam sie drauf, daß er Jude ist, das hat sie dann fürchterlich getroffen. Schließlich warf sie mir dann vor, daß ich das transportiert hätte. Daß sie den Juden gekränkt hat, das hat sie so tief getroffen.

I: Ist es möglich, daß sie das zu Hause gehört hat? Solche saloppen Sätze sagt man ja sehr leicht.

F: Ich war dann auch etwas betroffen und habe es zunächst abgelehnt und gesagt, daß das überhaupt nicht stimmt. Dann habe ich mir überlegt, daß sie schon ein bißchen recht hat, weils natürlich damals schon etwas gewesen ist, was ich so aufgenommen habe. Ich war also sicherlich sehr national eingestellt, und von dieser Überzeugung, daß das eine besondere Rasse ist und den anderen überlegen, das habe ich sicherlich als junges Mädchen noch lange geglaubt. Erst später, da war mein Vater schon tot, als ich gereist bin, bin ich davon abgegangen.

I: Könnte es sein, daß Sie das doch durch viele Jahre hindurch, wo Sie sich dessen nicht bewußt waren, auch Ihren Söhnen gegenüber, vielleicht sehr nebenbei und selbstverständlich vermittelt haben?

F: Es ist durchaus möglich, dessen wurde ich mir damals schon einige Male bewußt. Sie hat diese Geschichte erst viel später erzählt, das muß damals ganz ungeheuer in ihr gearbeitet haben. Und sie ist später dann ins ganz andere Gegenteil umgeschlagen. Sie betont immer, wieviele jüdische Freunde sie hat und wie sehr sie das schätzt. Diese Geschichte hat sie mir erst viele Jahre später erzählt.

I: Ich komme jetzt noch einmal zurück zu Ihnen und Ihrem Vater. Wenn Sie sich mit Ihrem Vater über diese Zeit auseinandergesetzt haben, dann ging es immer in erster Linie in die Richtung festzustellen, draufzukommen, anzunehmen oder vermittelt zu bekommen, daß er nichts „angestellt" hat, daß er nichts getan hat, für das er sich hätte schämen müssen, oder wofür Sie sich für ihn hätten schämen müssen?

F: Damals vor zwanzig Jahren war das eigentlich auch nicht so das Thema, das ist ja erst viel später ein Thema geworden. Damals hat man nicht so sehr darüber gesprochen, ich meine, welche Greuel da passierten, das war kein Thema.

I: Wann hat es begonnen? Hat das auch schon begonnen, als es noch Gespräche mit Ihrem Vater gab?

F: Na gut, dann erinnere ich mich eben immer, daß er geantwortet hat, daß man über vieles nicht spricht. Immer spricht man nur davon, aber über anderes spricht man nicht.

I: Das heißt, wenn Ihr Vater von der Zeit 38 bis 45 erzählt hat, dann hat er Ihnen in erster Linie die verschiedenen Kriegserlebnisse vermittelt. War das für ihn auch noch etwas anderes als ein kriegerisches Ereignis? Hat er Ihnen gesagt, worin er den Sinn dieses Krieges gesehen hat, warum er eingerückt ist?

F: Naja, schon. Diese ungeheure Demütigung, dieser Friedensvertrag von Versailles, das hat er öfters gesagt, wie schlecht es ihnen gegangen ist, das hat er persönlich erlebt, und daß das die große Hoffnung war. Und es ging ja dann wirklich aufwärts, sie haben dann eine Wohnung bekommen, er hat eine Arbeit gehabt und es war wieder Hoffnung vorhanden.

I: Haben Sie den Eindruck, daß die Formulierung, daß er sich als Opfer empfand, von Ihnen stammt, oder daß er sich so gesehen hat? Wenn er über diese Zeit gesprochen hat, wenn er versuchte, ein Resümee zu ziehen, von den Kriegserlebnissen abgesehen — oder hat er das nicht getan?

F: Er war deshalb ein Opfer, das war auch psychisch, also nicht nur physisch, daß er eben eigentlich arm zurückgekommen ist und daß er nicht mit der Niederlage gerechnet hat, und daß er eigentlich dann nichts mehr erreichen konnte. Er war enttäuscht.

I: Es war sozusagen ein persönliches Scheitern?

F: Ja, und deshalb hat er das auch nicht zugeben können, daß alles umsonst gewesen war. Sein ganzes Leben war eigentlich verpfuscht und es war alles umsonst gewesen, so habe ich es immer gehört.

I: Haben Sie so etwas wie Mitleid mit ihm?

F: Ja.

I: Ich glaube, das könnte Ihre Tochter verstehen. Sie haben übrigens die ganze Zeit von Ihrem Vater gesprochen, Ihre Mutter hat ja zwischen 38 und 45 auch existiert. Was hat sie erzählt? Was hat sie gemacht? Wie hat sie gelebt?

F: Wir sind also 44 von Wien nach Bregenz.

I: Vorher, vor 1944. Wie hat sie bis dahin gelebt?

F: Eben in dieser kleinen, neuen Wohnung, die sie da bekommen haben. Sie war Hausfrau und ist zu Hause gewesen.

I: Wovon hat sie gelebt, wenn sie die ganze Zeit zu Hause war?

F: Damals hat sie eine Unterstützung bekommen, da mein Vater eingerückt war.

I: Haben Sie zu Ihrer Mutter ein gutes Verhältnis?

F: Immer gehabt. Damals, wie wir in Bregenz waren und der Vater an der Front war, hat sie eigentlich nur mich gehabt.

I: Wenn Ihre Mutter über diese Zeit redet, was erzählt sie?

F: Meine Mutter spricht nicht gerne davon, und wenn ich sie ersuche, dann regt sie sich sehr auf und sagt, bitte hör auf, ich will eigentlich nicht mehr darüber reden, es war so schrecklich.

I: Hat es Sie nie interessiert, wie der Alltag verlief und was man so den ganzen Tag macht? Hat sich die damalige Zeit, immerhin war ja damals eine Diktatur, im Alltag niedergeschlagen? Was war anders? Ist das etwas gewesen, was Sie nicht interessiert hat?

F: Sie hat mir erzählt, daß sie sehr einsam gewesen ist, besonders die Sonntage waren sehr traurig, denn da gab es immer welche, die auf Urlaub da waren, und sie ist halt allein in den Park gegangen oder hat sich halt an die Nachbarin angeschlossen. Mehr hat sie nicht erzählt.

I: Am Anfang des Krieges gab es doch viele Propagandaaktionen, Hitlerreden und dergleichen, das haben doch alle mitgekriegt, das hat man doch gehört?

F: Meine Mutter war nicht so beeindruckt davon und war also sicherlich, sie kam aus einem katholischen Haus, da etwas distanzierter als mein Vater. Ich habe nie den Eindruck gehabt, daß sie von der Idee oder von Hitler begeistert war.

I: Hat Sie Ihnen das gesagt?

F: Ich kann Ihnen nicht mehr dazu sagen, als daß sie aus einem katholischen Haus kommt und daß ich jemals von ihr gehört hätte, daß sie begeistert gewesen wäre, und daß sie sich überhaupt nicht viel für Politik interessiert hat.

I: Aber was hat sie dezidiert dazu gesagt? Sie sagen, sie kommt aus einem katholischen Haus, das ist das, was Sie wissen, aber hat sie sich nie irgendeiner Form bedient, um zu den Ereignissen Stellung zu nehmen, zu Hitler und dergleichen, egal ob positiv oder negativ, oder über den Krieg?

F: Von meiner Mutter kommt also auch etwas, was in Richtung Juden geht. Sie hat also da gearbeitet, es hat ja damals überhaupt keine Arbeiten gegeben, sie war irgendwo als Garderobedame angestellt, und da hat sie erzählt, daß da drinnen die reichen Jüdinnen gesessen seien und Bridge spielten, und wie arrogant sie waren und wie gut angezogen sie waren. Also von meiner Mutter kommt eher noch so ein Antisemitismus, den sie selbst erlebt hat.

I: Ich meine aber die Zeit von 1938 an, nach dem Einmarsch Hitlers. Österreich verschwindet, Österreich ist deutsch. Irgendwie muß sich das Leben doch verändert haben, das ganze politische Klima war doch anders.

F: Schauen Sie, meine Mutter ist in eine Hauptschule gegangen, sie ist in einer Klosterschule gewesen, sie hatte einfach nicht so ein großes Interesse daran, die Situation politisch zu analysieren, wenn Sie das meinen.

I: Nein, das meine ich nicht. Ich meine das tägliche Leben. Es gab Aufmärsche, viel großes Tamtam, man hat immer versucht, Menschen zusammenzubringen, die Propagandamaschine ist gelaufen ...

F: Ich kann Ihnen dazu nichts sagen, sie hat davon nichts erzählt, und das ist kein Thema gewesen.

I: Und Sie haben sie auch nichts gefragt?

F: Nein.

I: Daß Sie mit Ihrem Vater so wenig gesprochen haben, belastet sie, haben Sie gesagt, und bei Ihrer Mutter macht das Ihnen nichts?

F: Da haben Sie vollkommen recht.

I: Warum eigentlich?

F: Weil ich meine Mutter also nicht als Opfer sehe komischerweise. Das Leben meines Vaters war durch diese Ereignisse zerstört, aber meine Mutter sehe ich überhaupt nicht so.

I: Wie sehen Sie sie denn?

F: Für meine Mutter ist es aufgrund ihres Charakters und ihrer Lebenseinstellung immer etwas leichter, über etwas hinwegzukommen. Für sie war es auch kein Problem, daß das gescheitert ist, denn sie ist ja auch nicht an dieser Idee gehangen.

I: Wenn Sie also nicht Opfer war, was war sie dann?

F: Ich weiß nicht, worauf Sie hinauswollen?

I: War sie jemand, der in der Zeit gelebt hat, ein Zeitzeuge, der das alles nicht so wichtig genommen hat?

F: Sie hat halt versucht, zu überleben. Sie war tüchtig, sie ist dann nähen gegangen und hat uns Kinder durchgebracht. Aber für sie war das doch nicht diese Idee, und deshalb war dann auch das Scheitern nicht so schlimm für sie. Für sie ist das Leben dann weitergegangen, für meinen Vater war es aber anders.Für sie war es leichter als für ihn.

I: Ist es auch im nachhinein leichter? Ich nehme an, Ihre Mutter wird dann irgendwann erfahren haben, was sich in dieser Zeit alles abgespielt hat, daß zum Beispiel vieles nicht so gut war, was in diesem Regime alles passiert ist.

F: Dafür fühlt sie sich nicht verantwortlich, sie findet, daß es ihr sehr schlecht gegangen ist, sie hat auch niemandem etwas getan. Das ist kein Problem für sie.

I: Hat sie sich geäußert?

F: Ich sage Ihnen, sie spricht nicht sehr gerne darüber, sie sagt, hör auf damit, ich will nicht mehr darüber sprechen.

I: Hat es Sie gestört, daß Ihre Mutter nicht einmal gesagt hat, das war fürchterlich, das war schrecklich, das hätte eigentlich nicht passieren dürfen?

F: Nein, unsere Gespräche haben sich überhaupt nicht auf dieser Ebene abgespielt, nicht mit meiner Mutter. Ich habe zwar ein sehr herzliches Verhältnis, doch das ist ausgeklammert, das ist kein Thema zwischen uns.

I: Warum stellen Sie an Ihre Mutter andere Ansprüche als an Ihren Vater?

F: Weil mein Vater ein Intellektueller war, und ich von ihm natürlich etwas anderes erwarte. Aber zwischen meiner Mutter und mir ist es kein Thema.

I: Hat die Einstellung zu dieser Zeit wirklich nur mit Intellektualität zu tun?

F: Es zu bewältigen, sich Gedanken darüber zu machen, was eigentlich geschehen ist, erwarte ich von ihm mehr als von meiner Mutter.

I: Sie meinen also, es könnte nur jemand bewältigen, der intellektuelle Fähigkeiten hat. Was ist, wenn jemand diese Fähigkeiten, aus welchem Grund immer, nicht hat, wenn das nun ein Mensch ist, der ganz durchschnittlich ist und nur über den sogenannten Hausverstand verfügt?

F: Es hat ja auch nicht jeder den Wunsch, sich damit auseinanderzusetzen. Meine Mutter hat für uns gesorgt und ist zu Hause gewesen, sie hat versucht, zu überleben, das war ihre Aufgabe, und das andere hat sie nicht so interessiert. Darum erwarte ich das nicht von ihr.

I: Kann man nicht, unabhängig von intellektuellen Fähigkeiten, Ereignisse menschlich ablehnen? War der Anspruch an Ihren Vater ein intellektueller oder ein menschlicher?

F: Beides, jedoch mehr ein intellektueller, also wie es möglich ist, daß sich jemand, der so intelligent ist, so verführen ließ.

I: Wenn ein Mensch dabei gewesen ist, der nicht intelligent war, aber auch verführt worden ist, wie sehen Sie den?

F: Jeder nach seinen Möglichkeiten.

I: Von einem intelligenten Menschen erwarten Sie, daß er einsehen muß, daß er sich menschlich falsch verhalten hat, aber von einem nicht intelligenten Menschen erwarten Sie es nicht?

F: Ich gehe ja davon aus, daß sich mein Vater in keiner Weise schuldig gemacht hat. Mich würde es nur interessierten, wie er es jetzt sehen würde.

I: Welche Rolle spielt denn da das Menschliche? Ist das ganze nur eine Frage der geistigen Auseinandersetzung? Diese Zeit war ja eben leider nicht nur eine geistige Auseinandersetzung, es ist ja ganz konkret um menschliches Verhalten gegangen. Ich spreche jetzt nicht nur von den Juden und den Kzs, sondern auch von Denunziationen zum Beispiel.

F: Diesbezüglich habe ich das Gefühl, daß er da ganz darüber steht.

I: Und Ihre Mutter? Hat sie nichts von Denunziationen gehört? Ich habe gehört, daß das sehr verbreitet war, daß sich keiner etwas zu sagen traute, daß man aufpassen mußte, was man sagte. So etwas merken ja auch Menschen, die sich nicht politisch auseinandersetzen.

F: Es tut mir leid, ich kann dazu nichts sagen, so etwas haben wir nicht besprochen.

I: Nehmen wir an, Ihre Mutter wäre auch eine Intellektuelle, hätten Sie dann andere Ansprüche gehabt?

F: Ja, sicher hätten wir dann anders darüber gesprochen, aber so war das eigentlich ausgeklammert. In ihren Erzählungen ist es eigentlich nur ums Überleben gegangen und ums Nahrungsbeschaffen, von solchen Dingen war in unseren Gesprächen die Rede. Ich kann nur sagen, daß mein Vater seelisch so getroffen war, daß es eine ungeheure Enttäuschung für ihn war, und das war es für meine Mutter nicht, weil sie nicht mit einer solchen Begeisterung für diese Sache war. Das Verführen bestand ja darin, daß man jemanden begeistern konnte, das ist ja das Niederträchtigste daran, und deshalb ist ja die Enttäuschung so groß gewesen.

I: Sie meinen, die Verführung ist nur eine geistige?

F: Ja, deshalb hat er ja auch so gelitten darunter.

I: Menschen, die keine Intellektuellen waren, die bis 1938 wirtschaftlich elend gelebt haben, die waren deshalb begeistert, weil sie wieder zu essen hatten, wieder Arbeit hatten, ihre Familien versorgen konnten, und die haben dann auch festgestellt, daß man sie benützt hat. Wurden die nicht verführt?

F: Aber ihre Motive waren nicht so edel, denn da ist es ja um ihren eigenen Vorteil gegangen.

I: Wieso ist es ein Vorteil, wenn jemand einfach nur leben will?

F: Die haben an ihren eigenen Vorteil gedacht, mein Vater aber hat daran geglaubt.

I: Das ist mir schon klar, aber das heißt, daß jemand, der sich und seine Familie nur über die Runden bringen will, nur an seinen eigenen Vorteil denkt?

F: Das ist ja vollkommen zu verstehen, aber diese Verführung besteht doch eher darin, daß man jemanden getäuscht hat, weil man ihm eine große Idee vorgesetzt hat und diese von ihm mit Glaube bedacht wurde, obwohl sie falsch war.

I: Meinen Sie nicht, daß jemand psychisch verführt werden kann, wenn man ihm sagt, du bekommst Arbeit, du kannst deine Kinder ernähren, wir werden gemeinsam etwas aufbauen, es wird uns wirtschaftlich besser gehen, und erst viel später stellt der dann fest, worauf er sich eingelassen hat?

F: Das ist auch eine Verführung, aber auf einer anderen Ebene.

I: Sie meinen, für jemanden, der intellektuell begeistert war, war die Verführung größer?

F: Ja, und dann ist auch die Enttäuschung eine größere.

I: Das heißt, der andere ist für sie auch nicht so ein Opfer?

F: Ja, vielleicht. Ja.

I: Ich kann mir vorstellen, daß Ihre Tochter mit Ihnen in dieser Richtung Schwierigkeiten hat, das verstehe ich.

F: Ich bin Ihnen nur dankbar, ich bin ja sehr gespannt darauf, daß Sie mir etwas bewußt machen.

I: Hat Ihnen Ihre Mutter das Gefühl vermittelt, daß das Jahr 1938 so schlimm war, weil dann der Krieg kam und der Vater an die Front mußte? Ich habe eigentlich Schwierigkeiten, daß Sie nicht meinen, daß der Hitler auch Ihrer Mutter sieben Jahre genommen hat. Oder meinen Sie, daß das an ihr spurlos vorbeigegangen ist?

F: Es war eine sehr schwere Zeit, weil er nicht da war und sie alleine war mit allen Problemen. Aber sie hat das sehr gut gemeistert.

I: Ein erwachsener Mensch erfährt doch irgendwann einmal, daß die Welt, in der er gelebt hat, offensichtlich schrecklich war, weil man mit Menschen auf unbeschreibliche Art und Weise umgegangen ist, nicht nur in KZs, auch sonst. Haben Sie das Gefühl, das würde Sie auch nicht beeinflussen in der Beurteilung einer Zeit, in der Sie lebten, wenn Sie im nachhinein erfahren, was da um Sie herum vorgegangen ist?

F: Ja, sicher.

I: Hat Ihnen Ihre Mutter das Gefühl vermittelt, daß sie das im nachhinein belastet hat?

F: Nein, sicher nicht, ganz bestimmt nicht.

I: Stört Sie das nicht?

F: Ich nehme ihr das nicht übel. Meine Mutter hat genug Probleme gehabt, uns durchzubringen.

I: Wäre es Ihnen wichtig, zu wissen, wie sie darüber denkt?

F: Nein. Von meiner Mutter erwarte ich es nicht, die ist so ein praktischer Mensch, sie beschäftigt sich einfach nicht mit solchen Dingen. Bei meiner Mutter habe ich so eine Betroffenheit nicht bemerkt, aber wir haben auch darüber nicht gesprochen, es war nicht unser Thema.

I: Stört Sie das, daß Ihre Mutter darüber nicht betroffen ist?

F: Nein, sie ist ein herzensguter Mensch, aber eben eingegrenzt auf einen bestimmten Bereich.

I: Das macht Ihnen nichts?

F: Ich erwarte das nicht von ihr, nein. Aber ich sehe, daß Sie vollkommen recht haben. Es sind zwei ganz verschiedene Ansprüche an den Vater und an die Mutter.

I: Ich formuliere es jetzt sehr provokant: ich habe den Eindruck, daß Sie Menschen, die Sie intellektuell akzeptieren, doch höher bewerten.

F: Ja, das ist durchaus möglich. Das trifft wiederum auf meine Tochter zu. Das war so eine Art Anspruch in unserer Familie, daß also überhaupt ein Mensch erst ab der Matura zählt — das waren ihre Worte, und daß das so einen Erwartungsdruck erzeugt hat, weil es für mich selbstverständlich war, daß sie studieren, und weil sich jetzt herausstellt, daß sie Probleme hat, das fertigzubringen. Sie hat auch öfter von einem geistigen Hochmut gesprochen. Und sie hat sich sogar einmal über meine Wortwahl aufgeregt, als ich ihr einmal sagte, sie müsse jetzt die Zähne zusammenbeißen. Dann habe ich von meinem Sohn gehört, daß das ganz falsch war, weil sie das nicht kann.

I: Vielleicht hat Ihre Tochter doch das Gefühl, daß Sie sich gegen die NS-Zeit eigentlich nicht abgrenzen. In dieser Ideologie steckt diese Art von Leistungsdenken und Durchhalten. Ich glaube, daß sie spürt, daß es da einen Zusammenhang gibt. Vielleicht fragt sie sich, wie weit Sie sich persönlich davon gelöst haben?

F: Sie haben in allem hundertprozentig recht, und jetzt habe ich das Gefühl, daß ich mehr bekommen habe als Sie.

BRD/Mann

I: Wo war Ihr Vater in Gefangenschaft?

M: In Rußland. Frankreichfeldzug, dann über Jugoslawien in die Krim, Elbrusgebirge, Rückzug und irgendwo in der Regensburger Gegend von den Amerikanern gefangen und im Zuge des Austauschs an die Russen abgegeben.

I: Hat Ihre Mutter oft von ihm erzählt?

M: 49 wurde erst klar, daß er nicht aus der Gefangenschaft kommt. Relativ spät.

I: Was war bis 1949? Haben Sie bewußt erlebt, daß Ihre Mutter auf ihn wartet?

M: Sie wartet bis jetzt. Sie hat ab 49 gewußt, er kommt nicht mehr, aber sie hat eine so starke Erinnerung an ihn gehabt.

I: Bis 49, wo noch offen war, ob er kommt, was haben Sie da für eine Vorstellung von Ihrem Vater gehabt?

M: Als Idol, er hat ja den Kopf für das Vaterland hingehalten. Nur als Soldat. Erst vor ein paar Jahren habe ich Bilder von ihm in Zivil gesehen.

I: Warum haben Sie diese Bilder nicht früher gesehen?

M: Ich habe mein Leben mit meiner Mutter gelebt.

I: Sie hätte Ihnen die Bilder ja zeigen können?

M: Die alten, die vorrätig waren, wurden hergezeigt, da hat es meinen Vater aber nur in Uniform gegeben. Bilder von der Front. Ein Bild als Lehrling hat es von ihm gegeben.

...

I: Ist Ihnen später der Gedanke gekommen, daß andere Väter zurückgekommen sind, Ihrer ist gefallen, wofür? Hat das einen Sinn gehabt?

M: Es hat Sinn gehabt, irgendwo. Er hat für das Vaterland das Leben gelassen.

I: Hat das Ihre Mutter auch so gesehen?

M: Ja. Er war Berufssoldat. Heute sehe ich den wirtschaftlichen Aspekt, daß er Soldat wurde. Er hat sein Leben gelassen für Deutschland. Es war ja nicht meiner alleine, in meiner Klasse sind einige Väter nicht mehr gekommen. Aber viele Frauen haben sich neue Männer genommen, und da hat es oft Schwierigkeiten gegeben. Das war ein Triumpf für mich, daß meine Mutter keinen neuen Mann daheim hatte.

I: Viele haben gesagt, daß ihr Mann für Deutschland gefallen ist, viele haben aber nachher gesagt, er ist sinnlos für diesen wahnsinnigen Hitler gefallen?

M: Von der Großmutter und von meinem Onkel wurde das auch so gesehen, daß es sinnlos war. Für die Großmutter war es schlimm: einen Sohn verloren, der andere krank zurückgekommen. Meine Mutter, die in Hitlerdeutschland hineingewachsen und in den BMD eingetreten ist, hat das anders gesehen.

I: Es gibt ja verschiedene Möglichkeiten: jemand behält seine Überzeugung bei oder er ändert sie?

M: Meine Mutter hat sich nicht verändert. In der harten Zeit ist ihre Mutter gestorben und mein Großvater väterlicherseits, der Tod war kein schreckliches Fanal. Mein Vater ist verreckt in der Gefangenschaft, und das mußte sich meine Mutter von Kameraden bestätigen lassen, um als Witwe anerkannt zu werden. Das hat das Bild vielleicht geändert, aber man hat gesagt, der Krieg ist verloren und man springt so mit Gefangenen um. Und wenn man gelesen hat, daß Gefangene auf die grausamste Weise behandelt werden, wie bei Karl May, dann hat man auch wieder Verständnis dafür gehabt. Die Einstellung war trotz allem, daß man arbeiten muß, um aus dem Dreck rauszukommen. Das war das vordergründige Thema.

I: Was haben Sie sich unter Hitler und Nazis vorgestellt?

M: In der Schule war das nie der Fall.

I: Was haben Sie sich damals darunter vorgestellt?

M: Das war der, der Deutschland groß machen wollte und versagt hat, der es nicht geschafft hat. Nazis waren kein Thema.

I: Irgendwann haben Sie sich dann doch unter Nazis etwas vorgestellt?

M: Nein.

I: Irgendwann später?

M: Ja, später. In der Zeit, in der man in die Lehre gegangen ist, da hat man sich doch mehr um Bücher gekümmert. Wenn man über die Jugendbücher hinausgewachsen war, dann hat man eben Kriegsbücher gelesen. In der Folgezeit waren Nazis für mich ein verunglückter Versuch, die Menschheit unter einen Hut zu kriegen.

Schrecklich war es dann, als die Ergebnisse der Judenvernichtung gekommen sind. Das hat sich so aufgebaut, weil man den Lebensraum so gestalten wollte, daß man sich wohlfühlt, und so war doch ein gewisses Recht da.

I: Das Recht, daß die wegmüssen?

M: In der Art, ja.

I: Aber es ist doch ein Unterschied, ob sie wegmüssen oder ob man sie reihenweise umbringt?

M: Richtig. Als Jugendlicher hat man da keine Vorstellungen, das kam erst in den Folgejahren, daß man sich Gedanken macht. Wie das hochgespielt wurde, hat man gesagt, Schluß, aus, ich will nichts mehr hören. Dann hat man es bewußt vermieden.

M: Durch Erzählungen hat man ein Weltbild gezeichnet bekommen, daß man gesagt hat, Deutschland hat expandieren müssen. Das ist nur über so eine Sache gegangen. Daß der Krieg irgendwann hat stattfinden müssen, das war fast sicher, wenn man gesehen hat, wie der Druck von außen zugenommen hat. Einem Kind habe ich das nicht so erklären können, daß wir in den Krieg mußten.

I: Warum nicht?

M: Wenn der ein Buch liest, dann steht das in Diskrepanz zu dem, was ich gesagt habe.

I: Es gibt immer verschiedene Sichtweisen.

M: Man soll ein Kind auf den Weg führen, der neutral ist. Wenn er sich gebildet hat und schon eine Meinung hat, dann kann er auch meine Meinung hören.

I: Was wäre die neutrale Meinung?

M: Daß Leute reihenweise hingeschlachtet werden und nicht durch Kriegswirren sterben, das ist ein anderes Blatt. Der Krieg ist der Zug gegen Osten und Westen, und aus welchem Beweggrund auch immer, es hat stattgefunden.

I: Der Nationalsozialismus hat sich doch auch dadurch bemerkbar gemacht, daß er eine Diktatur war.

M: Aber irgendwo kommt der Punkt, wo auch eine Demokratie am Boden liegt, denn eine Überdemokratisierung ist ja auch nicht das Gelbe vom Ei.

I: Eine sehr verbreitete Position heute ist, daß Hitler ein Verbrecher war.

M: Dieses und jenes Regierungsmitglied hat Betrügereien gemacht, das ist auch ein Verbrecher. Über den Grad des Verbrechens mache ich keine Aussage.

I: Es ist doch ein Unterschied, ob man 50 Millionen unterschlägt oder 50 Millionen Menschen umbringt?

M: Aber wenn man sieht, was der alles geschaffen hat, dann ist es klar, daß der in seine Machtposition gedrückt wird. Und daß er irgendwann in so eine Klemme gebracht wird, daß er sagen muß „räumen wir sie weg". Wenn man die „Reichskristallnacht" hernimmt, dann wird das ja heute anders dargestellt, als es damals abgelaufen ist. Heute sieht man es, daß es rein zum Abschlachten der Leute gedient hat. Damals hat man einen Grund dazu gehabt, da ist es nicht ums Abschlachten gegangen.

I: Der Unterschied ist nicht sehr groß, man hat die Leute nicht gut behandelt. Warum?

M: Von einer Notwendigkeit kann man nicht sprechen. Wenn man Meldungen von Kriegsgebieten liest, muß man sich auch fragen, warum. Wenn dann irgendwer kommt und sagt, Daimler Benz ist ein Waffenlieferant, weil er die Fahrgestelle für die Panzer in Südafrika liefert, dann ist das für mich sehr an den Haaren herbeigezogen. Wenn es Daimler Benz nicht macht, dann macht es ein anderer.

I: Ich erschlage jetzt den nebenan, denn wenn ich es nicht mache, dann kommt vielleicht ein anderer und macht es.

M: Das ist ganz etwas anderes, Sie wollen nur provozieren.

I: Ich glaube nicht, daß es egal ist, ob man etwas tut oder ob man es nicht tut. Ich glaube, daß das Argument, wenn nicht ich, dann macht es ein anderer, nicht so ganz stimmt.

M: Doch. Die BRD hatte vor einigen Jahren ein Röhrenembargo gegenüber der UdSSR, dann haben eben die Engländer geliefert. Und euer Bruno (Kreisky), der hat ja auch Waffen in aller Herren Länder geschickt. Ich weiß aus zuverlässiger Quelle, was an Panzern nach Saudiarabien geschickt wurde. Mich kann das aber nicht rühren. Sollen die ihre Händel machen, wenn sie welche haben.

I: Ich meine das mehr in bezug auf den Alltag. In dieser Diktatur durfte man vieles nicht, Leute sind weggekommen. Wenn Sie ein Kind fragt, erwartet es eine klare Stellungnahme.

M: Ich würde dem Kind einschlägige Literatur besorgen, die einen neutralen Weg beschreibt, und mich dann zum Diskutieren zusammensetzen. Das heißt, ich muß mir die Literatur auch zu Gemüte führen, um antworten zu können. Das hat eine Diktatur auch so an sich, daß gewisse Sachen verboten sind.

I: Dann könnte man ja auch sagen, daß man gegen eine Diktatur ist.

M: Damals hat es ja Brot gegeben, wenn man mitgemacht hat. Dem kleinen Mann war eigentlich egal, was außen passiert, Hauptsache, er hat seine Familie durchgebracht.

I: Woher wissen Sie, daß Ihre Mutter noch die gleiche Einstellung hat wie damals?

M: Das ist dann irgendwann zur Sprache gekommen. Durch die Verwandtschaft, die gesagt hat, dein Mann hat sein Leben gelassen für Deutschland.

I: Das reicht aber nicht als Einstellung gegenüber den Nazis?

M: Wenn Sie als junges Mädel beim BDM aufgefallen sind und der Führer aller Zeiten schüttelt Ihnen die Hand, dann sehen Sie das anders. Wenn einem der Führer die Hand geschüttelt hat, dann hat man sich 14 Tage nicht gewaschen.

I: Trotzdem kann ich das zehn Jahre später anders sehen.

M: Das war vordergründig kein Thema. Jetzt ist es geschafft, das ist abgehakt, das war, es war schlecht.

I: Was war schlecht?

M: Daß meine Mutter 1945 aus Österreich, wo sie 1944 zu ihren Verwandten gegangen ist, wieder ausgewiesen wurde. Jetzt wird die Vergangenheit in den letzten Jahren ständig am Kochen gehalten, damit man das Schuldbewußtsein in sich hineingräbt. Man muß die Schuld mit sich mittragen, wie ein Deutscher gesagt hat. Ich habe eher den Eindruck, daß man da noch Gelder abführen muß. Sonst könnte ja vergessen werden, daß wir so waren, und dann könnte auch kein Geld mehr gezahlt werden.

I: Sie meinen, das hat nur mit den Zahlungen zu tun? Wenn man jemandem etwas zahlen muß, welche Rolle spielt dann die Schuld? Was soll das für einen Sinn haben?

M: Das hat schon Sinn. Wenn ich für einen Krüppel 15 Jahre zahlen müßte, dann könnte ich versuchen, den gegen seien Willen durch Instanzen zu zerren, nur um den Geldbetrag zu erhöhen.

I: Sie meinen, das Thema Schuldbewußtsein hat keinen Sinn, sondern dient nur dazu, mehr herauszuholen?

M: Richtig. Warum soll ich für die Sünden von meinem Vater büßen?

I: Der ist ja auch ein Bestandteil Ihrer Familie.

M: Meine Mutter ist an dem Gedanken zerbrochen und seit 1975 in der Klapsmühle.

I: Meinen Sie, daß das mit dem Krieg zu tun hat? Oder mit dem Vater?

M: Nein, überhaupt nicht.

I: Weil Sie von Schuldgefühlen gesprochen haben, glauben Sie, daß es da einen Zusammenhang gibt?

M: Ich bin kein Seelendoktor.

I: Aber man denkt sich doch was dabei.

M: Für mich ist es vordergründig, daß sie nicht mehr geheiratet hat. Sie hat sich in eine Sackgasse manöveriert und mit der gelebt. Als

Kind habe ich das gut gefunden, bis ich mich abgenabelt habe von der Mutter.

I: Warum hat die Mutter dann nicht mehr geheiratet?

M: Wie ich noch klein war, hat es geheißen, sie möchte das Andenken vom Vater nicht zerstören. Später habe ich nicht mehr gefragt. Da ist sie Großmutter gewesen, da habe ich unseren Stamm weitergepflanzt, nachdem der Onkel nicht fähig war. Und nachdem unser Stammbaum bis ins 15. Jahrhundert zurückgeht, sollte man schon was tun, um den weiterzuführen.

I: War Ihre Mutter sehr streng in der Erziehung?

M: Ja, sie hat gemeint, die Erziehung des Vaters mitübernehmen zu müssen, und die war manchmal zu streng. Ich habe schon manchmal Ohrfeigen bekommen.

I: Wofür besonders?

M: Im ganzen Leben. Ich würde das heute als Selbstkasteiung anführen. Sie hat geschaut, daß ein ordentlicher Sohn heranwächst. Als Kriegerwitwe hatte sie es besonders schwer.

I. Wie haben Sie das als Kind erlebt?

M: Wo Druck auf einen ausgeübt wird, sucht man auszuweichen, weil man doch keinen Gegendruck erzeugen kann.

I: Wie haben Sie denn Gegendruck versucht?

M: Eine meiner Aufgaben war, die Wohnung auf Vordermann zu bringen. Da habe ich Arbeitsvorgänge ausprobiert, um das so rationell wie möglich zu machen. In den Wintermonaten zum Beispiel mußte Feuer im Herd sein. Um Späne zu machen, hat die Zeit gefehlt, darum habe ich ab und zu das Feuer mit Benzin gemacht. Da hat man dann wieder den Umgang mit Feuer und Treibstoff gelernt. Aus jedem hat man gelernt. Wenn am Mittwoch, das Treppenhaus gekehrt werden mußte, hat man eben aus Versehen den Eimer umgeschmissen. Beim Fensterputzen ist das schwieriger geworden.

M: Es hat schon öfters eine Tracht Prügel gesetzt, wenn die Zeit erheblich überschritten wurde. Das ist eine Zeitlang gutgegangen, bis dann zu schwereren Waffen gegriffen wurde: ein Ledergürtel.

I: Das tut aber sehr weh.

M. Das ist ja der erzieherische Effekt. Das hat wiederum bewirkt, daß man sich überlegt hat, wie man das nächste Mal den Schlägen entgeht.

I: Indem man folgt?

M: Indem man ein System findet, wo man nicht aufgedeckt werden kann.

I: Hat sich zu Hause etwas verändert, wie Sie selbst Geld verdient haben?

M: Ja.
I: Da war es dann nicht mehr so streng?
M: Nein, man hat seine Machtposition ausgespielt.

I: Würden Sie sagen, daß Sie damals zu Ihrer Mutter eine gute Beziehung hatten?
M: Gut in welcher Richtung?
I: So, daß Sie sagen würden, eine solche Beziehung sollen meine Kinder zu ihrer Mutter haben.
M. Das sind zweierlei Themen. Ich habe meine Mutter gemocht. Wir haben uns gefreut, wenn wir uns umarmt haben, und wenn es Strafen gegeben hat, dann war das immer berechtigt.
I: Wenn Sie eine gute Beziehung gehabt haben, hätten Sie ja sofort Ja sagen können?
M: Mir sind verschiedene Gedanken durch den Kopf gegangen. Mit Mutterliebe und und und.
I: Hat da etwas nicht gestimmt?
M: Ich würde meine Kinder nicht so erziehen. Ich bin mir bewußt, daß ich ein Vorbild für meine Kinder bin, ich würde nicht ein solches Diktat auferlegen. Der Große wird 26, der Kleine 21.
I: Was, meinen Sie, haben Sie anders gemacht als Ihre Mutter?
M: Nichts im Grunde genommen. Das Ordnungsbedürfnis ist in einem eingepflanzt. Es ist eine Tatsache, daß man seine Kinder so erzieht, wie man selbst erzogen worden ist.
I: Trotzdem haben Sie gesagt, daß Sie es gerne hätten, wenn es bei Ihren Kindern anders ist?
M: Richtig, man hat es auch probiert.
I: Aber es ist nicht gegangen?
M: Bedingt. Ich habe es anders gemacht, nur den Ordnungssinn und den Zeitablauf, den legt man nicht ab.
I: Wäre es Ihnen lieber, Sie könnten es manchmal ablegen?
M: Das wäre ein weiterer Diskussionspunkt. Ich möchte nicht mit Ja oder Nein antworten. Der Jüngere hat öfter den Aufstand geprobt. Um Diskussionen zu vermeiden, die man beim ersten Mal mit Handgreiflichkeiten abgebrochen hat, hat man es dann mit Druck zu vermeiden versucht.
I: Ist das besser? Kann man nicht miteinander reden?
M: Es wird sehr vieles geredet, aber auch sehr vieles zerredet.

I: Die Erziehung, die Sie als Kind bekommen haben, ist so stark, daß Sie sie nicht mehr ablegen können, auch wenn Sie es manchmal wollten?

M: Prinzipiell nein, sicher bin ich geprägt worden. Man kennt heute den Begriff Schlitzohrigkeit. Das legt man nie mehr ab. Es gibt auch heute noch Momente, in denen man schlitzohrig handelt.

I: Haben Sie, wie Sie noch zu Hause waren, die Möglichkeit gehabt, mit Ihrer Mutter zu sprechen?

M: Die Möglichkeit habe ich gehabt, ohne Zweifel.

I: Haben Sie mit ihr auch Probleme besprochen?

M: Ja.

I: Das ist sehr positiv.

M: Ich habe auch nicht gesagt, daß die Einstellung meiner Mutter negativ war. Am Wochenende wird nicht gearbeitet, und da hat man viel Zeit zu Reden. Die Rederei hat sich aufgehört, wie die Flimmerkiste gekommen ist.

I: Wollten Sie, daß sich Ihre Kinder gesellschaftlich engagieren?

M: Ja, der Große war in einer Jugendgruppe, bei den Pfadfindern. Der Kleine hat sich der Musik verschrieben.

I: Musik ist doch kein gesellschaftliches Engagement.

M: Das finden Sie.

I: Wenn ich es nur zu Hause mache, nicht, in der Gruppe schon.

M: Wenn man an der Schule in Musik sein Abitur macht, dann kann man schon sagen, daß es etwas Gesellschaftliches ist.

I: Viele sagen, an Politik und Gesellschaft soll man nicht anstreifen.

M: Nein. Nachdem unsere Jugendgruppe unter dem Dachverband des Bundes beheimatet ist, überparteilich, überkonfessionell, gemeinnützig, neutral. Es wäre verwerflich, wenn der Leiter seinerseits Gedanken dort einbringen würde. Er orientiert sich an der Satzung. Ich bin ja auch in so eine Jugendgruppe gegangen, die waren damals sehr dünn gesät. Die war parteipolitisch, ist dann umgefärbt worden, und ich bin dann zum Sportverein gegangen, habe auch Erfolge gehabt. Das ist dann allerdings in der Ehe abgeflaut. Entweder man gehört zusammen und macht alles zusammen, oder man läßt es sein.

Österreich/Mann

I: Von Ihren Eltern haben Sie nie etwas gehört, überhaupt nichts?

M: Nein.

I: Wissen Sie, wie Ihre Eltern den Krieg verbracht haben?

M: Ausschnittweise und sehr wenig.

I: War Ihr Vater an der Front?

M: Mein Vater war in einem U-Boot in den letzten Kriegsjahren. Wie lange, weiß ich nicht. Er war bei der Marine. Er war nicht mehr lange dabei, glaube ich.

I: Hat er darüber irgendetwas erzählt?
M: Er war in England in Gefangenschaft, genaueres hat er eigentlich nicht erzählt.
I: Hat Sie das nie interessiert? Marine klingt doch sicher großartig für ein Kind.
M: Er ist bei der Marinekameradschaft. Da gibt es auch so Relikte, genau wie bei den Fliegern kann ich mir das vorstellen. Da gibt es halt nachher Kontakte zu Deutschland, auch zu den anderen, zu den früheren Kriegsgegnern, Frankreich und so. Meine Mutter war jetzt wieder eine Woche in England, in Portsmouth, da war jetzt wieder ein großes Marinetreffen. Aber ich muß ehrlich sagen, mich interessiert das einfach nicht so.
I: Das nicht, aber ich kann mir vorstellen, wenn man als Kind Marine hört, und Schiffe?
M: Ja, vielleicht, aber das habe ich dann wieder vergessen, wenn er irgendetwas erzählt hat. Ich glaube auch nicht, daß er viel erzählt hat.
I: Wenn er vom Krieg erzählt hat, haben Sie dann verstanden, warum Krieg war und worum es dabei überhaupt ging?
M: Früher eigentlich nicht, in der Jugend überhaupt nicht.
I: Ist zu Hause nichts geredet worden, von der Mutter? Wie hat sie die Kriegszeit verbracht?
M: Zu Hause.
I: Wie war denn das? Ich meine, ich stelle mir vor, es war nicht so wie heute, das hat sich sicher anders abgespielt.
M: Ich habe nur mitgekriegt, sie waren ja damals auch jung, daß es da halt die verschiedenen Organisationen gegeben hat.
I: Und hat sie da erzählt, wie das war, ob sie da wo dabei war?
M: Ja, sie war beim BDM.
I: Haben Sie den Eindruck, daß ihr das irgendwie gefallen hat?
M: Eigentlich nicht. Die ganze Organisation hat ihr wahrscheinlich weniger gefallen.
I: Warum nicht?
M: Das weiß ich auch nicht so genau, wie das war. Ich weiß nicht, ich kann mir das an und für sich nicht so vorstellen.
I: Fragen Sie sie heute, wo Sie sich dafür interessieren?
M: Ja, ich habe sie vor etlichen Monaten anläßlich einer Diskussion gefragt.
I: Und was kommt dabei heraus?
M: Meistens nichts. Die Informationen, die ich haben möchte, die kriege ich nicht, und die kann ich dann teilweise auch nicht haben.
I: Wonach fragen Sie denn? Was sind das für Informationen, die Sie bekommen wollen?

M: Wie das gesellschaftliche Leben halt so irgendwie war.

I: Und warum kommt da nichts? Immerhin haben sie die Zeit ja erlebt.

M: Das weiß ich auch nicht. In meinem Bekanntenkreis, wenn die mit ihren Eltern reden, ist das auch schwierig. Vielleicht haben die eine andere Erziehung gehabt, wo halt nicht so viel darüber geredet worden ist, wo man halt einfach nicht Konflikte austragen kann, mit einer gewissen Diskussion.

I: Warum muß das ein Konflikt werden, wenn man fragt, wie es damals war? Das muß doch kein Konflikt werden? Wieso vermuten Sie, daß das ein Konflikt sein könnte?

M: Ich weiß nicht. Das ist eine Gefühlssache.

I: Das heißt, Sie haben nicht den Eindruck, daß keine Antwort kommt, weil es keine Antwort gibt, sondern die das Gefühl haben, sie würden mit ihnen Streit bekommen? Oder es wäre ihnen unangenehm?

M: Ja, vielleicht unangenehm. Ich habe nur erfahren, meine Mutter hat noch eine Schwester gehabt, daß die sich vielleicht noch ein bißchen mehr engagiert hat in dieser Organisation. Ihr selber hat das eigentlich nicht so gefallen.

I: War es ihr eher gleichgültig?

M: Man war halt einfach dabei, man hat sich dem nicht entziehen können. Es war so, und damit aus.

I: Aber es sind doch immer wieder Kriegsgefangene zurückgekommen, und man hat begonnen, Filme zu zeigen. Haben Sie da etwas mitbekommen?

M: In der früheren Zeit überhaupt nichts, also eher weniger. Die Judenverfolgung, die war allgemein bekannt, aber sonst?

I: Und was haben Ihre Eltern dazu gesagt?

M: Über das ist eigentlich nichts geredet worden, und ich muß ehrlich sagen, ich habe das einfach zur Kenntnis genommen, aber ich habe nicht mir irgend jemandem anderen darüber diskutiert, auch nicht mit meinen Eltern.

I: Haben Sie sich vorstellen können, wie das abgelaufen ist, in welchem Ausmaß? Es gibt Leute, die, wenn sie es erfahren haben, gesagt haben, daß sie sehr entsetzt waren.

M: Sicher war ich entsetzt, ist ja klar.

I: Sie waren entsetzt und damit hatte es sich? Ist da nicht irgendwie Neugierde entstanden? Ob Leute davon gewußt haben?

M: Habe ich nicht so nachgefragt. Erstens war ich in meiner Jugend ein relativ schüchternes Kind und habe da nicht sehr viel zu Diskussionen beigetragen. Das Interesse ist eigentlich erst in letzter Zeit entstanden, so Anfang der achtziger Jahre.

I: Wie war das überhaupt bei Ihnen zu Hause, ist da viel miteinander geredet worden?

M: Schon, aber eher über belanglose Dinge, was man halt im Familienkreis so redet.

I: Über alltägliche Dinge eher? Und wenn im Radio, im Fernsehen oder in den Zeitungen irgendetwas politisch Aktuelles war, gab es da etwas, worüber man sich bei Ihnen zu Hause aufregte?

M: Nein, eigentlich weniger, weil da kann ich mit meinen Eltern nicht diskutieren, das fange ich mir gar nicht an. Mit der Mutter eher, mit dem Vater gar nicht.

I: Und warum geht es mit dem Vater nicht?

M: Er hat eine etwas konservative Einstellung.

I: Was gefällt Ihnen nicht an dem, was er sagt? Was sehen Sie anders?

M: Ich habe einfach eine liberalere Einstellung als er. Ich meine das jetzt nicht politisch, sondern allgemein.

I: In welcher Hinsicht sind Sie liberaler?

M: Den Juden gegenüber, oder gegenüber Ausländern. Da weiß ich es nicht so genau, da möchte ich ihm nichts anlasten, aber so allgemein halt.

I: Sie meinen, er hat strengere Vorstellungen? Und Ihre Mutter?

M: Die ist nicht so streng. So das Klischee halt, die Frauen sind halt meistens ein bißchen freundlicher.

I: Hat es bei Ihnen zu Hause nie irgendwelche Meinungsverschiedenheiten gegeben?

M: Nein.

I: Also, was Ihre Eltern von Ihnen wollten, war für Sie einsichtig, das haben Sie gemacht, und da hat es nie einen Grund gegeben, in bezug auf Weggehen oder ähnliches? Es gibt ja hunderte Möglichkeiten.

M: Sicher hat es bei kleinen alltäglichen Dingen auch Debatten gegeben, übers Fortgehen, übers Fernsehprogramm.

I: Hatten Sie da den Eindruck, daß man ihnen gesagt hat, warum Ihre Eltern etwas Bestimmtes von Ihnen wollten?

M: Eigentlich nicht, das war so und aus. Aber das waren eigentlich alles Kleinigkeiten, wenn man so zurückdenkt.

I: Wie hat sich das niedergeschlagen, daß Sie liberaler sind, daß Ihr Vater weniger liberale Ansichten hat? Woran hat man das gemerkt?

M: Verschiedene Bemerkungen, oder wenn ich ihm halt widerspreche. Er kennt ja auch meine Ansichten. Es ist ja so, ich habe zwar meine Werkstatt da, aber ich wohne nicht hier. Ich habe schon seit Anfang der siebziger Jahre eine eigene Wohnung, sonst ginge es vielleicht eh nicht. Vielleicht beurteile ich ihn einfach falsch, wenn ich sage, er ist nicht liberal. Ich kann mich auch täuschen.

I: Haben Sie ihn als sehr autoritär erlebt?

M: Sicher. Über verschiedene Sachen wurde halt einfach nicht diskutiert, da wurde halt einfach das gemacht, was er gesagt hat.

I: War das bei den meisten Dingen so, oder gab es Situationen, wo das nicht der Fall war?

M: Das kann ich jetzt nicht so genau sagen, weil ich eben einfach nicht mehr da wohne, habe ich mich dem entzogen.

I: Was die Zeit 1938 bis 1945 betrifft, meinen Sie, daß er jemand ist, der das Regime abgelehnt hat?

M: Ich glaube, ein Mitläufer im negativen Sinn war er keiner.

I: Und Ihre Mutter?

M: Auch, eher vielleicht noch ein bißchen weniger, weniger engagiert.

I: Ist das etwas, was Sie stört?

M: Ein bißchen schon. Vor allen Dingen stört es mich jetzt, weil er nicht der Zeit so nachhängt, sondern dem ganzen Bekanntenkreis. Das verstehe ich nicht.

I: Sie meinen, er ist in der Zeit hängengeblieben?

M: Ja, das mit seinen Marinegeschichten. Da treffen sie sich irgendwo und reden über die alten Zeiten. Vielleicht ist es ganz lustig, Ich kann mir das schon ganz lustig vorstellen, so ein gesellschaftliches Ereignis.

I: Sie sagen, es stört Sie ein bißchen, warum stört es Sie? Es könnte Ihnen ja auch egal sein.

M: Das kann ich nicht so begründen, das ist mehr so ein Gefühl. Weil mir einfach die Zeit damals so negativ vorkommt. Man kann nicht sagen, daß da ein bißchen etwas Gutes war.

I: Seit wann ist diese Zeit für Sie eher negativ besetzt?

M: Negativ war sie für mich eigentlich immer besetzt, aber so in den letzten acht bis zehn Jahren ist mir das eigentlich sehr stark bewußt geworden.

I: Sie sagen, es war immer negativ besetzt. Von zu Hause kann das ja nicht gewesen sein, weil es da ja gar kein Thema war. Wann hat es angefangen für Sie etwas zu sein, was Sie eher nicht für gut hielten?

M: Mitte der siebziger Jahre. Ich weiß auch nicht, das hat sich einfach irgendwie so für mich ergeben.

I: Mit der Schule hatte es auch nichts zu tun?

M: Nein, mit dem Beruf eigentlich auch nicht. Aber ich habe mich dann eigentlich so allgemein interessiert. Dadurch, daß man sich ein bißchen auch für den Umweltschutz interessiert, da ist halt alles ein bißchen so an die Oberfläche gekommen. Und vor allen Dingen, weil der Trend wieder so ein bißchen in die konservative Richtung geht. Alles ist ein bißchen strenger, ein bißchen mehr Ordnung muß sein, die Freizügigkeit der siebziger Jahre geht ein bißchen wieder zurück.

I: Was hätten Sie von Ihren Eltern im nachhinein erwartet?

M: Erwartet hätte ich mir, ich will nicht sagen, daß sich die Einstellung ändert, aber doch, daß er ein bißchen mehr in der Zeit lebt.

I: Meinen Sie, daß er eher sieht, was da los war, und das auch aus der heutigen Sicht anders beurteilt?

M: Ja, auch, ja. Und halt auch die Einstellung ein bißchen ändert und nicht nur immer sagt, der gehört eingesperrt. Weil das klingt schon noch sehr gestrig, nicht? Oder wenn halt irgendwelche Fälle von Polizeiübergriffen sind, und er das dann kommentiert, dann denke ich mir halt einfach meinen Teil.

I: Haben Sie andere Werte als Ihre Eltern? Was wären für Sie wichtige Werte oder Normen, von denen Sie meinen, daß sie richtig sind?

M: Jetzt wird es kompliziert, ich verstehe das nicht ganz.

I: Es gibt Gesetze, nach denen jemand, der etwas anstellt, eingesperrt wird, und wenn Ihr Vater sagt, der gehört eingesperrt, stört Sie das. Meinen Sie, daß niemand eingesperrt gehört?

M: Doch, ohne dem wird man wahrscheinlich nicht auskommen. Das habe ich jetzt nicht so gemeint mit dem Einsperren. Vielleicht ein konkretes Beispiel. Vor etlichen Monaten war etwas mit einem Obdachlosen, der hatte irgendetwas in der Hand, einen Hammer oder ein Messer, ist damit auf einen Polizisten losgegangen, und der hat gleich auf ihn geschossen. Es gibt da sicher noch andere Möglichkeiten auch, man muß nicht immer gleich zur Waffe greifen.

I: Waren Sie in der Schulzeit eher ein Einzelgänger?

M: Eigentlich nicht.

I: Wie haben Sie sich in der Schule gegenüber Außenseitern verhalten?

M: Mit denen bin ich halt auch nicht umgegangen.

I: Die waren halt draußen, das haben Sie akzeptiert?

M: Sicher, es gibt da mehrere. Es gibt den, über den man lacht, und es gibt dann das Gegenteil, die halt immer aufgefallen sind.

I: Aber wenn jemand sich nicht integrieren kann und total außerhalb ist?

M: Ich muß eigentlich sagen, daß ich auch jetzt noch mit allen Leuten gut auskomme. Es hat eigentlich mit meinem Freundeskreis immer ein bißchen Probleme gegeben mit dem einen Freund und mit dem anderen Freund. Die waren immer ab und zu zerstritten, aber mit mir eigentlich nicht, ich habe dann immer ein bißchen vermittelt, bis sie sich dann wieder vertragen haben.

I: Sie haben eigentlich nie mit jemandem Konflikte gehabt?

M: Nein, eigentlich nicht. So kleinere Streitereien hat es schon immer gegeben, aber nichts ernsthaftes. Es ist ja auch so, daß ich meine Freunde auch nicht so oft sehe. Na ja, von sich aus kann man das ja nicht gut beurteilen, aber wenn ich jetzt ein bißchen überheblich bin, habe ich den Eindruck, daß ich an und für sich ein beliebter Mensch bin.

I: Und wenn Sie jetzt im Freundeskreis oder mit Ihrer Freundin sprechen, gehört dieses Thema dazu oder eher nicht?

M: Ja schon, da wird dieses Thema sehr viel diskutiert.

I: Haben Sie da den Eindruck, daß die mit dem Thema auch irgendwie Probleme haben?

M: Ja, eigentlich schon.

I: In welche Richtung?

M: Weil sie halt ihre Informationen auch nicht aus erster Hand haben, sondern auch nur aus Presse und Fernsehen.

M: Mein Schwager, der hat überhaupt keine Erziehung genossen, also da waren Schwierigkeiten mit Scheidung und so, Stiefvater und Stiefmutter. Er war auch ein Einzelkind, mit dem ist es sehr schwer auszukommen. Er ist also unheimlich gegen alles, und das in einer sehr radikalen Form.

I: Wo ist er, Ihrer Meinung nach, radikaler als Sie?

M: Das fängt beim Autoverkehr an, geht über Radfahren, über die Erziehung, über die Umwelt ...

I: Und worin unterscheiden Sie sich da?

M: Ich würde meine Kinder sicher nie schlagen, aber ich würde ihnen auch schon einmal etwas verbieten, wenn ich das nicht einsehe oder für gut befinde. Und er meint, verboten wird gar nichts.

I: Und politisch, geraten Sie sich da auch in die Haare? Was gefällt Ihnen an den Grün-Alternativen nicht?

M: Ab und zu ist halt wieder irgendein Programm am Laufen, das mir halt weniger gefällt. Mir gefällt, daß sie sich gegen Wackersdorf aussprechen oder gegen die Atomkraft, aber ich finde zum Beispiel die Diskussion im Verkehr mit 80/100, das ist an sich nur Alibi.

I: Und das Programm der Grünen, wie sie zum Beispiel jetzt im Parlament agieren?

M: Gefällt mir schon, und auch, daß sie mit dem Obrigkeitsgedanken nicht so ganz konform gehen.

I: Also Chefs mögen Sie nicht besonders?

M: Sicher, darum bin ich jetzt mein eigener Chef.

I: War Ihnen das wichtig?

M: Eigentlich schon. Im Grunde bin ich schon seit 15 Jahren mein eigener Chef. Also so ist es nicht, ich hatte eigentlich immer meine Ruhe, bin mit meinem früheren Chef sehr gut ausgekommen und im guten Einvernehmen aus der Firma geschieden. Aber ich habe lieber keinen. Warum ich weggegangen bin, war eigentlich ein anderes Problem. Ich habe mich einfach mit den Damen nicht mehr verstanden.

I: Waren es zu viele?

M: Zu viele nicht, aber es gab halt Schwierigkeiten, wie soll ich sagen, Kompetenzschwierigkeiten. Die Zusammenarbeit hat halt nicht mehr funktioniert, und ich kann mir in meine Arbeit nicht dreinreden lassen von einem Laien, das geht einfach nicht. Und wenn das der Firmeninhaber nicht abstellen kann oder nicht willens ist, das abzustellen ...

BRD/Frau

I: War Ihr Vater an der Front?

F: Der war beim Heimatschutz, so hieß das. Mein Vater war schon 40 und er war dann nicht mehr Soldat.

I: Er ist also aus Altersgründen nicht eingezogen worden, nicht, weil er hier so besonders gebraucht wurde?

F: Nein, er hatte auch keinen Beruf, wo er unabkömmlich gewesen wäre.

I: Was hatte er denn für einen Beruf?

F: Er ist bei der GHH Schlosser gewesen, das ist die Gute-Hoffnungs-Hütte in Oberhausen, da sind ja Stahlwerke, Steinkohlenbergbau. Aber im Grunde war das eingebaut in die Kriegsindustrie. Vom Bau des Westwalls hat er uns erzählt, und ich bin mit meinem Mann auch hingefahren, um das zu sehen. Aber im Grunde hat der Vater eigentlich sehr wenig vom Krieg erzählt.

I: Haben Ihre Eltern — ich meine jetzt nicht Faktenwissen, sondern haben Ihre Eltern über ihre Eindrücke, über ihre Gefühle irgendetwas erzählt?

F: In unserer Kindheit haben wir, glaube ich, sehr wenig mit unseren Eltern gesprochen.

I: Allgemein?

F: Ja. Zuerst einmal habe ich ja bis sechs oder sieben Jahre alt war, bei den Großeltern gelebt. Die Eltern waren schon wieder in die Stadt zurückgezogen, so daß meine kindlichen Erlebnisse mehr mit Oma und Opa zu tun haben. Und dann waren die Eltern ja auch sehr viel beschäftigt mit dem Wiederaufbau. Meine Großtante hatte so ein Marktgeschäft, da hat meine Mutter auch sehr viel mitgeholfen, so daß wir Kinder eigentlich mehr uns selbst überlassen waren, und Gespräche eigentlich mehr unter Gleichaltrigen liefen.

I: Haben Ihre Großeltern irgendetwas gesagt, woran Sie sich erinnern?

F: Politisch überhaupt nichts.

F: Das muß so gegen Kriegsende gewesen sein, als die Amerikaner einmarschierten. Da wurden weiße Fahnen rausgehängt, und da war von der Grundstimmung her Angst da. Und als die Amerikaner kamen, da waren Schwarze dabei. Für uns Kinder war das eine Sensation.

I: Haben Sie sich gefürchtet, weil die so dunkel waren, oder weil Ihnen die Erwachsenen gesagt haben, daß Sie aufpassen sollen.

F: Ich denke, vorrangig, weil es Soldaten waren. Bei uns in der Familie herrschte da schon eine große Toleranz. Da wurde kein Unterschied gemacht, ob das ein Schwarzer oder ein Weißer ist. Uns wurde eher Vorsicht eingebleut vor den Soldaten. Aber auch vor den deutschen Soldaten.

I: Und wann wurde Ihnen bewußt, daß die Zeit bis 1945 eine Zeit war, mit der sich Menschen herumschlagen?

F: Das war dann in der Schule, mehr so in der Realschule, also um 14 herum. Vorher, da herrschte eigentlich auch in unserer Familie eigentlich absolutes Schweigen. Also meine Eltern, die waren nicht in der Partei, und auch die Großeltern nicht. Mein Großvater war in Oberhausen bei den Stadtwerken und ist frühzeitig entlassen worden. Wahrscheinlich, weil er nicht in die Partei gehen wollte.

I: Wann haben Sie denn gewußt, daß Ihre Eltern nicht in der Partei waren? War das, nachdem Sie in der Schule Informationen bekommen haben, oder schon vorher?

F: Nein, erst in der Schule. Die Eltern haben da mit uns irgendwie nicht darüber gesprochen. Im Grunde erst, als wir in der Schule so einiges erfuhren und wir dann ganz entsetzt nach Hause kamen und fragten, wie konntet ihr das zulassen. Und die Eltern haben dann gesagt, sie haben nichts gewußt, sie waren nicht in der Partei, und dann auch einiges von ihrer Angst. Da gab es ja diese Blockwarte in der Stadt, wo man einfach mit niemandem sprechen durfte, aus Angst, die würden dann was ausplaudern. Und ich glaube, dieses Schweigen, das sich die Eltern angewöhnen mußten, hat sich dann später übertragen.

I: Wie Sie so mit 14 diese Dinge erfahren haben, hatten Sie da das Gefühl, daß man Ihnen bisher etwas verschwiegen hat?

F: Eigentlich damals nicht. Weil ich glaube, meine Eltern waren auch nicht daran gewöhnt, sprachlich Zärtlichkeit auszudrücken oder zu sagen, ich hab dich lieb. Es wurde mehr über praktische Dinge gesprochen, Haushalt, oder wie wir in der Schule waren.

I: Aber wie Sie davon in der Schule gehört haben, war Ihnen offensichtlich sofort klar, daß die Eltern in dieser Zeit gelebt haben?

F: Das war mir schon klar. Und wie man mit 14 ist, das ist ja die kritische Zeit, wo man denkt, die Eltern machen sowieso alles falsch. Und ich glaube, daß ich dann einfach direkt mit dem Vorwurf nach Hause gekommen bin, und die Eltern sich in dem Sinne ja nur verteidigt haben, indem sie gesagt haben, wir waren ja nicht in der Partei, wir haben keine persönliche Schuld. Zum Westwall mußte der Vater gehen und ansonsten ... über Politik wurde bei uns eigentlich sehr wenig geredet.

I: Sie kamen also nach Hause und haben den Eltern so quasi den Vorwurf gemacht, ihr habt zugelassen, daß man Juden vergast hat. Hat sich das auch darauf konzentriert?

F: Zum großen Teil. Ich muß dazu sagen, ich hatte im nachhinein bei einigen Lehrern den Eindruck, daß die diese Zeit so ab 33 verschwiegen haben.

I: Über die Judenverfolgungen wurde trotzdem geredet?

F: Ja, wir haben dann später auch das „Tagebuch der Anne Frank" gelesen.

I: Das heißt, die Auseinandersetzung mit diesen Jahren hat sich eigentlich auf das konzentriert, was mit den Juden zu tun hatte?

F: Ja, ich denke, was da so war mit Einmarsch in Polen und Tschechoslowakei, das habe ich erst später als Erwachsene nachgelesen.

I: Hatten Sie den Eindruck, wenn bei Ihnen zu Hause über Krieg gesprochen wurde, daß Ihre Eltern das ganz klar ablehnten, oder wurde Ihnen gesagt, daß Krieg zwar schlimm ist, aber es eben immer schon Kriege gegeben hat?

F: Nein, das war schon bewußt, daß sie es eigentlich abgelehnt haben. Da war ja auch ganz deutlich dieses Zeichen, nicht in die Partei zu gehen. Oder in ein anderes Land zu gehen und einfach mehr Lebensraum zu haben, da habe ich auch schon darüber nachgedacht, ob sie das richtig fanden. Aber sie lebten sehr bewußt als Christen. Daß also Gewalt und Krieg nicht gut war, mit Ausnahme der Selbstverteidigung. Und ich glaube, dieser Krieg wurde ja auch als Verteidigungskrieg dargestellt. Wenn ich so über meine eigene Erziehung nachdenke, was von oben kam, das war auch richtig, da gab es keinen Zweifel. Unsere Erziehung war also sehr auf Gehorsam ausgerichtet, und meine Eltern noch mehr. Wenn das von oben verkündet wurde, wir müssen uns verteidigen, dann nehme ich also auch an, daß sie es geglaubt haben.

i: Meinen Sie, daß Ihre Eltern deshalb nicht in der Partei waren, weil sie überzeugte Katholiken waren?

F: Das glaube ich schon.

I: Die Nazis waren ja sehr antiklerikal, und Sie meinen, daß unter Umständen diese Stimmung für die Einstellung Ihrer Eltern zum Nationalsozialismus prägend war?

F: Ja, aber das ist also jetzt nur Vermutung. Ich denke jetzt gerade, wenn Sie eine Woche vorher gekommen wären — ich war jetzt eine Woche mit meinen Eltern —, dann hätte ich viele Fragen einfach auch einmal besprechen können. Mein Vater ist 86, aber der ist geistig noch sehr rege, der würde sich an viele Dinge noch erinnern.

I: Für mich ist die Tatsache interessant, daß Sie sehr vieles gar nicht wissen. Haben Sie eigentlich irgendwann einmal von Ihren Eltern erklärt bekommen, was ihnen am Nationalsozialismus nicht gefallen hat, vom Krieg abgesehen?

F: Also ich kann mich erinnern, daß es erstmals positiv beurteilt wurde, daß es Arbeit gab, daß Autobahnen gebaut wurden. Aber dann begannen die Judenverfolgungen, auch hier bei uns in der Stadt. Aber wenn ich mich erinnere, Juden waren auch bei uns zu Hause etwas anderes, das hatte mit der Religiosität etwas zu tun. Wenn ein Christ einen Juden bekehrte, war das das Höchste, was man im Leben erreichen konnte. Ich meine also, daß eine Grundstimmung gegen Juden da war, daß aber, als sie verschwanden, schon darüber nachgedacht wurde, daß man mit Menschen so nicht umgehen kann.

I: Wenn wir jetzt von den Juden absehen, haben Sie von Ihren Eltern irgendetwas erfahren, wo Sie sagen könnten, was bedeutete Nationalsozialismus im Alltag? Woran merkte man etwas, wenn man kein Jude war, kein politischer Gegner, nicht verfolgt war, und nicht einmal an die Front mußte? Woran merkte man, daß das eine Diktatur war?

F: Ich glaube, die Angst zu reden, war auch fast das einzige. Vielleicht hat das auch mit der Ignoranz zu tun, daß die Eltern einfach nicht sehen wollten, wie man da in ihr Leben eingriff. Zu Hause lief ja alles normal weiter.

I: Wie war das mit Organisationen?

F: Wenn Sie mich jetzt so fragen, ich weiß nicht einmal, ob die Mutter da drin war. Wenn ich mich erinnere, dann hat sie erzählt, daß sie im Kirchenchor und in der Jugendgruppe waren. Ich weiß jetzt wirklich nicht, ob das eine politische war, wo sie reingehen mußte, oder ob das eine kirchliche Gruppe war. Das ist sehr schlimm eigentlich, aber da merken Sie, wie wenig unsere Eltern mit uns sprachen.

I: Aber wenn sie in den Kirchenchor gegangen ist, dann war das doch etwas, was die Nazis nicht sehr geschätzt haben?

F: Aber sie hat nie davon geredet, daß sie Nachteile hatte. Das wundert mich eigentlich, wie geschützt unsere Familie so war.

I: Ich weiß vor allem von uns, daß das In-die-Kirche-Gehen fast eine Art Widerstand war.

F: Ich könnte mir vorstellen, daß der Blockwart nur nach außen Blockwart war, aber innerlich nichts weitergab.

I: Sie meinen, Ihre Mutter ging heimlich in die Kirche?

F: Das vermute ich.

I: Das hätte sie doch erzählen können?

F: Da wurde nichts davon gesprochen. Wir sind ja auch so erzogen worden im religiösen Bereich, jeden Sonntag in die Kirche, freitags kein Fleisch. Ich glaube, wenn sie erzählt hätten, sie sind aus Angst nicht gegangen, dann hätte das ja in ihren Augen unserer Erziehung geschadet. Wir hätten dann ja auch vielleicht einmal sagen können, aus diesen und jenen Gründen gehen wir nicht. Ich hatte immer den Eindruck, sie waren unberührt von dem, was war, die hatten ihr Leben gelebt.

I: Wissen Sie, ob Ihre Eltern regelmäßig in die Kirche gegangen sind, oder vermuten Sie es?

F: Ich habe immer gemeint, ich hätte es gewußt, aber wenn Sie mich jetzt so fragen, kann ich es nur vermuten.

I: Wenn Ihnen die Eltern das erzählt hätten, dann wäre das ja sogar eine Stärkung der religiösen Erziehung gewesen.

F: Meine Eltern haben 1940 geheiratet, und es gibt Bilder, wo sie mit der Hochzeitskutsche zur Kirche gefahren sind, also ganz öffentlich. Deshalb habe ich einfach geschlossen, daß es da gar keine Probleme für sie gegeben hat.

I: Haben Ihnen Ihre Eltern darüber erzählt, daß auch Priester verfolgt wurden?

F: Haben sie nicht. Aber ich denke mir, wenn Kinder Fragen stellen und Eltern nicht gewöhnt sind, mit ihren Kindern so zu reden ... Die waren ja sehr beschäftigt, das Haus, die Wohnung mußte repariert werden, dann mußten sie eben auch gucken, daß Geld da war, so daß sie vor lauter Dingen, die sein mußten, Gespräche vergessen haben.

I: Und woran merkten Sie, daß Sie religiös erzogen wurden?

F: Das Gebet war wichtig.

I: Aber es gibt ja im Rahmen dieser Erziehung ganz bestimmte Normen und Werte, die damit vermittelt werden.

F: Ja, zum Beispiel das vierte Gebot. Wenn wir manchmal widerspenstig waren, wurde uns vorgehalten, daß man Vater und Mutter ehren muß. Normen wurden immer religiös begründet. Was an Aggression und Wut da war, das durften wir nicht rauslassen, so daß ich dann sehr verschlossen gegenüber meinen Eltern war. Und die politischen Gespräche, die liefen im Grunde unter Freundinnen.

I: War es da nicht etwas Sensationelles, nach Hause zu gehen und den Eltern vorzuwerfen, wieso sie das zugelassen haben?

F: Ja, ich denke schon. Aber als die Eltern dann sagten,wir waren nicht beteiligt, wir haben damit nichts zu tun, da habe ich mich eigentlich schnell zufrieden gegeben.

I: Wie liefen denn dann die Gespräche unter Freundinnen, wenn es bei diesem Thema vielleicht doch um ein bißchen mehr ging? Wissen Sie noch, was Sie da besonders beschäftigt hat?

F: Ich fragte eigentlich nie eine Freundin, ob ihr Vater Soldat war oder dergleichen. Wenn ich jetzt so nachdenke, war da eigentlich wirklich eine Decke darüber gebreitet, ein unheimliches Stillschweigen. Reden wir lieber nicht darüber, wer weiß, auf was du da stößt. Oder vielleicht waren auch die Freundinnen derart ausgesucht, daß wir nur mit denen spielen durften, die einigermaßen gleich dachten. Ich denke, daß die Erwachsenen damals auch so eine Art Kompensation hatten. Die hatten für alles eine Entschuldigung. Wenn jetzt wirklich einer das war, daß das den Kindern anders erzählt wurde. Ich finde es im nachhinein auch erstaunlich, daß in der ganzen Umgebung keiner beteiligt war, das kann ja eigentlich nicht gewesen sein. Und ich denke, die anderen Sachen, die die Eltern vielleicht mitgemacht haben, daß sie darüber nicht reden wollten, weil da ja eigentlich auch eine persönliche Schuld gewesen wäre.

I: Was könnte denn das zum Beispiel sein? Nachdem Sie es nicht wissen, spekulieren wir einmal.

F: Ich denke zum Beispiel so im Verhalten zu Menschen, die Kommunisten waren. Da kann ich mich auch erinnern, daß das auch in unserer Familie etwas Schlimmes war. Kommunismus wurde ja auch von der Kirche nicht gutgeheißen. Mein Vater war ja stolz darauf, nie in der Gewerkschaft gewesen zu sein. Oder alles, was mit Sozialismus oder später mit SPD zu tun hatte, war auch etwas Anrüchiges. Daß sie vielleicht in ihrem Verhalten solchen Menschen gegenüber auch nicht so waren, wie sie hätten sein müssen. Daß da aber nicht darüber gesprochen wurde.

I: Sie meinen, bei den Juden hatte man religiöse Probleme, aber es sind immerhin Menschen, die etwas glauben. Während Kommunisten Menschen waren, wo man sich keine Gedanken gemacht hat, wenn sie von den Nazis schlecht behandelt wurden?

F: Nein, so denke ich es nicht. Vielmehr konnten sie über die Juden auch sagen, daß es schlimm war, weil sie daran auf keinen Fall beteiligt waren, aber bei den Kommunisten könnte es ja sein, daß sie in ihrem Verhalten vielleicht doch nicht ganz richtig reagiert haben.

I. Hatten Sie da vielleicht den Eindruck, da störte es sie nicht so?

F: Ja, aber wirklich nur als Vermutung? Und ich muß also dazu sagen, ich habe das jetzt in der Woche mit meinen Eltern erlebt, wie sprachlos ich eigentlich mit meinen Eltern bin, obwohl ich eigentlich von meinem Beruf her mit sehr vielen fremden Menschen zu tun habe. Daß es mir eigentlich ein bißchen weh tut, daß ich mit meinen Eltern immer noch nicht so reden kann. Und ich muß dazu sagen, mit meinem Vater kann ich es noch eher als mit meiner Mutter. Ich weiß nicht, ich fühle mich bei der Mutter immer ausgefragt. Irgendwo klingen die Fragen auch ein bißchen nach Kontrolle. Das ist wohl immer gewesen. Ich glaube, ich würde verrückt werden, wenn ich in dem Haus länger wäre.

I: Wie haben Sie denn die Ehe Ihrer Eltern erlebt?

F: Sagen wir, sie gingen wohl schon gut miteinander um. Man schrie sich nicht an.

I: Gab es Streit?

F: Streit gab es auch wohl nur heimlich zwischen den Eltern, und vor uns Kindern durfte ja nicht gestritten werden. Ich denke, daß sie miteinander nicht über Dinge gesprochen haben, die sie selber betrafen. Im Grunde habe ich immer den Vater als den verständnisvolleren und auch den nachgiebigeren erlebt. Das weiß ich aber auch erst, seit ich erwachsen bin.

I: Wer war denn bei den Eltern der dominantere Teil?

F: Die Mutter. Als Jugendliche dachte ich oft, der Vater müßte doch einmal auf den Tisch hauen.

I: Warum? Hatten Sie den Eindruck, daß sich die Mutter ihm gegenüber in irgendeiner Form verhalten hat, die Sie nicht gut gefunden haben?

F: Ja, und ich denke, das ist auch im Alter so geblieben. Unsere Mutter war die jüngste von drei Schwestern und sie sagt von sich selber, daß sie sehr verwöhnt wurde. Also zum Arbeiten wurde sie nicht geboren, und der Vater mußte dann eben alles für sie tun, und sie ließ sich verwöhnen und setzte auf ihn. Auch heute noch. Und ich denke, meine Mutter hat jetzt noch so kindliche Verhaltensweisen: wenn sie nicht verwöhnt wird, dann wird sie krank. Und der Vater, der ist einfach liebevoll, er ist sehr gütig. Also der Großvater, der spielte im Leben meiner Mutter eine unheimliche Rolle. Alles, was gut in ihrem Leben war, hat ihr Vater getan. Das war schon sehr schlecht, daß sie nie sagte, das hat mein Mann für mich getan, sondern gelobt wurde nur der Großvater. Und auch deshalb würde ich sagen, die Ehe meiner Eltern ist nicht so besonders gewesen, aber ich habe es als Kind nicht so gemerkt. Ich durfte ja mit meiner Schwester auch nicht streiten. Das war so ein Prinzip der Harmonie, die keine war.

I: Und auf Ihren Vater war sie nie stolz?

F: Nein, der war ja nur Arbeiter.

I: Wie würden Sie denn Ihre Erziehung bezeichnen?

F: Normalerweise würde ich sagen, eigentlich autoritär, aber das kann ich nicht. Das war so unterschwellig da, wir mußten gehorchen. Und wenn einem das so anerzogen ist, dann empfindet man das nicht als autoritär. Dadurch, daß es in unserer Familie oberflächlich harmonisch zuging und es in anderen Familien wilder zuging, habe ich eigentlich immer gedacht, ich würde sehr gut erzogen. Was schlecht war, merkte ich erst, als ich erwachsen war. Als ich mir Gedanken machte, wie ich meine Kinder erziehen soll. Also zum Beispiel keine Konflikte austragen. Ich meine auch die Strafen wie „ich hab' dich nicht mehr lieb, wie kannst du mir das antun", und dann heulte die Mutter und es war dann entsetzlich, sie leiden zu sehen. Ich denke schon, es war autoritär.

I: Jetzt wissen Sie ja heute über die Zeit des Nationalsozialismus viel mehr, würden Sie sie heute nicht mehr auf die Judenverfolgung reduzieren?

F: Nein.

I: Mit dem Wissen, das Sie heute haben, wie sehen Sie da Ihre Eltern jetzt?

F: Sie meinen politisch?

I: Ich glaube nicht, daß man ein politischer Mensch sein muß, um für oder gegen den Nationalsozialismus zu sein.

F: Ja, aber bei uns war da wohl so eine Trennung. Wenn man politisch ist, dann muß man auch aktiv dabei sein.

I: Und wenn man nicht politisch ist, ist man auch nicht für oder gegen etwas? Ihre Eltern waren zwar nicht politisch, aber sie waren ganz massiv gegen Kommunisten?

F: Das waren sie, ja, aber das würde ich wieder religiös begründen, weil ihnen das so mehr eingeredet wurde. Obwohl das ja auch nicht stimmen kann, weil ja von der Kirche noch mehr gegen die Nazis geredet wurde.

I: Meinen Sie, daß Ihre Eltern genauso massiv gegen die Nazis waren wie gegen die Kommunisten?

F: Das glaube ich nicht. Ich meine, sie waren massiv gegen die Nazis, wenn sie Menschen persönlich kannten und ihren Ton nicht leiden konnten. Vielleicht kannten sie auch Nazis, die sich genauso benahmen wie alle anderen, und Kommunisten, das war eine Art, die sie nicht kannten, das waren auch fremde Menschen, das war eine Idee, mit der sie nicht zurecht kamen. Ich glaube nicht, daß sie ganz persönlich Kommunisten kannten, sondern eben nur aus der Zeitung oder vom Reden, aber Nazis, die lebten ja überall.

I: Das heißt, gegen Nazis waren sie vor allem wegen der Judenverfolgungen?

F: Müßte ich fast sagen.

I: Und sonst?

F: Sonst wurde ja auch lobend erwähnt, daß es in Deutschland besser ging, als die Nazis an der Macht waren.

I: Wie hat sich das bei Ihnen entwickelt, worin drückt sich Ihre Gegnerschaft aus, außer daß Sie gegen den Krieg und gegen die KZs sind?

F: Was an Verfolgung da war, da müßte ich eigentlich ganz ehrlich gestehen, daß ich mich viel zu wenig damit beschäftigt habe. Von mir aus würde ich grob sagen, daß demokratische Spielregeln nicht da waren. Wenn etwas diktatorisch befohlen wird, dann ist das für mich schlecht.

I: Meinen Sie, daß das für Ihre Eltern etwas Gravierendes war?

F: Ich glaube das nicht einmal so sehr, weil ich denke, diese ganze Gehorsamserziehung, die religiös begründet war, daß das eine Rolle spielte. Das war ja im Grunde auch eine Diktatur, aber das konnten sie nicht so durchschauen. Ich denke, die Kirche hat auf Menschen damals eine unheimliche Diktatur ausgeübt. Und von da her, denke ich, waren die das so gewohnt, diktatorisch geleitet zu werden, daß sie den Unterschied nicht merkten. Und deshalb würde ich sagen, haben die uns diese Dinge auch nicht erzählt, die so mit Diktatur zusammenhingen.

F: Ich habe sehr oft an mir gemerkt, daß ich Dinge tue, die ich nicht tun will, die ich aber automatisch getan habe. Und ich merke auch heute noch, daß ich dann lieber schweige und erst einmal abwarte. Und das finde ich schlecht bei mir. Aber ich übe mich darin, Stellung zu beziehen, eine andere Meinung zu haben. Das ist auch durch meine Ausbildung so gekommen, wofür ich sehr dankbar war, weil ich dadurch die Religiosität als befreiend empfunden habe, weil es für mich mit 30 so entscheidend war, auf den Grund zu gehen. Nicht fragen, was sagt die Kirche, sondern was sagt die Bibel, und dann den Sinn daher abzuleiten.

F: Der ganze Bereich Nationalsozialismus bedeutet für mich, daß ich denke, ich will Bescheid wissen, daß ich zumindest in Ansatzpunkten Bescheid weiß, daß ich in dem kleinen Bereich, wo ich lebe, hier auch mittun kann. Und da denke ich einfach, das kann ich nur, wenn ich sachlich richtig Bescheid weiß. Nicht nur vom Gefühl her, sondern auch auf einer politischen Versammlung etwas sagen, argumentieren.

I: Sie meinen, es genügt nicht, zu sagen, ich bin nicht mehr autoritär, ich gehe mit anderen nicht so um, das reicht Ihnen nicht?

F: Nein, es muß mehr sein, ein bewußtes Handeln. Und das muß mit Fakten und Wissen zu tun haben. Ich denke, wenn Menschen gefühlsmäßig reagieren, dann kommen Klischees raus, aber es bringt nichts weiter.

I: Genügt es nicht als Leitlinie der Demokratie, daß keiner dem anderen etwas befiehlt, daß man miteinander reden muß, damit alles nicht mehr passieren kann?

F: Nein, das glaube ich nicht. Wir durften unsere Eltern nicht fragen, wir durften in der Schule nicht fragen. Wenn ich jetzt denke, wir durften nicht, dann durften die Eltern in ihrer Erziehung ja noch weniger fragen. Wir waren ja wahrscheinlich schon freier, irgendetwas zu fragen, und ich denke so oft, der Nationalsozialismus hatte einen offenen Boden, weil die ganze Erziehung so war. Und da hat die Kirche im Grunde eine große Schuld. Und da wehre ich mich im Grunde einfach spontan gegen alles, was nur wegen der Regeln getan wird. Ich habe das erste Mal wirklich in der Schule gekämpft, als unser Jüngster Schwierigkeiten hatte, da ging ich bis zur Regierung.

BRD/Mann

M: Vielleicht fing es vor zehn Jahren an, als ich begann, die Verwaltung für meine Mutter zu machen, die nicht mehr richtig konnte. Die hat da Beihilfen nicht eingereicht, so nach dem Motto, ich bin kein Bettler. Da kamen dann immer so diese Dinge, ich bin Deutscher und all diese Sachen. Da fing ich dann an, so ein bißchen Einblick zu bekommen, aber daß ich direkte Zweifel hatte, das war noch nicht. Dann kamen auch Ungereimtheiten in der Kriegskarriere meines Vaters dazu, darauf werde ich noch kommen. Aber daß er es zum Beispiel geschafft hat, vom Unteroffizier in drei Jahren im Krieg als Verwaltungsoffizier zum Oberleutnant zu kommen, ist eine völlig ungewöhnliche Karriere. Sonst konnte nie jemand über den Verwaltungsweg fünf Posten hochkommen, nicht einmal in diesem Krieg.

I: Das heißt, Ihre Kindheit und Jugend war eigentlich von aller Skepsis in dieser Hinsicht unbelastet? Ich weiß, daß es etwas schwierig ist, aber vielleicht können wir doch über die weiter zurückliegende Zeit sprechen. Man kann es zwar nicht ganz trennen, aber vielleicht können Sie ein bißchen versuchen, das freizuhalten von dem, was Sie heute wissen.

M: Ich bin ein voreheliches Kind. Meine Eltern mußten Ariernachweise bringen, damit sie überhaupt heiraten durften, und mein Vater wurde erst geschieden. Ich bin ein Jahr vor der Heirat meiner Eltern geboren, und was ganz bezeichnend war, daß meine Eltern mir bis zur Silberhochzeit diese Tatsache verschwiegen haben, mir erst dann gesagt haben, ja, du bist ja unehelich oder vorehelich. Vielleicht wurde ich da so ein bißchen stutzig, was war da eigentlich gewesen. Und dann sah ich erst diese Ariernachweise usw.

I: War Ihr Vater an der Front?

M: Das ist immer so ein bißchen unklar. Meine Eltern haben sich 1940 kennengelernt, mein Vater war bei der Marine. Nur, er war eigentlich niemals Frontoffizier, obwohl es heißt, er wäre auch einmal als Marineoffizier in Rußland gewesen. Wie man als Marineoffizier nach Rußland kommt, weiß ich nicht, kann ich mir nicht vorstellen. Der entscheidende Punkt, er war nachher in Griechenland. Auch da wurde immer verschwiegen, was da war. Er gehörte nicht zur kämpfenden Truppe auf Kreta, er hatte mit den Fallschirmjägern nichts zu tun. Er hatte nichts mit der im Peloponnes stationierten Luftstaffel zu tun, er saß irgendwo auf Salamis in der Verwaltung. Das weiß ich, weil ich mich für die Marine interessiert habe. Wir hatten in Griechenland einen einzigen Zerstörer liegen, und sonst hatten wir kein einziges Kriegsschiff da unten. Und mit dem hatte er auch nichts zu tun. Trotzdem ist er vom Unteroffizier in der Zeit zum Schluß noch zum Oberleutnant befördert worden. Was war da los?

I: Lebt Ihr Vater noch?

M: Er ist 1968 gestorben.

I: Hat es zu der Zeit, wo Ihr Vater noch gelebt hat, irgendwelche Gespräche gegeben über die Zeit damals?

M: Niemals, das war tabu. Aber etwas, was ich später bewußt festgestellt habe, aber was mir auch als Kind schon aufgefallen ist, war der Haß meiner Mutter auf die dreckigen Polen, auf die verdammten Engländer, auf die bösen Russen, und irgendwie war alles andere schlecht. Mein Vater wollte dann nicht, daß ich Soldat werde. Ich wollte Soldat werden, ich wollte zur Marine, also eigentlich weniger Soldat werden als zur See fahren, und meine Mutter hat das voll unterstützt. Ich kann es jetzt nicht wörtlich wiedergeben, aber es war so wie „du kannst ja unser Reich wieder aufbauen". Das war also von meiner Mutter nicht bewußt gesagt, aber es ist mir doch aufgefallen, daß da irgendwas gewesen ist.

I: Das heißt, so das Bewußtsein, Deutschland ist etwas Besonderes und die anderen sind eher ...

M: Das war in meinem Leben im Vordergrund, von meiner Mutter her. Von meinem Vater eher nicht, der hat das irgendwo verdrängt.

I: Wenn Sie so zurückdenken: wenn Sie das Wort Krieg gehört haben, was hat das für Sie bedeutet?

M: Für mich wurde Krieg jeher als etwas Positives dargestellt.

I: Auch vom Vater?

M: Vom Vater nie, mein Vater hat nie über diese Sachen mit mir gesprochen. Daß er Soldat war, wußte ich, daß er Offizier gewesen war, wußte ich auch.

I: Woher?

M: Mein Vater kam ja sehr früh aus der Kriegsgefangenschaft zurück, er war in englischer Kriegsgefangenschaft, und wir wohnten dann in einem Dorf in Schleswig-Holstein und er hatte da, wenn er von der Arbeit aus Hamburg zurückkam, immer seinen Marinemantel an und seine Marinemütze. Insofern kam schon was. Obwohl, das muß ich heute dazu sagen, vielleicht hängt das heute noch in mir drin. Ich sehe es also mit Begeisterung, obwohl ich das Rationelle dahinter heute sehe. Eine Seeschlacht im Film zu sehen, ist für mich heute noch etwas Gutes, von der Situation her. In dem Moment denke ich nicht daran, wieviele Menschen da sterben. Für mich kam eigentlich in der späten Schulzeit der Übergang, daß die NS-Zeit irgendwie nie so etwas Goldenes gewesen ist. Da fing ich zumindest an, darüber nachzudenken.

M: Außerdem muß ich sagen, ich hatte eine behütete Jugend. Ich war schwer krank, hatte Tuberkulose nach dem Krieg, war als Kind fast zwei Jahre im Krankenhaus, und meine Mutter hat sich sehr viel um mich gekümmert. Und da ist jetzt nachträglich ein massiver Widerspruch hinterher herausgekommen. Ich bin christlich erzogen und das begreife ich heute noch nicht, wieso meine Mutter mich christlich erziehen konnte, bei ihrer Auffassung.

I: Das bedeutet doch, daß Sie in Ihrer Jugend ein Elternhaus erlebt haben, das, von allem anderen abgesehen, etwas Positives war?

M: Sagen wir so: ich war ein Einzelkind, es drehte sich zum Teil alles um mich. Nur, heute interpretiere ich vieles anders. Ich sah es damals sicherlich als behütetes Elternhaus an, ich konnte aber niemals mit Problemen zu meinen Eltern gehen. Es war sehr massiv, da kam also dieses Deutschtum wieder mit rein, ich möchte es fast als Nationales bezeichnen. Ich hatte an der Grundschule fast ein Einserzeugnis, und dann kam ich aufs Gymnasium und rutschte auf Drei ab. Heute, als Lehrer und nachträglich gesehen, ist das ein völlig natürlicher Zustand. Mein Vater kümmerte sich nicht um mich, hatte im Beruf genug zu tun und war auch krank, das heißt, meine Mutter kümmerte sich alleine um meine Erziehung, und die Drei wurde als schlechte Note angesehen. Und dann kam also: „wenn du deutscher Offizier werden willst ...“, so in der Richtung. Es war sicher nicht braun in Richtung Nationalsozialismus, aber es war doch irgendwo etwas Negatives fürs Elitedenken. Mein Vater war schulisch gesehen eine typische Vaterfigur in dem Sinne, als meine Mutter am Abend immer erzählte, womit sie nicht fertig geworden ist, und dann hatte der Vater zu entscheiden, ob er bestraft oder sonst etwas, was er übrigens nicht sehr gern gemacht hat. Es gab übrigens Ansätze von Erzählungen, als ich Student geworden bin. Was ich noch dazu sagen muß, daß meine Mutter, und das wußte ich von vornherein, daß sie gerne braune Schwester gewesen ist. Und da legt sie heute noch Wert darauf, daß sie nicht Krankenschwester war, sondern braune Schwester.

I: Konnten Sie sich darunter etwas vorstellen?

M: Ich hatte am Anfang keine Assoziationen. Als Kind, als 10- und 12jähriger nicht, und ich habe meine Mutter da nicht gefragt. Wie ich am Gymnasium war, ist das nachher irgendwie automatisch an mich rangekommen. Ich bekam diese Aufklärung von anderer Seite und habe es dann zu Hause nicht wieder aufgewärmt.

I: Wenn man als Kind einen Begriff hört, mit dem man nichts anfangen kann, da könnte man doch annehmen, daß es klar wäre zu fragen, was ist das?

M: Das habe ich Ihnen vorhin gesagt, ich konnte zu meinen Eltern nicht mit Problemen kommen.

I: Das muß ja kein Problem sein, es kann ja nur einfach eine neugierige Frage sein.

M: Das war bei uns nicht üblich.

I: Ach so, Fragen stellte man nicht.

M: Nachträglich betrachtet fällt mir schon ein, daß ich Fragen gestellt habe. Wie sie hießen,weiß ich nicht mehr, aber es wurde alles aus dieser Zeit unter den Teppich gekehrt.

I: Wie würden Sie denn die Ehe Ihrer Eltern beurteilen? Unabhängig von den politischen Dimensionen, was war der Grund für diese Ehe, welche Art Zuneigung war da?

M: Kann ich Ihnen sagen. Ich habe es manchmal, ganz brutal ausgedrückt, ich habe manchmal schon gedacht, mein Vater tut mir leid.

I: Aber warum ist er diese Ehe eingegangen?

M: Die erste Ehe meines Vaters war kinderlos. Jetzt war es tatsächlich so, daß ich ein Wunschkind war. Und jetzt wurde es offensichtlich immer so dargestellt, ich bin das Wunschkind meiner Eltern usw., bis ich dann plötzlich das Tagebuch meiner Geburt in die Finger kriegte. Und da stand dann plötzlich drin, daß ich nicht Wunschkind meiner Eltern bin, sondern Wunschkind des Führers, daß ich später einmal ein guter Soldat für unseren Führer werden soll und ähnliches. Das Buch hatte eigentlich meine Frau. Meine Mutter hatte es mir gegeben, ich glaube, sie wußte nicht einmal, was sie damit angerichtet hat. Ich selbst hatte es nur in den Schrank gelegt, weil es mich eigentlich in dem Moment nicht interessierte. Ich bin offensichtlich planmäßig gezeugt worden.

I: Diese Planung kann von beiden oder auch nur von der Mutter gewesen sein.

M: Ich nehme aber schon an, daß die Sache mehr von meiner Mutter kommt, daß sie sich vielleicht mit ihren bald 40 Jahren schon gesagt hat, allmählich wird es Zeit, daß ich ein Kind bekomme.

M: Ich neige heute dazu zu sagen, daß der relativ frühe und plötzliche Tod meines Vaters praktisch eine Flucht aus dem Leben war. Er hat keinen Selbstmord begangen, er war krank, er wäre an dieser Krankheit wahrscheinlich später auch so gestorben, aber ich meine, er hat einfach nicht mehr die Abwehr dagegen gehabt.

I: Ich habe jetzt eine Frage, die vielleicht schwierig ist, und Sie müssen sie natürlich nicht beantworten, wenn Sie nicht wollen. Was würde es für Sie rückblickend in Ihrer Beziehung zu Ihrem Vater bedeuten, wenn sich herausstellte, daß er, damals zumindest, weltanschaulich von Ihrer Mutter gar nicht so weit entfernt war?

M: Er war weit entfernt, er stand der SPD nahe. Ich weiß nicht hundertprozentig, ob er drin war, er war nahe, deswegen geht meine Vermutung mehr dahin, denn er war nicht in der Partei, das weiß ich. Zumindest deutet nichts darauf hin, sagen wir so, so daß meine Vermutung vielmehr in die Richtung geht, daß er im militärischen Abwehrdienst war, da brauchte man nicht unbedingt in der Partei zu sein.

I: Das heißt, er war an seiner militärischen Laufbahn interessiert, und das ganze Drumherum war ihm nicht wichtig?

M: Das kann ich nicht sagen, da haben keine Gespräche stattgefunden. Soweit sie stattgefunden haben, lehnte mein Vater die Auswirkungen des NS-Regimes ab.

I: Hat er das so ausgedrückt?

M: Ja, er war dagegen. Er war eigentlich immer mehr der Sozialdemokrat, er kam ja aus einem Arbeiterhaus. Er ist vielleicht derjenige, der als gelernter Kaufmann oder Verkäufer dann später Marineoffizier oder Offiziersanwärter wird, der er ja damals war, das war ja auch nicht so gewöhnlich. Aber da war das Dritte Reich halt noch nicht so akut, daß man das aufs Dritte Reich schieben könnte. Als Offiziersanwärter war er sicherlich derjenige, der viel konnte. Vielleicht war er deswegen auch so beliebt manchmal als Aushängeschild, aber er war nicht der, der als Mitläufer unbedacht Hurra geschrien hätte. Mein Vater hatte nichts mit der Partei zu tun.

I: Meinen Sie, daß er viel gewußt hat?

M: Ich nehme schon an, daß er einiges gewußt hat, alleine von seiner Position her, zumindest von der späteren Position her. Denn er war ja immerhin Adjutant von einem General, der immerhin eine recht undurchsichtige Rolle in der Marine gespielt hat. Und wenn er da Adjutant war, die nehmen ja auch nicht jeden, aber ich weiß nichts darüber.

I: Sie sagen, Sie haben später einmal doch tiefere Gespräche mit ihm gehabt. Worüber?

M: Einmal, warum er mir immer meine Marinekarriere verbaut hat. Ich habe das ja gar nicht mitgekriegt. Ich habe immer gewußt, er ist ein korrekter Beamter, und er hat mir eine endlose Liste mitgegeben, was ich alles an Krankheiten gehabt habe, und daraufhin hat mich der Arzt gar nicht lange untersucht und hat mich gleich wieder heimgeschickt. Ich war erst froh, als mir mein Vater das bewußt gemacht hat. Er wollte nicht, daß ich da reinkomme. Er sagte auch einmal sinngemäß, ich möchte nicht, daß das noch einmal passiert, daß du in eine solche Sache verwickelt wirst. Er wollte nicht, daß ich in diesen Schlamassel, in eine solche Situation hineingerate, wo man vielleicht keine eigene Entscheidung mehr treffen kann.

I: Aber den Schritt, davon zu sprechen, warum er das nicht will, den hat er offensichtlich nicht geschafft?

M: Ich vermute, er ist einfach zu früh gestorben, denn gerade die letzten zwei Monate waren so, daß da allmählich Gespräche anfingen. Ich vermute, daß mein Vater merkte, daß er sterben würde, und daß er mir noch einiges mitteilen wollte, aber dazu ist es nicht mehr gekommen. Das war kurz vor meinem Geburtstag, den letzten Geburtstag, den wir zusammen gewesen sind, wo ich nicht mehr genau weiß, was wir da gesprochen hatten. Daß er vielleicht auch gemerkt hat, daß ich selbst zu wenig Stellung bezogen habe, daß ich zu wenig gefragt habe, daß er mir einfach einen Anreiz geben wollte, überlege dir, was dahintersteht. Ich vermute fast, er hat sich in die Arbeit geflüchtet, er war nicht gerne zu Hause. Abends hat er immer gesagt, laß mich in Ruhe, und wollte nicht mehr. Dann kam Fernsehen auf, dann hat er vorm Fernseher gesessen und wollte nicht mehr. Er war aber nicht unpolitisch. Er interessierte sich für Kennedy in Amerika, versäumte sicher keine Tagesschau, er hörte sich schon die politischen Sendungen an. Er war sicher nicht unpolitisch, aber ihn in irgendeine Richtung drängen zu wollen, das kann ich nicht, das weiß ich gar nicht.

I: Wie hat denn Ihre Mutter so bei Tagesschauen zu politischen Dingen Stellung genommen?

M: Eigentlich genauso wie heute, indem sie immer wieder sagt, das ist ja furchtbar, was da so gewesen ist, und ich habe nichts davon gewußt. Das widerspricht einigen Sachen. Meine Frau ist diejenige gewesen, der das mit der Schwester komisch vorgekommen ist. Ich weiß nicht, ob meine Mutter so naiv gewesen ist, ob sie es nicht gewußt hat, ob wirklich nichts dahinter war oder ob sie — ich sage das jetzt einmal ganz brutal — wirklich dämlich gewesen ist. Das glaube ich nicht. Wenn sie zum Beispiel sagt, wir hatten von unserer Oberin die Aufgabe bekommen, Mädchen zu melden, wenn welche irgendwo am Straßenrand die Röcke gehoben haben, die wurden dann in irgendein Krankenhaus verfrachtet. Daß das im Dritten Reich hieß, daß die nicht in ein Krankenhaus gebracht wurden, sondern ins KZ kamen und dort umgekommen sind, da möchte ich manchmal nicht glauben, daß meine Mutter sowas nicht gewußt hat. Oder war sie wirklich so entsetzlich naiv, daß sie das ganze aus Naivität gemacht hat.

I: Wäre es möglich, daß sie vielleicht gemeint hat, die kommen ins Krankenhaus, damit sie kontrolliert werden, ob sie nicht irgendwelche Geschlechtskrankheiten haben? Verzeihen Sie, jetzt bin ich naiv.

M: Dafür waren die Sachen im Dritten Reich eigentlich zu deutlich, dazu sind irgendwelche Leute aus irgendwelchen Orten spurlos verschwunden.

I: Hat sie gesagt, daß sie so etwas gesehen hat?

M: Sicher, sie hat diese Meldungen auch gemacht.

I: Nicht nur bei diesen Mädchen, sondern auch sonst bei Leuten, die verschwunden sind? Was hat sie gesehen?

M: Ja, sie sagt natürlich, die Leute sind dann irgendwo sicher ins Heim gekommen und tauchten dann natürlich nicht wieder auf.

I: Was für Leute waren das?

M: Zum Beispiel diese Mädchen, sie war ja Fürsorgeschwester auf dem Land.

I: Das könnten also auch Behinderte gewesen sein?

M: Ja sicher. Da hat es zwischen meiner Mutter und mir massive Auseinandersetzungen gegeben. Ich meine, ich bin ja nun selbst körperbehindert, habe auch einen Schwerbehindertenausweis, und als ich den beantragt habe, da fiel meiner Mutter nichts anderes ein, als zu sagen: Ja, dann bist du ja ein Krüppel. Und das war für mich ein ganz massiver Schock.

I: Wann war denn das?

M: Das ist noch gar nicht so lange her, den habe ich erst vor zehn Jahren beantragt.

I: Wie Sie das jetzt gesagt haben, war das für mich auch schrecklich.

M: Und das ist ihre Haltung. Ich glaube, meine Mutter ist sicher nicht diejenige, die eine aktive Täterin ist, dazu reicht es bei ihr, meine ich, nicht. Aber sie hat es vertreten, Bestimmungen ausgeführt, und aus vollster Überzeugung. Sie braucht offensichtlich eine Führerfigur. Sie kann zum Beispiel nicht verwinden, daß mir so viele Kohl-Witze einfallen. Dann sagt sie, du kannst doch nicht über deinen obersten Dienstherren so reden. Da habe ich ihr erst einmal klargemacht, daß der Kohl nicht mein oberster Dienstherr ist, weil ich kein Bundesbeamter bin, und daß ich trotzdem meine eigene Meinung habe. Aber das paßt ihr nicht, das ist die Obrigkeit, und der Obrigkeit hat man untertan zu sein. Da kommt natürlich die christliche Richtung dazu, vielleicht paßt die in die braune genausogut rein. Da ergänzt sie sich insofern hervorragend.

M: Zum Beispiel: obwohl meine Mutter wußte, daß ich die schwere Hüftgelenkstuberkulose gehabt habe, gehörte die Prügelstrafe bei uns zum täglichen Brot. Von meiner Mutter hauptsächlich.

I: Vom Vater nicht?

M: Es passierte schon mal, aber ich glaube, mein Vater brauchte das nicht, ich glaube, er hatte auch so genug Autorität. Bei meiner Mutter war immer die Ambition, möglichst große Frau zu spielen, deswegen paßte vielleicht der Offizier besser in ihr Image als ihr früherer Freund, der übrigens Wiener, aber nur Gefreiter war. Das war bei meiner Mutter schon ein Unterschied. Das äußere Image gehörte da viel eher dazu. Für meinen Vater gab es da nur zwei Möglichkeiten, die eine war die Partei und die andere war die Abwehr.

I: Und Sie meinen, in der Partei war er nicht?

M: Bin ziemlich sicher, daß er nicht drin war. Meine Mutter war drin. Man konnte nicht braune Schwester werden, ohne in der Partei zu sein.

I: Wann hat sie Ihnen das erste Mal gesagt, daß sie in der Partei war?

M: Das wußte ich die ganze Zeit, das ist auch gar nicht verheimlicht worden.

I: Aber bei Ihrem Vater meinen Sie, Abwehr würde bedeuten, daß das irgendetwas mit Geheimdienst zu tun hat?

M: Ja, das, was heute als MAD bezeichnet wird, oder Verfassungsschutz oder so etwas in der Richtung. Anders kann ich mir das nicht vorstellen. Mein Vater war nicht der Typ dafür, die Karriere auf tollen Leistungen zu begründen.

I: Belastet Sie die NS-Karriere Ihres Vaters irgendwie?

M: Nein.

I: Warum nicht?

M: Weil ich eine gewisse Achtung vor meinem Vater habe, zumindest vor dem, was ich weiß. Ich habe ihn hinterher als erfahrenen, korrekten Beamten kennengelernt, und ich glaube fast, daß er es auch früher gewesen ist, auch im Krieg, auch als Soldat.

I: Gut, jetzt provoziere ich absichtlich und sage, das hat ja gar nichts damit zu tun, ob ich jemanden mag oder nicht, aber die Tatsache, daß jemand ein besonders korrekter Beamter ist, egal in welchem Regime, da weiß ich nicht, ob man das so besonders schätzen muß?

M: Das Korrekte war sicher der Grund für meine Pensionierung. Ich war eben nicht der Typ. Vielleicht ist das negativ zu sehen bei meinem Vater, der etwas gemacht hat, nur weil es im öffentlichen Dienst vorgeschrieben ist. Darum bin ich sicher als Beamter gescheitert. Ich konnte also nicht Dinge tun, nur weil sie in den Vorschriften standen.

I: Empfinden Sie das als Scheitern?

M: Nein, ich stehe dazu.

I: Trotzdem Sie jetzt sehen, daß Ihr Vater ganz anders war, wie paßt das mit der Wertschätzung zusammen? Oder ist das etwas, das für Sie wichtig ist, um ihn schätzen zu können? Vielleicht so: er hatte eine Linie und ist davon nicht abgewichen, das ist etwas, was ich schätze, ganz gleich, welche Linie es ist?

M: Eine gewisse Konsequenz, ja, die kann falsch sein. Aber wenn ich zu etwas stehe, was ich mache, kann es gut sein. Wenn ich jetzt wirklich gewußt hätte ..., das ist eben die Sache, die ich nicht weiß. Und ich glaube auch, mein Vater hat sie nicht unbedingt gewußt. Wenn ich jetzt wüßte, er hat davon gewußt, hat damit gearbeitet, ich glaube, in dem Moment würde ich mich von ihm distanzieren.

I: Nehmen wir an, es käme heraus, er hat gewußt, was am Balkan passiert ist, und hat in der Verwaltung dabei mitgetan.

M: Dann kommt es immer darauf an, ob er gewußt hat, was dahintersteht.

I: Na gut, also wenn Leute verschleppt wurden oder Kriegsgefangene umgebracht wurden oder Leute ins KZ kamen?

M: Also wenn ich das wüßte, dann würde ich mich von ihm distanzieren. Wobei ich sagen muß: 1965, als ich Abitur machte, hätte ich mich nicht davon distanziert.

I: Sie stellen das jetzt so dar, als ob die Tatsache, daß Sie sich damals nicht distanziert haben, etwas Negatives ist, und daß es etwas Positives ist, daß Sie sich heute schon davon distanzieren würden.

M: Wir wurden in unserer Kindheit noch von Lehrern erzogen, die diesen Krieg verherrlicht haben. Und wir kamen dann in diese Richtung mit rein, wir fanden das alles toll.

I: Ich habe mit meiner Frage etwas anderes gemeint. Sie meinen, Sie hätten sich damals von Ihrem Vater nicht distanziert, weil Sie das nicht so schlecht gefunden hätten, und würden sich heute davon distanzieren, weil Sie es negativ sehen? Ich versuche, eine dritte Position hereinzubringen. Es ist ja möglich, daß er drinnen verwickelt war, sehr wohl gewußt hat, also Dinge getan hat, von denen Sie sich eigentlich distanzieren müßten, und ich meine jetzt, daß es eigentlich viel ausschlaggebender ist, wie er es im nachhinein gesehen, bewertet hat. Wie hat er dazu Stellung bezogen? Mir scheint das viel wichtiger zu sein.

M: Sehr schwer zu beantworten. Von meiner Einschätzung her würde ich sagen, er hätte es abgelehnt. Sagen wir so: er hat die Form des Dritten Reiches generell abgelehnt. Ich glaube, der Versuch, mich von all diesen Kriegssachen fernzuhalten, könnte so die Richtung meines Vaters sein. Ich könnte mir schon vorstellen, daß er gewußt hat. Vielleicht bin ich in dieser Hinsicht viel zu sehr Naturwissenschaftler: was ich nicht weiß und was ich nicht sehe, kann ich nicht beurteilen.

I: Ich meine, in dem Maß, wie Sie eine Gegenposition zu Ihrer Mutter entwickelt haben, scheint mir, daß die Solidarisierung mit Ihrem Vater stärker geworden ist. Ich könnte mir sehr gut vorstellen, daß bei aller Rationalität, die man so entwickelt, daß man sich auch als Naturwissenschaftler ein bißchen schwer tut. Ich meine, Menschen, die man liebt, hat man wider besseres Wissen ganz gerne eher untadelig.

M: Das ist richtig, nur deutet bei meinem Vater wirklich alles darauf hin, daß da nichts war.

I: Irgendwie habe ich so das Gefühl, der Vater ist jetzt eigentlich der arme Gute und ...

M: Ja, doch, es hängt mit Wertung zusammen. Vor allem, es kommt bei mir ganz einfach, als ich dieses Buch gelesen habe, es war ein Schock, es war auch eine maßlose Enttäuschung drin. Daß das, was gewesen ist, offensichtlich nur ein Spiel war. Wenn meine Mutter vor fünfzehn Jahren verstorben wäre, dann wäre dieses Bild nicht verfälscht worden, dann hätte ich von ihr das Bild einer strengen und egoistischen Frau, aber immerhin hat sie doch auch einiges für mich getan. Irgendwo gehöre ich auch zu den Leuten, die sagen, wenn ich Kinder in die Welt setze, dann muß ich mich auch kümmern, dann kann ich das nicht so einfach hinnehmen, das ist die eine Seite, aber andererseits, ich glaube, das Bild wäre nicht so negativ gewesen.

I: Eine provozierende Frage: wäre es nicht besser gewesen, Sie hätten das Buch nicht gelesen?

M: Ich glaube, es ist gut so. Ich gehe den Dingen gerne etwas mehr auf den Grund.

I: Aber das ist viel persönlicher. Was bedeutet die Veränderung für Sie selber?

M: Für mich bedeuten die letzten Jahre mit meiner zweiten Frau eigentlich einen Schritt nach vorne. Daß ich selbst auch einmal Entscheidungen treffe, daß ich selbst mal etwas mache. Ich war eigentlich früher, vielleicht von der Erziehung her, ich war selbst Mitläufer. Ich könnte also heute vielleicht noch nicht mal genau sagen, was ich im Dritten Reich getan hätte. Und ich habe früher niemals Stellung bezogen. Ich bin früher diesen Sachen immer ausgewichen. Man kann natürlich nicht von heute auf morgen aus seiner Haut heraus, aber ich treffe auch alle Entscheidungen.

I: War es früher nicht bequemer?

M: Nachträglich gesehen war es nervenaufreibend, die schlimmste Zeit meines Lebens.

I: Worin lag die Angst vor der Entscheidung? Was war das Wesentliche daran? Die Konsequenzen?

M: Diese Angst ist heute noch da, nur heute treffe ich Entscheidungen, früher habe ich keine getroffen. Die Angst ist häufig das, was danach kommt. Kann ich etwas falsch gemacht haben, das steckt dahinter. Ich habe von meiner Mutter her nur kennengelernt, daß ein

ein Fehler etwas Negatives ist. Ich habe erst durch mein Studium und durch meine Lehrertätigkeit erfahren, daß ein Fehler auch positive Aspekte haben kann. Für mich war das damals nur ein Zeichen von Versagen, und das habe ich sicher bis heute nicht umgedreht. Das ist sicher noch in mir drin und ich muß manchmal dagegen angehen. Meine Frau ist mir da eine große Hilfe, daß ich mit ihr auch mal so etwas besprechen kann.

I: Sehen Sie noch irgendeine Chance, aus diesem Dilemma mit Ihrer Mutter herauszukommen?

M: Ich versuche das ganz klar zu sehen, indem ich jetzt eben Heilpraktiker bin und daß ich eben sage, sie hat jetzt die Verkalkungen im Gehirn, daß das einfach krankheitsmäßig bedingt ist. Und weil sie in kein Altersheim will, wohnt sie eben bei uns. Gefühlsmäßig glaube ich nicht, daß diese herzliche Bindung noch da ist, wie sie vielleicht noch vor zehn Jahren war.

I: War das eine wirklich echte herzliche Beziehung?

M: Vor zehn Jahren nicht mehr. Das war so zum Zeitpunkt meiner Scheidung, da fühlte ich mich von ihr im Stich gelassen. Meine Mutter hat gegen die erste Ehe gewettert, aber sie hätte nicht unbedingt geschieden werden brauchen. Damals ungefähr fing die Sache an, sich zu ändern, als ich da unten im Harz alleine wohnte und tatsächlich gezwungen war, selbständig zu handeln. Ich hatte das nicht gelernt.

I: Für Ihre Mutter waren Sie nur dann positiv, wenn Sie in ihrem Sinne handelten. Meinen Sie, daß Ihre Mutter ein zufriedener Mensch war?

M: Ich würde sie eher als absoluten Egoisten einstufen. Bei meiner Mutter ist nicht einmal unbedingt sicher, daß sie bewußt im Dritten Reich mitgemacht hat. Sie hatte Traumvorstellungen von Adel, etwas Besseres zu werden. Und vielleicht fand sie in der NSDAP das, was sie gesucht hat. Vielleicht sogar unbewußt. Ich halte meine Mutter für sehr naiv. Es wäre ihr sicher lieber gewesen, ich wäre als SS-Offizier irgendwo auf einem Kreuzer gefallen. Ich glaube, daß meiner Mutter das gar nicht mal so bewußt wird. Bei mir ist die Sache so, daß diese massive Täuschung, diese Welt, in der ich gelebt habe, einfach nicht existiert hat. Es hat mich auch erschüttert, daß ich des Führers Wunschkind war, und diese ganzen anderen Sachen.

M: Ich hatte einen Onkel, der Deutschnationaler war, er ist vorige Woche gestorben. Mit dem führte ich sehr viele Gespräche. Mein Vater ist 1944 gestorben.

I: Gestorben oder gefallen?

M: Nein, er ist verstorben. Er hatte Krebs, ich habe ihn nicht gekannt. Meine Mutter kannte meinen Vater nur kurze Zeit und hat nachher einen Mann kennengelernt, der in Belgien als Fallschirmspringer tätig war, lernte nach dieser Scheidung einen Mann kennen, der als Offizier, ich traue mich das gar nicht auszusprechen, in Rußland tätig war, der ist also mein jetziger Stiefvater.

I: Erinnern Sie sich an Ihren ersten Stiefvater? Spielte der irgendeine Rolle?

M: Der spielte fast bis 1963 eine Rolle. Einiges muß ich noch sagen, ich weiß nicht, ob das für Sie von Interesse ist, mein leiblicher Vater hatte Probleme mit der Hitlerei. Er war bei den Illegalen und hat im Gymnasium Hitlerbilder verteilt und wurde gemaßregelt. Mein Großvater mußte zum Kardinal Innitzer und dort durch Kniefall und Abbitte das Weiterstudium seines Sohnes ermöglichen. Er mußte die Schule wechseln, wurde Ingenieur, wurde eingezogen und ist dann gestorben.

I: Wissen Sie, wie er sich zum „Anschluß" gestellt hat? Wie war in der Zeit bis zu seinem Tod seine Einstellung?

M: Über die Einstellung meines Vaters und meiner Großeltern weiß ich nichts. Mein Großvater war Parteimitglied, nach dem Krieg mußte er Straßen kehren, also hat er gebüßt.

I: Warum sind Sie nicht bei Ihrer Mutter aufgewachsen?

M: Meine Mutter war Lazarettschwester und dann Krankenschwester im Allgemeinen Krankenhaus.

I: Und Sie lebten nie bei ihr? Warum nicht?

M: Weiß ich nicht.

I: War es wegen dem zweiten Vater?

M: Nein, den kannte sie damals noch nicht.

I: War es ein Wohnungsproblem?

M: Sie hat im Krankenhaus gewohnt und ich bei meiner Großmutter. Das ist für Sie etwas kompliziert.

I: Sie können es sagen, wenn Sie nicht darüber reden wollen, aber ist Ihnen das nicht aufgefallen, daß Sie nie mit Ihrer Mutter gewohnt haben?

M: Na gut, das ist aber eher ein psychologisches Problem und nicht ein politisches.

I: Sie sind also bei den Großeltern aufgewachsen, die waren offensichtlich Mitläufer?

M: Mein Großvater war bewußtes Mitglied, er mußte seine Firmenposition dadurch halten. Er verlor dann aufgrund des Endes alles.

I: Hatten Sie den Eindruck, daß er auch Überzeugungen in dieser Richtung hatte?

M: Ich hatte leider nie die Gelegenheit, mit meinen Großeltern über das zu sprechen. Ich weiß jetzt viel durch meinen zweiten Stiefvater. Der war sicher ein hochgradiger Offizier, und mit dem diskutierte ich sehr viel darüber.

I: Woher wissen Sie die Geschichte mit Ihrem Großvater?

M: Das haben mir schon mein Onkel und meine Großtante erzählt. Meine Großeltern lehnten immer ein Gespräch über diese Zeit ab.

I: Wann wurde das für Sie zum erstenmal zum Gesprächsthema?

M: Ein Freund meines Großvaters war der Präsident des Fußballbundes und ein Sozialdemokrat der ersten Stunde. Der war ein sehr guter Freund meines Großvaters.

I: Trotz der politischen Gegensätze?

M: Eben da ging es auseinander, 1934 zerbrach diese Freundschaft. Der Freund war Sozialdemokrat bis zur letzten Stunde, litt auch sehr darunter, und mein Großvater ging leider in die nationalsozialistische Richtung. Beim Begräbnis sagten sie mir erst, daß der Freund dem Opa die Freundschaft aufkündigte, da war ich ungefähr 18, und erst beim Begräbnis kam es zur Versöhnung zwischen den Frauen der beiden.

I: Bis dahin wußten Sie nicht, welche Rolle Ihr Großvater in der Zeit gespielt hat?

M: Nein. Ich muß sagen, das Bewußtsein über all diese Sachen, die damals passiert sind, ist eigentlich erst in den letzten Monaten in mir wachgeworden. Das einzige war vielleicht mein Onkel in Freistadt, der vorige Woche verstorben ist, der hat mir oft seine Bildbände gezeigt, aber das ist mir auch erst voriges Jahr bewußt geworden. Er hat gesagt, schau, da war ich in Saloniki, da war ich in Syrakus, und ich habe genau das alles gemacht, was der Herr Waldheim gemacht hat. Und da habe ich gefragt, wie ist das möglich, du kannst dich an alles erinnern? Und da sagte er, natürlich.

I: Der erste Stiefvater, mit dem Sie doch offensichtlich Kontakt hatten, der war doch auch im Krieg? Hat der Ihnen nie etwas erzählt?

M: Nein, der wollte nicht darüber reden. Und mein zweiter Stiefvater, das muß ich auch sagen, das ist der, der in Rußland war, der sagte, er wird sicher nicht, solange er lebt, über das reden, was er dort erlebt hat. Er meinte, nach seinem Tod kann ich in den Koffern nachschauen, da habe ich dann die Bilder drinnen, aber er wollte darüber nicht reden.

I: Haben Sie Vermutungen oder könnten Sie sich vorstellen, warum er nicht will?

M: Kann ich mir schon vorstellen. Weil er wahrscheinlich Tatsachen gesetzt hat, die er einem jetzt lebenden Angehörigen gegenüber nicht vertreten kann.

I: Meinen Sie, er schämt sich? Sich schämen wäre ja an sich eher eine positive Haltung.

M: Für uns, aber nicht für ihn.

I: Mir kommt es etwas unwahrscheinlich vor, daß alles vor ein oder zwei Jahren plötzlich in Ihr Bewußtsein gedrungen ist. Und vierzig Jahre lang vorher passierte nichts? Meinen Sie, daß sie davor nicht gewußt haben, daß Ihr Großvater offensichtlich ein Mitglied der NSDAP war?

M: Das wußte ich natürlich schon. Er wurde nach ein oder zwei Jahren wieder reingewaschen, wieder eingesetzt in seine Funktionen. Aber ich möchte das nicht so darstellen, daß ich das nicht gewußt habe.

I: Der Großvater hat ja nicht darüber geredet, hat es Ihnen Ihre Großmutter erzählt?

M: Er litt unter dieser Absetzung, er litt unter der Demütigung der Reinwaschung, wenn man das jetzt so sagen will, und er wurde dann wieder von derselben Firma in derselben Funktion eingesetzt.

I: Warum, glauben Sie, hat Ihnen Ihre Großmutter das erzählt?

M: Weil er eben nicht Prokurist geworden ist, er wurde nur mehr Disponent. Ich war ja von den Großeltern finanziell abhängig. Da hat sie mir schon gesagt, paß auf, der Opa hat da im Krieg einen Blödsinn gemacht und deshalb muß er mit dem Leiterwagerl fahren und Schutt aufräumen. Und dann hat ihn die Firma wieder genommen, und er ist jetzt Disponent, also abgesetzt worden auf eine niedere Stufe. Meine Großeltern bezahlten ja für mich die Schule, das war immer ein Problem. Meine Mutter konnte es nicht als Krankenschwester, weil sie kein Geld hatte. Dadurch habe ich das eigentlich erfahren. Ich bin überzeugt, wenn die reicher gewesen wären, hätte ich nicht einmal davon etwas erfahren.

I: Was haben Sie sich damals unter dem Blödsinn, von dem Ihre Großmutter gesprochen hat, vorgestellt? Hatten Sie den Eindruck, daß er wirklich einen Blödsinn gemacht hat oder daß ihm Unrecht geschehen ist?

M: Ich hatte eher den Eindruck Blödsinn, glaube aber nicht, daß sie das politisch durchdacht hat.

I: Was kann dann mit Blödsinn gemeint gewesen sein?

M: Weil es ihm geschadet hat.

I: Sie haben aber nicht nachgefragt, was er gemacht hat?

M: Damals nicht, nein. Ich war damals 6 oder 7 Jahre.

I: Später haben Sie auch nicht gefragt, was er gemacht hat? Können Sie sich heute erklären, warum?

M: Das war ein Tabu. Es wäre, glaube ich, unmöglich gewesen, so etwas zu fragen.

I: Das heißt, Sie hatten den Eindruck, lieber nicht fragen. Aber was für Gefühle hatten Sie Ihrem Großvater gegenüber? Sie wußten ja, daß er einen Blödsinn gemacht hatte und dafür bestraft wurde?

M: Ich hatte meinem Großvater gegenüber nur Angstgefühle, aber das hatte ja mehrere Dimensionen. Mein Großvater war für mich eine Autorität, die eigentlich alles kaputt gemacht hat in meinem Leben.

I: Und warum hatten Sie das Gefühl, die Großmutter nicht fragen zu können, was der Opa gemacht hat?

M: Meine Großmutter war die Überfrau, die hat einfach alles dominiert, sogar den Großvater noch überlagert.

I: Hatten Sie in dieser ganzen Zeit gar keinen Kontakt mit Ihrer Mutter?

M: Fast nicht. Samstag, Sonntag, ab und zu einen Ausflug. Wie mit einer Freundin, man geht halt einmal weg.

I: Wissen Sie, ob Ihre Mutter irgendeine Art von Weltanschauung hat?

M: Das hat eigentlich erst mit ihrer zweiten Ehe begonnen. 1964 hat sie also diesen jetzigen Stiefvater geheiratet. Er ist derzeit sicher ganz fundierter Sozialist. Aber er will nicht an die Vergangenheit erinnert werden. Er will nicht an eine Zeit erinnert werden, wo er ein Gedankengut hatte, zu dem er nicht mehr steht. Und wo er selbst mitgemacht hat.

I: Welche Einstellung, meinen Sie, hat Ihre Mutter?

M: Sie ist ganz sicher gegen Waldheim, aber ich bin nicht sicher, ob ich sie hinsichtlich ihrer Weltanschauung festnageln könnte. Jetzt ist sie sicher links, durch den Vater und durch die Erfahrungen der letzten Zeit. Ich kann sagen, sie ist durch ihren Mann und vielleicht auch durch meine Beeinflussung sicher links.

I: Wie war das während ihrer Ehe mit Ihrem ersten Stiefvater? Der war ja offensichtlich kein Sozialist?

M: Im Gegenteil.

I: Haben Sie manchmal die Möglichkeit, mit ihr darüber zu reden, wie sie vorher gedacht hat?

M: Ich hatte voriges Wochenende die Gelegenheit dazu, aber sie kann sich nicht artikulieren. Ich weiß, was sich in ihr abgespielt hat, das ist natürlich nur eine Einschätzung von mir, die vielleicht gar nicht stimmt.

I: Könnten Sie trotzdem versuchen, Ihre Einschätzung zu sagen?

M: Ich könnte sagen, meine Mutter war bei ihrem ersten Mann, meinem leiblichen Vater, sicher in der Nazi-Partei. Dann starb er, dann war Nachkriegszeit, dann lernte sie diesen Mann kennen, sie war sicher eher auf der rechten Seite.

I: Wenn Ihr Vater bei der Nazi-Partei war, dann ist sie ja auf der rechten Seite geblieben?

M: Nein, es gibt sicherlich einen Unterschied zwischen Nazi und rechtem Spektrum, das muß ich schon sagen.

I: Ich verstehe. Unter rechts verstehe ich ganz rechts, während sie offensichtlich bürgerlich meinen?

M: Das war halt damals die ÖVP, da hat sie diesen Mann kennengelernt, das war damals das rechte Spektrum.

I: Das heißt, der erste Stiefvater war kein Nazi, sondern ein Rechtsbürgerlicher. Was war er während des Krieges?

M: Fallschirmspringer. Aber er war sicher nie ein Nazi.

I: Das heißt, Ihre Mutter hat ganz rechts begonnen und rückt immer mehr nach links?

M: Das könnte stimmen. Mein Vater war also Nazi, mein Großvater auch, der erste Stiefvater eher rechtskonservativ und der jetzige eher links. Er gerät allerdings momentan eher in ein linkskonservatives Eck, das ist mein Problem mit ihm.

I: Ist Ihre Mutter Krankenschwester geblieben?

M: Sie wurde Laborleiterin in der Frauenklinik und ging in dieser Funktion in Pension. Man muß auch dazu sagen, sie war die Untergebene von einem linksliberalen Chef, und der hat sie sicher sehr beeinflußt. Es ging damals um die Abtreibungsfrage, und da hat sich meine Mutter dann eine eigene Meinung gebildet. Sie ist in dieses linksliberale Lager abgerutscht.

I: Bei Ihrer Mutter scheint das so zu sein, daß sie aufnahmefähig ist für Ideen oder für Beeinflussung, wie soll man das jetzt bezeichnen?

M: Meinen Sie das jetzt nur theoretisch oder praktisch?

I: Sagen wir so: Ich habe den Eindruck, daß sie von ihrem jeweiligen Milieu beeinflußt wird.

M: Ich glaube es auch. Ich möchte ihr nichts anhängen, aber ich glaube, meine Mutter ist der Typ von Mensch, und wahrscheinlich spiegelt das so 70 bis 80 Prozent der österreichischen Bevölkerung wider, der das aufnimmt, was der jeweilige Bezugspartner macht.

Bei meinem Vater hat sie einfach gesagt, na gut, da muß ich eben Nazi werden, damit ich die Wohnung kriege, und nach dem Krieg hat sie gesagt, jetzt muß ich halt dorthin gehen, damit ich eine Wohnung kriege usw. Also ich glaube, meine Mutter ist eine opportunistische Frau.

I: Stört Sie das?

M: Mich persönlich? Nein. Weil ich sie ja als relativ schwachen Menschen kenne.

I: Beeinflußt es Ihre Beziehung zu ihr?

M: Nein. Ich würde sagen, sie hat immer das Beste aus ihrem armseligen Leben gemacht.

I: Wann sind Sie in die Situation gekommen, diese Zeit negativ zu bewerten, was ist da passiert?

M: Das ist jetzt schwer, ins Mikrophon zu sagen. Es hängt sicher mit einer sehr persönlichen, menschlichen Erfahrungskomponente zusammen. Ich habe irgendwann in den Siebzigerjahren erfahren, daß die — ich war katholischer Privatschüler — auf meine sehr persönlichen menschlichen Probleme nicht eingehen. Die Kirche hat mich in irgendeiner Form im Stich gelassen, die katholische Privatschule auch, und ich bin halt enttäuscht gewesen von dieser Richtung. Das hat etwas mit dem sexuellen Bereich zu tun. Da gab es etwas, wo es nicht gestimmt hat zwischen der Aussage der Kirche und meiner Einstellung, und damit ist das dann zerbrochen. Hat mir leid getan, weil ich sehr stark gebunden war.

I: Und wo kam der Sprung, daß auch eine weltanschauliche Veränderung eintrat?

M: Das war die Kreisky-Ära in der Politik, und das hat mir irgendwie gefallen. Ich habe gemerkt, daß da auch mein Stiefvater zugehörig ist, meine Mutter war sowieso dabei, meine Großeltern waren ja schon tot. Dadurch bin ich dort hineingekommen.

I: So eine Art Heimatsuche vielleicht?

M: Möglich, ja. Ich fühle mich ganz sicher jetzt in dieser Bewegung, ich habe statt der Kirche wahrscheinlich dieses Zuhause.

I: Haben Sie auch begonnen, sich anders auseinanderzusetzen?

M: Sogar sehr stark. Ich hatte im Freundeskreis sogar Schwierigkeiten, weil die immer gesagt haben, bitte hör auf, ich will das nicht mehr hören. Zum Beispiel, wie ich schon gewußt habe, daß ich Sie treffe, habe ich beim Begräbnis von meinem deutschnationalen Onkel dann gefragt, wie war das eigentlich bei euch mit den Juden, könnt ihr mir das erzählen? Dort habe ich Widerstand gespürt, und die haben gesagt, warum machst du das überhaupt? Das ist fast eine Manie, die mir bei manchen Bekannten schwer angekreidet wird, die sagen, ich bin verrückt. Wahrscheinlich ist auch dieses Gespräch mit Ihnen Teil dieser Manie.

I: Warum haben Sie das Gefühl, das tun zu müssen? Vielleicht ist es so, daß Ihnen, wie Sie begonnen haben, sich damit auseinanderzusetzen, bewußt geworden ist, daß Ihr Familienhintergrund im Widerspruch dazu steht. Wie sind Sie damit fertig geworden? Was spielte das für Sie für eine Rolle?

M: Für mich ist es ein ungelöstes Problem. Für meine Bekannten und Freunde ist es so, daß sie sagen, ich spinne.

I: Wo liegt das Problem?

M: Ich möchte wissen. Mein Stiefvater sagte mir, du darfst das alles einmal anschauen, wenn ich tot bin. Meinen Vater habe ich nie gekannt, weil ich vier Monate alt war, als er gestorben ist.

I: Ist es für Sie ein Problem, daß Sie von Ihren Großeltern nichts wissen?

M: Es ist ein Problem. Ich weiß von meinem Großvater nur, er wurde 1945 eingezogen, dann sind sie geflüchtet und haben sich abgesetzt. Ein Freund von mir, der ist ein 30er Jahrgang, hat mir erzählt, sie haben seinen Schulkollegen im Keller an die Wand gestellt. Ihn nur deshalb nicht, weil der um zwei Monate älter war als er. Und ich möchte da alles wissen. Auf Fragen sagen die alle, ich mag nicht darüber reden.

I: Haben Sie sich schon einmal überlegt oder Vorstellungen gemacht, warum die so abblocken?

M: Ich kann mir nur vorstellen, daß man einfach manches nicht wissen kann, weil man nicht damit leben kann. Bei meinem Stiefvater zum Beispiel habe ich den Eindruck, der kann einfach nicht darüber reden, weil er das alles nicht verkraftet. Ich würde es fast als Waldheim-Syndrom bezeichnen. Mein Stiefvater sagt, ich habe genau das alles mitgemacht, ich war dort und dort, nur, ich hätte mich niemals um dieses Amt beworben.

I: Sie meinen mit Waldheim-Syndrom, weil ich es nicht aushalte, habe ich es lieber nicht gemacht?

M: Genau. Mein Stiefvater ist ehrlich, und mein Onkel, der war noch ehrlicher. Der hat gesagt, ich habe das mit Spaß gemacht, ich habe die Partisanen gejagt und abgeschossen wie die Hasen. Das ist also Stufe Eins. Mein Vater ist die Stufe Zwei, der sagt, ich habe so viel Schreckliches gemacht und gesehen, daß ich darüber nicht rede. Und der Waldheim macht halt die Stufe Drei, der sagt, ich habe gesehen, ich habe gemacht, aber ich wußte von nichts.

I: Meinen Sie, daß man zum Beispiel Ihrem Vater trotzdem sagen müßte, wie wichtig das für Sie ist?

M: Dieser Generation nicht mehr. Ich glaube, die schaffen das nicht mehr.

I: Manche meinen, daß der Nationalsozialismus eine Generation zerstört hat.

M: Nicht nur eine, er hat auch uns zerstört. Wir sind auch eine verlorene Generation. Manchmal habe ich Angst, daß ich durch meine Erziehung auch dazu tendiere, einem Führer nachzulaufen.

5. Auswertung — Ergebnisse

5.1 Kommunikations-Typen

Auf der Grundlage der Ethnopsychoanalyse wollte ich mich bei der Auswertung an der Kommunikationsweise orientieren. Es ging mir dabei vor allem um das *Wie* der Kommunikation (auch mit mir), in der Ansichten oft unbewußt anders vermittelt werden als die bewußt ausgesprochenen Inhalte. Da es sich um eine von mir neu entwickelte Auswertungsmethode handelt, habe ich diese Interviews zusätzlich mit bereits bewährten Methoden auswerten lassen (siehe „Ergänzende Untersuchungen“ im Anhang).
Anhand der 150 Tiefeninterviews habe ich vier Kommunikations-„Typen“ entwickelt, mit deren Hilfe ich die Kommunikation über das gesellschaftliche „Tabu“ und die allgemeine Kommunikation in der Familie vergleichen konnte. Grundlage für diese Kommunikationstypen bildeten die Neurosen-Typen von Fritz Riemann, wie er sie in „Grundformen der Angst“ beschrieben hat.

MA = Monologisch-Autoritär

Aktiv, dominant, heftig, keine Information

Dabei wird keine Information gegeben, es erfolgen nur kategorische Äußerungen oder Reaktionen („Das ist richtig“, „Das war falsch“) oder es wird durch kommentarlose Verweigerung des Gespräches vermittelt „Du sollst nicht reden/fragen, weil ich sowieso recht habe/weil du das sowieso nicht verstehst“. MA ist von seinen Ansichten überzeugt, vertritt sie vehement, wischt Argumente anderer vom Tisch, ist also kaum dialogbereit oder dialogfähig. Das macht ein Gespräch nur möglich in der Form eines entsprechenden Kontra („Ich will aber reden/fragen“, „Es ist ganz anders“), also mit einem ebenso autoritären Protest. Trotzdem ermöglicht diese autoritäre Kommunikationsform eine Orientierung, unabhängig davon, ob diese zustimmend („Du hast recht“) oder ablehnend („Du hast unrecht") ist, es gibt daher auch die Möglichkeit, sich anderswo zu informieren.

Typisch für diesen Typ ist eine offensichtliche Gleichsetzung von „Ich" und „Wir", als Alternative gilt jedoch nur „Entweder – Oder". Der Vorteil von MA ist, daß er aus seinen Ansichten keinen Hehl macht, also weitgehend berechenbar ist.

Dem Klischee entsprechend ist diese Kommunikationsform bei Männern vorherrschend.

EA = Emotional-Autoritär

Aktiv, emotional-dominant, keine Information

EA ist die gefühlsbetonte Variante von MA. Auch hier erfolgen keine Informationen, sondern nur Gefühlsäußerungen („Es war großartig", „Es war fürchterlich"), die in Gefühlsduselei ausarten können. Argumente werden nicht gebracht. Ein Gespräch ist beinahe unmöglich, am ehesten nur in der entsprechenden emotionellen Reaktion („Das glaube ich nicht", „Das kann ich mir (nicht) vorstellen"). Dabei ist nur eine emotionelle (zustimmende oder ablehnende) Orientierung möglich, es ist daher schwierig, sich anderswo zu informieren, weil nicht klar ist, was „großartig" oder „fürchterlich" war.

Typisch dafür ist ebenfalls die offensichtliche Gleichsetzung von „Ich" und „Wir", als Alternative gilt auch hier nur „Entweder – Oder". Die starke Emotionalität verdeckt die Unsicherheit in der Einstellung, die durch emotionale Erlebnisse unberechenbar umschlagen kann.

Dem Klischee entsprechend ist diese Kommunikationsform bei Frauen vorherrschend.

FR = Formal – Rationalisierend

Sachlich, informativ, weitgehend emotionslos

Hier erfolgt eine eindeutige Stellungnahme, unabhängig davon, ob die Information „richtig" oder „falsch" ist; wesentlich ist, daß etwas durch Fakten erklärt wird („Lehrer", „Vorträge", „Totreden"), es kann also auch reine Wissensvermittlung sein. Das Gespräch verläuft betont sachlich und weitgehend emotionslos und unengagiert, oft auch ohne persönliche Stellungnahme, und ist am ehesten auf demselben „Niveau" möglich. Die Vermittlung von Fakten ermöglicht es, sich weiter oder anderswo zu informieren, das wird aber möglicherweise unterlassen, weil die Informationen durch die sachliche Erklärung vollständig, richtig oder allgemeingültig erscheinen können. Dabei wird ebenso sachlich erklärt, warum er/sie etwas (nicht) getan hat oder (nicht) tun konnte, werden Begründungen angeführt, die einseitig sein können, aber nicht sein müssen. FR ist oft für andere Ansichten schwer zugänglich, da er/sie ja Bescheid weiß und seine/ihre Ansichten „beweisen“ kann.

Typisch dafür ist „Ich weiß das“, „So ist das“, als Alternative wird eventuell angeboten: „Andere mögen das anders sehen, aber ich kann erklären, warum es richtig oder falsch ist.“

Ebenfalls dem Klischee entsprechend, überwiegt diese Kommunikationsform bei Männern.

UDN = Unterschwellig – Diffus – „Nebel“

Ausweichend, Nicht-reden (ist nicht gleich der Gesprächsverweigerung von MA), passiv, unterwürfig, andeutend, emotional oder emotionslos

UDN ist die passive Form von „Monologisch-Autoritär“ (MA). Eine Orientierung ist auch hier nicht möglich, weil alles unklar und mehrdeutig bleibt. Alles stimmt und stimmt auch wieder nicht, es werden nur Andeutungen gemacht, Halb-Erklärungen gegeben und bei Gegenargumenten Halb-Zugeständnisse gemacht. Interpretationen bleiben dem/der anderen überlassen, entweder im Sinne der bereits bestehenden (zustimmenden oder ablehnenden) Vorstellung oder Phantasie, die wesentlich von den jeweiligen (guten oder schlechten) Beziehung abhängt: ist die Beziehung gut, sind Interpretationen im Zweifelsfall positiv, ist sie schlecht, ist die Auslegung im Zweifelsfall negativ.

Diese Kommunikationsform ist autoritär in passiver, unterschwelliger Form, dabei ist „Double-bind“ besonders häufig.

Die verbale und nonverbale Kommunikation ist also widersprüchlich, was aber der/die Gesprächspartner/in nicht merken soll beziehungsweise „darf“.

Hier handelt es sich um die typischen „Mitläufer“, die „nichts getan“, „nichts gesehen“, „nichts gewußt“ haben, die auch „nichts tun, nichts wissen, nichts sehen konnten“ und „nichts hätten tun können“ usw. UDN schließt sich der jeweils am häufigsten oder dominant geäußerten Meinung durch Rechtgeben oder Schweigen an. Sie beziehen weder rational noch emotional Stellung, was aber meistens nicht bedeutet, daß sie keine Meinung haben. Diese wird nur kaschiert oder verschleiert. Das legt die Vermutung nahe, daß befürchtet wird, die Meinung könnte möglicherweise nicht opportun sein, bei anderen eine unerwünschte (Pro- oder Kontra-)Reaktion hervorrufen und zu einer Auseinandersetzung führen, also die Harmonie stören. UDN kann aber auch bedeuten, daß es dabei ein „Un-rechtsbewußtsein“ gibt, das Dilemma mit der Einstellung/dem Verhalten aber nicht gelöst werden kann. Die Folge sind ein eingeengter Gefühls- und Gedankenspielraum und ein Handeln, das — sofern es überhaupt eigenständig erfolgt — oft ungerecht oder unfair ist.

Bei dieser Kommunikationsform gibt es kaum eine Möglichkeit, sich anderswo zu informieren, weil entweder völlig unklar bleibt, wonach konkret gefragt werden soll, andererseits aber vor allem der Eindruck vermittelt wird, daß beim Nachfragen Unannehmlichkeiten/Peinlichkeiten zu erwarten sind.

Typisch dafür ist „Man“ statt „Ich“ oder „Wir“, als Alternative gilt „Weder — Noch“. UDN ist die negativste Kommunikationsform, die typische „Mitläufer“-Kommunikation des „Nur-Nicht-Einmischen“.

Am häufigsten tritt diese Form bei Frauen auf. (Das bedeutet selbstverständlich nicht, daß Frauen „von Natur aus“ so sind; die Sozialisation spielt dabei eine wesentliche Rolle, und sie sollte zur Kenntnis genommen und reflektiert werden).

DO = Dialogisch – Offen

Sachlichkeit und Emotion, verbal und nonverbal weitgehend ausgewogen, informativ

Diese positivste Kommunikationsform wäre die Fähigkeit, Sachlichkeit und Emotionalität miteinander zu verbinden, zwar eindeutig Stellung zu beziehen, aber auch Zweifel, Unsicherheit oder Ambivalenz einzugestehen und für die Möglichkeit von fehlenden oder falschen Informationen offen zu bleiben. DO ist bereit, andere Ansichten oder die Argumente anderer aufzunehmen und in seine zu integrieren. Dazu gehört auch das Eingeständnis, etwas nicht zu verstehen oder über etwas nicht oder nicht ausreichend Bescheid zu wissen, und einen Hinweis zu geben, wo etwas oder etwas anderes zu erfahren ist. Hier wird der Unterschied zwischen „Autoritär“ und „Autorität“ besonders deutlich.

Typisch dafür wäre „Ich“, als Alternative gilt „Sowohl als auch“ in der Form „Ich sehe das so, aber andere mögen das anders sehen“.

Diese — äußerst seltene — Kommunikationsform ist am ehesten bei Frauen anzutreffen.

Am häufigsten treten selbstverständlich Mischformen auf:

MA/FR und FR/MA (je nachdem, was überwiegt):

Vorgeschobene Sachlichkeit, Scheinargumente, Scheintoleranz

EA/UDN und UDN/EA (je nachdem, was überwiegt):

Scheinbare Betroffenheit, kaschierte Orientierungslosigkeit, Meinung wird emotional überspielt

FR/EA und EA/FR (je nachdem, was überwiegt):
Käme der positivsten Kommunikationsform DO am nächsten.

5.2. Beispiele zu den Kommunikations-Typen

Die nachfolgenden, für die von mir entwickelten Kommunikations-Typen jeweils typischen Beispiele sind Auszüge aus den Tiefeninterviews. Ausgewählt habe ich wörtliche, nicht redigierte Auszüge aus jenen Gesprächen, die nicht nur von mir (nach meiner Methode), sondern auch von anderen (nach einer anderen Methode) ausgewertet wurden (siehe Kapitel 6.2.).

Bei diesen Beispielen habe ich bewußt keine näheren Angaben zu den Gesprächspartnern gemacht, da es hier ausschließlich darum geht, die Kommunikations-Typen so gut wie möglich zu veranschaulichen. Die jeweils am Ende der Auszüge angeführte Zuordnung der Eltern erfolgte aufgrund der von den Gesprächspartnern vermittelten Beschreibung.

MA = Monologisch-Autoritär

Wenn man das Gefühl gehabt hat, sie wäre vielleicht zu rücksichtsvoll, ist es genau ins Gegenteil umgeschlagen. Man hat immer gewußt, mit ihr kann man reden. Dann hat es geheißen: Du mußt den Papa fragen. Da haben wir dann gewußt, keine Chance mehr. Es war immer der Papa, es hat überhaupt keinen Kompromiß gegeben.

Die hat in meine Freundschaften sehr eingegriffen, ganz egal, wer das war. Na ja, wehren gegen meine Mutter ist ein Wahnsinn.

Das war halt alles dieses Heldenhafte, dieses Tolle, eben Held der Nation, Flieger. Sehr auf Distanz bei allem, das hat mir gefallen. Er hat ja alles verloren, er hat neu anfangen müssen. Er ist umgekippt. Erst war er auf der anderen Seite, dann ist er Opfer geworden. Ich muß sagen, ich habe mit meinen Vater immer Verständnis gehabt, daß er so geworden ist. Ich habe meinen Vater erlebt als einen, der seine Linie beibehält, ganz egal welche. Und das hat mir gefallen, es gefällt mir auch heute noch.

Stimmen tut auch alles nicht, was man da so hört. Es wurde im Fernsehen nie ein Film über diese Zeit angeschaut. Mein Vater hat immer gesagt, das sind nur Tendenzfilme. Die schaut er sich bis heute nicht an. Jeder, der anders denkt, der andere Haare hat, ganz egal, wird abgelehnt. Sie haben auch gedroht, wenn du mit einem Juden heimkommst, ist alles aus.

Wenn wir nicht die Erziehung gehabt hätten, hätten wir es bis heute nicht durchgehalten. Man muß zu sich selber auch hart sein. Wenn man das nicht ist, dann darf man aber nicht jammern.

Ich habe meinen Vater bis zum 15. Lebensjahr nur gefürchtet.
Frage: Idealisiert oder gefürchtet?
Antwort: Ja.
Frage: Bewundert oder gefürchtet?
Antwort: Ja.

Ich bin zur Unmündigkeit erzogen worden, so zum totalen Gehorsam. Ich sehe das heute noch. Entweder lehne ich etwas total ab oder ich begeistere mich dafür, also ein Mittelding gibt es da nicht. Ich bin so erzogen worden, daß es geheißen hat, du gibst nur eine Antwort, wenn du gefragt wirst. Meinung hast du keine zu haben. Du kannst erst eine Meinung haben, wenn du etwas geworden bist. Weil ich das ganze immer geschluckt habe, lehne ich mich jetzt total auf. Entweder ich mache das, was ich will, oder das genaue Gegenteil. Viel ist anders geworden, weil ich von daheim ausgezogen bin. Das war für mich die totale Freiheit. Ich konnte fernsehen, wann ich wollte. Daheim mußte ich einen Stundenplan aushängen, mußte zu bestimmten Zeiten daheim sein. Dadurch war das für mich dann verbunden mit den ganz neuen Freiheiten. Natürlich auch mit der Ideologie damals auch, das stimmt alles irgendwie.

Frage: Welche Ideologie?
Antwort: Die Linke damals.
Frage: Können Sie das genauer erklären?
Antwort: Sicherlich: Freiheit über alles. Ich habe da gar nicht so geschaut, in welcher Richtung. Für mich war das Freiheit, weg vom Elternhaus.

Ich glaube, daß man da, wie bei meinem Vater, viel aus Mitleid macht, daß ich aus Mitleid mit seinem Schicksal viel akzeptiere. Vielleicht ist es sehr schwierig, weil er darunter gesundheitlich so leidet. Wenn das nicht wäre, wäre alles ein bißchen anders.

Frage: Was wäre anders?
Antwort: Vielleicht würde man dann das Ganze nicht so akzeptieren, vielleicht weniger Verständnis zeigen.

(Vater MA / Mutter UDN)

Mischtyp MA/FR

Mein Vater hat erzählt, daß er früher der Sozialdemokratischen Partei nahestand. Er war sicher auf Gewerkschaftsebene interessiert und hat sich in seiner damaligen Firma um die Arbeitsbedingungen bemüht. Er war sicher ungeschult, politisch ungebildet. Ich weiß nicht, ob er Mitglied bei der NSDAP war, aber er war bei der SA. Wir haben sehr große Auseinandersetzungen gehabt wegen seiner Nazi-Vergangenheit, wie ich noch zu Hause gelebt habe. Und eigentlich immer wieder.

Ich habe dann angefangen, Erkundigungen einzuziehen. Auch zu Hause. Da war die Reaktion ablehnend. Daß es teilweise nicht stimmt, daß man von den Judenvernichtungen nichts gewußt hat. Aber man kann ja auch Dinge wissen, die man nicht wissen will.

Frage: Meinen Sie, daß einer, der im Krieg war, auch symbolisch Auschwitz mitgedacht hat?
Antwort: Ich nehme an, das war bei mir so.
Frage: Sie meinen also, daß auch Ihr Vater Auschwitz stillschweigend akzeptiert hat?
Antwort: Es hat sich ja dann im Zuge meiner Befragung herausgestellt, daß er mit der Partei etwas zu tun hatte.
Frage: Hat er zu Bildern aus den KZs, obwohl er sie bestritten hat, Stellung genommen?
Antwort: Er ist ein Antisemit.
Frage: Hatten Sie den Eindruck, daß er die Vernichtung akzeptiert hat?
Antwort: Wie ich ihn konfrontiert habe, hat er es nicht geglaubt. Ich glaube, er wollte es nicht glauben. Und wenn er gesagt hätte, daß er das nicht akzeptiert hätte, hätte ich es nicht geglaubt.
Frage: Haben Sie solche Gespräche wie mit Ihrem Vater auch mit Ihrer Mutter geführt?
Antwort: Nicht in dem Ausmaß, weil ich glaube, daß ich meine Mutter für zu dumm halte. Ich glaube, es ist mir nicht so wichtig, was meine Mutter gemacht hat.

Mein Vater ist sicher sehr autoritär, meine Mutter natürlich auch. Was mein Vater gesagt hat, hat auch meine Mutter gemacht. Es ist wahrscheinlich auch so, daß meine Mutter im Zuge dieser ganzen Auseinandersetzungen nie argumentative Position bezogen hat. Sie versteckt sich sehr häufig hinter den Meinungen meines Vaters.

Es ist sicher in der Auseinandersetzung mit meinen Eltern über ihre Vergangenheit oder über den Nationalsozialismus sehr viel Konflikt Eltern-Kinder verwoben.

Ich sehe, daß der Wunsch, einen Vater zu haben, der im Widerstand war, mein eigener Wunsch ist. Ist er halt nicht.

(Vater MA/Mutter UDN)

EA = Emotional-Autoritär

Beispiel 1:

Für meine Mutter war der Krieg etwas Fatales, etwas Unangenehmes. Schlecht auch, weil drei Brüder gestorben sind.

Als Kinder haben wir immer das Wort „Nazi" gehört. Wir wußten nicht, was das ist. Ich wußte auch nicht, was ein Jud ist, obwohl das Wort „Jud" immer gefallen ist. „Juden" war ein Schimpfwort. Bei „Nazi" haben wir mitgekriegt, daß das irgendwie verboten war. Ich habe auch einmal das Wort „Nazischwein" gehört, das durften wir als Schimpfwort nicht verwenden.

Hitler wurde als Wahnsinniger definiert und daß er schuld war, daß Krieg gemacht worden ist. Den BDM hat sie als angenehm empfunden, da hat sie auch Freundschaften gehabt.

Das Nazi-Regime war eine undemokratische Gesellschaft, eine Gesellschaft, die auf dumpfen Gefühlen basiert. Das bedeutet, daß die Dummköpfe regieren und daß die Industrie sich wohlfühlt.

(Mutter EA)

Beispiel 2:

Sie hat erzählt, daß die Nazis alles an sich reißen wollten, alles unterdrücken wollten, alles untergraben wollten, an die Macht wollten, den kleinen Mann, die Zivilisten an die Wand drücken, nur sie sind oben. Die schrecklichsten Dinge hat sie erzählt. Man hat alle Juden, alle Menschen, die aufgemuckt haben, an die Wand gestellt, ob es Deutsche waren oder sonst wer. Der Hitler hat die Befehle gegeben, und die anderen mußten es ausführen, egal, wer es war, ob deutsche oder sonst welche, der hat vor nichts haltgemacht. Der Hitler hat die Macht an sich gerissen, wollte alle Menschen so machen wie er ist, alle ins Gefängnis sperren, die ihm nicht gesonnen sind, das Denken, Fühlen, Handeln, sogar den Menschen wollte er ändern. Ein deutsches Volk wollte er ja züchten. Aber es war alles organisiert, es gab große Euphorie, es gab Aufschwung. Hitler und Nazis, das ist schon ein Schreckgespenst gewesen für uns, das ist uns so eingebleut worden. Ich habe gedacht, der ist ein Schwein gewesen, ein Verbrecher, ein Ungeheuer. Ich finde es schlimm, daß man das Kindern so beibringt. Ich habe darunter innerlich sehr gelitten. Daß es solche Menschen gegeben hat, Deutsche oder andere. Und daß man uns das so beigebracht hat. Man hätte mit uns reden sollen, anders formulieren müssen, nicht so dramatisieren.

Ich habe Hitler nie selbst gekannt. Warum hat der Mann das gemacht? Es gibt keinen einzigen Menschen, der einem diese Frage richtig beantworten kann. Es kommt immer nur, Hitler war ein Schwein, der wollte alle vernichten. Auch heute noch kann meine Mutter ellenlange Geschichten erzählen. Wenn ich frage, hast du Hitler schon einmal gesehen, hört man sofort wieder: nichts getaugt, wollte alle umbringen, hat seine Leute um sich gehabt, die haben die anderen erschossen. Warum genau, weiß man nicht.

Ich habe im Fernsehen die jungen Leute gesehen, die in Auschwitz gesühnt haben. Die haben geweint und den Toten die Schuhe geputzt. Das finde ich nicht richtig. Es ist für mich gehirnlos, wenn ein junger Mensch sich sein inneres Leben dadurch kaputtmacht. Man sollte nicht hingehen und das sühnen wie diese jungen Menschen. Man soll schon berührt sein, aber es soll nicht so ausarten, daß man Weinkrämpfe bekommt. Eine Realität muß dabei bleiben.

Die Deutschen meinen ja immer, sie sind das größte Volk auf der Welt. Das ist ja der größte Fehler. Die Deutschen glauben immer, sie wüßten und könnten alles. Das ist total verkehrt, soll man gar nicht denken. Alle Menschen sind gleich, ob arm, ob reich.

(Mutter EA)

Mischtyp EA / FR

Meine Mutter hat mir von der Begeisterung erzählt, die sie für das Nazi-Regime gehabt hat. Sie hat immer wieder erzählt, was für ein Erlebnis das für sie war. Das war so toll, er hat uns Arbeit versprochen, es war so eine schreckliche wirtschaftliche Situation, die Juden haben alle guten Positionen gehabt. Es klang so, daß ich keinen Grund gehabt habe, es anzuzweifeln. Der Krieg war sie für eine gute Sache, aber er ist verloren gegangen, weil eine furchtbare Sabotage war, weil alles verraten worden ist von den bösen Agenten. Ich weiß nicht, ob sie Parteimitglied war.

Wie ich das „Tagebuch der Anne Frank" gelesen habe, bin ich sie fragen gegangen, und sie hat gesagt, das ist alles Erfindung, das ist alles Lüge.

Mein Vater hat nie darüber gesprochen. Ich reime mir das aber so zusammen, daß er zwar bei der Partei war, aber daß er den ideologischen Hintergrund für sich überhaupt nicht akzeptiert hat. Er war ein sehr weichherziger Mensch, und die Auswirkungen, die dann später zutage gekommen sind, waren für ihn sicher sehr schwer zu verkraften. Das ist eine Vermutung aus seiner Persönlichkeit heraus.

Ich habe nicht den Eindruck, daß in meiner Umgebung außer gedanklich irgend etwas passiert ist. Ich habe mir gedacht, ich habe eine Verpflichtung, es anders zu machen, ich muß mir immer die Zusammenhänge bewußt machen.

(Mutter EA / Vater UDN)

FR = Formal-Rationalisierend

Die Nazi-Zeit ist meinem Vater hoch und heilig, weil damals war ja alles besser, da gab es keine asozialen Elemente, die wurden ausgerottet, es gab keine Leute, die die Arbeit verweigert haben, und jeder hat geleistet und geschaffen und alle waren motiviert. Auch bei der Rauschgiftproblematik, bei Aids, überall findet er Anknüpfungspunkte für seine Theorie. Es fehlt ihm sehr viel Hintergrundinformation, und wenn ich mich bemühe, ihm die zu liefern, dann schnappt er ein, weil das faßt er als Belehrung auf, und das hat er nie vertragen. Er läßt sich nie etwas sagen, er glaubt heute noch, daß er in all den Dingen recht hat. Ich sehe aber in meinen Versuchen, ihm Tatsachen zu liefern, jetzt nicht, ihn zu kritisieren, sondern nur, ihn mit Tatsachen zu konfrontieren, die er in sich aufnehmen sollte, um sein etwas einseitiges Weltbild einmal umzugestalten. Wenn er mit seinen Äußerungen kommt, erhebe ich nicht meine Stimme, ich konfrontiere ihn beständig mit Fakten, die für mich gültig sind. Und ich wende sehr viel Geduld und Milde auf, um mich mit ihm abzugeben. Vielleicht ist es aus Mitleid, weil er tut mir schon leid, muß ich ehrlich sagen, mit so einer Meinung dazustehen. Er könnte sich ja lächerlich machen, vielleicht ist da irgendeine Sorge dahinter.

Es ist sicher eine über Jahre hinweg gestörte Vater-Sohn-Beziehung, die in diesem latenten Konflikt ausartete. Es ist kein Autoritätskonflikt, wenn überhaupt, sind das Komplexe seinerseits mir gegenüber. Ich weiß nicht, ob er sich sehr stark unterlegen fühlt. Ich weiß nur, er macht unheimlich viele Fehler, die bei ihm sicher zu Komplexen führen, aber er hat eine phantastische Gabe, die zu überspielen, er würde sie nie einbekennen.

Meine Mutter war BDM-Mädel, aber sie redet nicht darüber. Sie steigt auch nicht in die Debatte ein, sie hält sich heraus, sie ist indifferent. Wenn sie eine Einstellung hat, dann teilt sie sie nicht mit. Und ich habe es ihr auch bis jetzt noch nicht entlocken können. Ich muß sagen, mich stört es an meiner Mutter, daß sie sich jeder Diskussion entzieht.

(Vater MA / Mutter UDN)

UDN = Unterschwellig-Diffus-„Nebel"

Beispiel 1:

Er war nicht lange im Krieg, glaube ich. Er war in England in Gefangenschaft, Genaueres hat er eigentlich nicht erzählt. Er ist bei der Marinekameradschaft Salzburg, aber ich muß ehrlich sagen, mich interessiert das einfach nicht so. Wenn er etwas erzählt hat, das habe ich dann wieder vergessen. Ich glaube auch nicht, daß er viel erzählt hat.

Die Mutter war zu Hause. Ich habe nur mitgekriegt, daß es da die verschiedenen Organisationen gegeben hat, sie war ja noch jung. Sie war beim BDM. Die ganze Organisation hat ihr wahrscheinlich weniger gefallen. Ich weiß nicht genau, warum, ich weiß auch nicht genau, wie das war. Einmal habe ich sie gefragt, und da kommt meistens nichts heraus. Man war halt einfach dabei, man hat sich dem nicht entziehen können. Es war so, und damit aus. Ich glaube, ein Mitläufer im negativen Sinn war mein Vater nicht. Die Mutter vielleicht noch ein bißchen weniger, weniger engagiert.

Frage: Was haben Sie denn gefragt?
Antwort: Wie das gesellschaftliche Leben so irgendwie war.
Frage: Und warum kommt da nichts?
Antwort: Das weiß ich auch nicht. Vielleicht haben die eine andere Erziehung gehabt, wo man halt einfach nicht Konflikte austragen kann mit einer gewissen Diskussion.
Frage: Warum müssen Ihre Fragen zu einem Konflikt führen?
Antwort: Ich weiß nicht, das ist eine Gefühlssache. Es wäre vielleicht unangenehm.

Zu Hause ist eigentlich nur über belanglose Dinge geredet worden, was man halt im Familienkreis so redet. Es hat auch nie Meinungsverschiedenheiten gegeben, außer Diskussionen, welches Fernsehprogramm man sich anschaut. Es war eben so, wie sie wollten, und aus. Mit meinen Eltern kann ich nicht diskutieren, das fange ich mir gar nicht an. Mein Vater hat eine etwas konservative Einstellung, und ich habe eine liberale Einstellung. Ich meine das jetzt nicht politisch, sondern allgemein. Wenn irgendwelche Fälle sind von Polizeiübergriffen und er das kommentiert, dann denke ich mir halt einfach meinen Teil.

Frage: Worin sind Sie liberaler als er?
Antwort: Den Juden gegenüber, oder gegenüber Ausländern. Da weiß ich es nicht so genau, da möchte ich ihm nichts anlasten, aber so allgemein halt. Vielleicht beurteilte ich ihn einfach falsch, wenn ich sage, er ist nicht liberal, ich kann mich auch täuschen.

Diese Zeit war eigentlich immer negativ besetzt für mich, aber erst in den letzten zehn Jahren ist mir das eigentlich sehr stark bewußt geworden. Das hat sich einfach irgendwie so für mich ergeben.

Mit Außenseitern in der Schule bin ich gar nicht umgegangen, die waren draußen, das habe ich akzeptiert. Es gibt eben den, über den man lacht, und es gibt das Gegenteil, die halt immer aufgefallen sind. Ich muß eigentlich sagen, daß ich auch jetzt noch mit allen Leuten gut auskomme. In meinem Freundeskreis hat es immer wieder ein bißchen Probleme gegeben,aber mit mir eigentlich nicht. Ich habe dann immer ein bißchen vermittelt, bis sie sich dann wieder vertragen haben. Von sich aus kann man das ja nicht gut beurteilen, aber wenn ich jetzt ein bißchen überheblich bin, habe ich den Eindruck, daß ich an und für sich ein beliebter Mensch bin.

(Eltern UDW)

Beispiel 2:

Man muß es ja aus dieser Zeit verstehen, nicht wahr? Ich würde sie eher mit dieser Frage der Vergangenheit in Ruhe lassen. Der Krieg war sicher keine schöne Zeit. Mit dem Vater rede ich an sich nicht sehr viel, und vielleicht habe ich da gewisse Hemmungen, mit der Mutter darüber zu reden. Ich möchte sagen, daß das Hinterfragen ja nicht nur auf diesem speziellen Gebiet, über das wir da sprechen, unangenehm ist, sondern auch auf anderen Gebieten.

Sicher muß man lernen, die Fehler der Eltern zu verzeihen, und sicher wünscht man sich die Eltern anders als sie wirklich sind. Aber sie sind auch nur Menschen und sind auch nur Kinder ihrer Eltern.

(Eltern UDW)

Beispiel 3:

Ich weiß nicht einmal, ob die Mutter in einer Organisation war. Ich habe immer gemeint, ich hätte gewußt, daß meine Mutter regelmäßig in die Kirche gegangen ist, aber wenn Sie mich jetzt fragen, kann ich es nur vermuten. Ich vermute, sie ging heimlich in die Kirche. Aber sie hat nie davon geredet, daß sie Nachteile hatte. Da wundert mich eigentlich, wie geschützt die Familie so war. Aber ich denke mir, wenn Eltern nicht gewöhnt sind, mit ihren Kindern zu reden. Die waren ja sehr viel beschäftigt, das Haus, die Wohnung mußte repariert werden. Sie haben nichts erzählt, weil ich glaube, meine Eltern waren auch nicht daran gewöhnt, sprachlich Zärtlichkeiten auszudrücken. Das ist sehr schlimm eigentlich, aber da merkt man, wie wenig unsere Eltern mit uns sprachen. Ich denke, daß sie miteinander auch nicht über Dinge gesprochen haben, die sie selbst betrafen. Streit gab es wohl auch nur heimlich zwischen den Eltern, vor uns Kindern durfte ja nicht gestritten werden. Ich durfte ja mit meiner Schwester auch nicht streiten. Das war so ein Prinzip der Harmonie, die keine war. Dadurch, daß es in unserer Familie so oberflächlich harmonisch zuging, habe ich immer gedacht, ich würde gut erzogen. Normalerweise würde ich sagen, daß unsere Erziehung autoritär war, aber das kann ich nicht.

Als die Eltern später sagten, wir waren an nichts beteiligt, wir haben damit nichts zu tun, da habe ich mich eigentlich schnell zufrieden gegeben. Wenn ich jetzt so nachdenke, war da eigentlich wirklich so eine Decke darüber gebreitet, ein unheimliches Stillschweigen, so, reden wir lieber nicht darüber, wer weiß, auf was du da stößt. Ich denke, daß die Erwachsenen damals auch so eine Art Kompensation hatten, die hatten für alles eine Entschuldigung. Und wenn jetzt einer wirklich was war, daß das im nachhinein den Kindern anders erzählt wurde. Ich finde es im nachhinein auch erstaunlich, daß in der ganzen Umgebung keiner beteiligt war, das kann ja eigentlich nicht gewesen sein. Und ich denke, die anderen Sachen, die die Eltern vielleicht mitgemacht haben, daß sie darüber nicht reden wollten, weil ja da eigentlich auch eine persönliche Schuld gewesen wäre.

Ich glaube, die Angst zu reden, war fast das einzige, woran die Eltern merkten, daß da eine Diktatur war. Die Eltern haben mit uns da irgendwie nicht darüber gesprochen. Und ich glaube, dieses Schweigen, das sich Eltern angewöhnen mußten, hat sich dann später auch auf uns übertragen. Und ich muß auch dazu sagen, ich habe das jetzt in der letzten Woche erlebt, als ich bei meinen Eltern war, wie sprachlos ich eigentlich mit ihnen bin, obwohl ich eigentlich von meinem Beruf her mit sehr vielen fremden Menschen zu tun habe. Das tut mir eigentlich weh, daß ich mit meinen Eltern immer noch nicht reden kann.

Ich merke heute noch, daß ich lieber schweige und erst einmal abwarte, und das finde ich schlecht an mir. Aber ich übe mich darin, Stellung zu beziehen, eine andere Meinung zu haben.

(DO – Ansätze) (Eltern UDW)

DO = Dialogisch-Offen

Meine Großeltern lehnten immer ein Gespräch über diese Zeit ab. Auf jeden Fall dominierten beide sehr stark, und meine Großmutter hat überdominiert. Mein Großvater war für mich eine Autorität, die eigentlich alles kaputt gemacht hat in meinem Leben.

Bei meinem leiblichen Vater hat meine Mutter einfach gesagt, na gut, da muß ich eben Nazi werden, damit ich die Wohnung kriege. Und nach dem Krieg hat sie sich gesagt, jetzt muß ich halt dorthin gehen, damit ich eine Wohnung kriege. Also ich glaube, meine Mutter ist eine opportunistische Frau. Ich glaube, meine Mutter ist der Typ von Mensch, und wahrscheinlich spiegelt das so 70 bis 80 Prozent der Bevölkerung wider, der das aufnimmt, was der jeweilige Bezugspartner macht. Mein Stiefvater ist ehrlich, und mein Onkel in Freistadt ist noch ehrlicher. Der hat gesagt, ich habe das mit Spaß gemacht, ich habe Partisanen gejagt und abgeschossen wie die Hasen. Mein Vater war also Nazi, mein Großvater auch, der erste Stiefvater eher rechtskonservativ und der jetzige eher links.

Es ist ein Problem, ich möchte Bescheid wissen. Aber auf Fragen sagen die alle, ich mag nicht darüber reden. Ich kann mir nur vorstellen, daß man einfach manches nicht wissen kann, weil man nicht damit leben kann. Bei meinem Stiefvater zum Beispiel habe ich den Eindruck, der kann einfach nicht darüber reden, weil er das alles nicht verkraftet.

Ich habe bei Verwandten gefragt, wie was das eigentlich bei euch mit den Juden, könnt ihr mir das erzählen? Da habe ich Widerstand gespürt, und die haben gefragt, warum ich das überhaupt mache? Das ist fast eine Manie von mir das Wissenwollen, das wird mir von manchen Bekannten angekreidet, die sagen, du bist verrückt.

Der Nationalsozialismus hat nicht nur die eine Generation zerstört, er hat auch uns zerstört.
(Sehr unterschiedliche Bezugspersonen)

6. Erkenntnisse, Auffälligkeiten und weitere „Tabu"-Themen

Folgende gesellschaftlich relevante Schlüsse haben sich aus der Auswertung der Tiefeninterviews ergeben:

Es scheint — und das ist zweifellos provokant —, daß eine MA- oder EA-vermittelte NS-Position offensichtlich nicht automatisch zu einer neonazistischen Einstellung führte. Es scheint, daß das Hauptpotential von Neo-„Rechten" nicht darin seine Wurzeln hat. Vielmehr scheint mir deutlich geworden zu sein, daß UDN-vermittelte Ansichten für rechtsextremes Gedankengut erheblich anfälliger machen als klar deklarierte Positionen, an denen sich Kinder/Jugendliche reiben können. In der Mischung von widersprüchlichen Einstellungen und der Unmöglichkeit, (Generationen)Konflikte auszutragen, verhindert die UDN-Kommunikation die Ablösung von der verschwommenen Gedankenwelt der Eltern sowie eine persönliche und gesellschaftliche Orientierung. „Orientierungslosigkeit fördert den Rechtsextremismus", formulierte ein konservativer österreichischer Politiker pointiert. Die UDN-„Atmosphäre" in vielen Familien führt heute auch dazu, daß von der Schule beziehungsweise von Lehrern erwartet wird, daß sie den Mangel an Orientierung ausgleichen — womit diese selbstverständlich überfordert sein müssen.

Dafür spricht auch, daß antifaschistische Positionen, die in MA- oder EA-Form vermittelt wurden, zwar zu einer ebenso MA- oder EA-geprägten Ablehnung von Faschismus und Nationalsozialismus geführt haben, aber selten zu einer klaren Orientierung gegen Diktatur im allgemeinen oder in Richtung Demokratie. Aber auch hier kam oft die Stellvertreter-Funktion zum Tragen: aus Opposition war man gegen den autoritär geäußerten Antifaschismus.

„Sowohl-als-auch"-Stellungnahmen (DO-Kommunikation) werden schwer ertragen, Zwiespalt oder ambivalentes Verhalten gilt als „nicht normal". Wer keine eindeutige Einstellung oder Verhaltensweise erkennen läßt, wird als „abnormal“, immer häufiger sogar als „schizophren“ bezeichnet. Hier kommt, als „Kehrseite der Medaille“, gerade bei UDN-Typen der Wunsch nach zweifelsfreier und eindeutiger Orientierung (MA oder EA) deutlich zum Ausdruck.

Als Alternative zu Nationalsozialismus/Faschismus/Diktatur herrscht die Einstellung vor, es genüge *gegen* den Nationalsozialismus, *anti*faschistisch oder *gegen* jede Diktatur, also keinesfalls auf der Seite möglicher „Täter“ zu sein. Die Bedeutung von „Mitläufer“-Verhalten in Nationalsozialismus/Faschismus/Diktatur ist persönlich und gesellschaftlich ein „Tabu“-Thema geblieben.

Die Themen Krieg und Holocaust verstellen bis heute die Auseinandersetzung mit dem Alltag der NS-Zeit, der die NS-Generation nachhaltig geprägt hat. Der NS-Alltag — das betrifft vorwiegend die Frauen und Mütter — war und ist kein Thema, scheint ebenfalls ein Tabu-Thema geblieben zu sein.

Dafür spricht auch, daß kleine, alltägliche „Protesthandlungen“ (Kriegsgefangenen heimlich Brot gegeben, Beitritt zu Organisationen verweigert, Mitmachen an Aktionen verweigert usw.) nicht als Proteste anerkannt, sondern als Bagatellen abgewertet werden („das war kein echter Widerstand“).

Während Juden — in welcher Form auch immer — als Opfer zum „Thema“ geworden sind, galt und gilt das nicht für Homosexuelle, Sinti und Roma, politisch Verfolgte und Behinderte. Gerade bei den Behinderten zeigt sich die Fragwürdigkeit der verbreiteten Erklärung, man hätte zu allem nur aus Rücksicht auf die Familie geschwiegen: Körperlich Behinderte und geistig und psychisch Kranke wurden in der NS-Zeit aus den Familien herausgerissen und ermordet; hier gab es oft Übereinstimmung mit der Ideologie der Nationalsozialisten, auch wenn es sich um Familienangehörige handelte.

Häufig ist die NS-Zeit auf seiten der Heranwachsenden in der Pubertät stellvertretend für andere Konflikte, die nicht besprochen werden konnten, zum Thema geworden. Nur in Ausnahmefällen führte diese Stellvertreter-Auseinandersetzung zu einer wirklichen Auseinandersetzung mit dem Nationalsozialismus und seinen Auswirkungen in der Familie.

Als Täter wurden (und werden) — von Männern und Frauen — jeweils nur Männer beziehungsweise Väter angesehen; Frauen — vor allem Mütter — galten (und gelten) als „unpolitisch“, daher als unbeteiligt und nicht befragbar.

In der Familie waren für die geistige, gesellschaftliche und politische Orientierung die Väter zuständig, die Mütter für die Gefühle. Daran scheint sich nur wenig geändert zu haben.

Soldaten an der Front waren und sind ebenfalls kein Thema. Wer sich damit befaßt, gilt als „Rechter“, „Ewiggestriger“ etc. Weder Mütter noch Ehefrauen, weder Söhne noch Töchter (auch Psychologen kaum, besonders nicht jene, die sich als Antifaschisten bezeichnen), haben sich darüber Gedanken gemacht (machen wollen), welche Spuren die Kriegserlebnisse bei ihren Ehemännern, Söhnen, Onkeln, Brüdern, Vätern oder Großvätern hinterlassen haben. Auch das ist ein Mehr-Generationen-Tabu, das bis heute gilt.

Das Thema „Nicht-gefragt-haben“ löste eine breite Palette von Reaktionen aus: von Erstaunen, auf diese Selbstverständlichkeit nie gekommen zu sein, über den Schmerz, die Möglichkeit dazu nicht mehr zu haben (weil Eltern gestorben, sehr krank oder zu alt sind oder weil immer noch nicht dazu fähig) bis zu Aggressionen über die Zumutung, sich selbst oder den Eltern „so etwas“ anzutun.

Dafür spricht auch, daß die UDN-Kommunikation zu Phantasien geführt hat, was die Eltern Schlimmes getan haben könnten, auch dort, wo in den Tiefeninterviews ersichtlich schien, daß dies nicht der Fall war. In diesem Zusammenhang wurde häufig geäußert, welche Erleichterung es gewesen wäre, wenn die Eltern etwas „zugegeben“ hätten, anstatt alles zu verschleiern.

Hinsichtlich der Erziehung der eigenen Kinder zeigte sich, daß sich die Eltern im allgemeinen auf die Seite der sogenannten Autoritäten schlagen, und sei es nur, um ihren Kindern und Jugendlichen Unannehmlichkeiten (und sich selbst Auseinandersetzungen) zu ersparen und damit klarzumachen, daß man gegen „die da oben“ sowieso keine Chance hat; dazu gehört auch, daß es besser ist, sich auf keinerlei Diskussionen einzulassen. In Auseinandersetzungen unter Klassen- und Arbeitskollegen herrscht die Tendenz vor, den Kindern/Jugendlichen anzuraten, sich aus allem herauszuhalten. Wird ein(e) Klassenkamerad(in) von anderen schlecht behandelt, so soll das Kind/der Jugendliche dabei zwar nicht mittun, sich aber auch nicht einmischen oder gar auf die Seite des(r) Angegriffenen stellen, weil „man nie weiß, was dabei herauskommt“.

Überall dort, wo Schlagen zur Erziehung gehörte, waren es in den meisten Fällen die Väter, die das taten. (Bis in die jüngste Gegenwart belegen Untersuchungen, daß massive Gewalt in der Erziehung geringer geworden ist, daß aber Ohrfeigen und Schläge immer noch zum Erziehungsalltag gehören.) Nur wenige lehnten das Geschlagenwerden auch im Rückblick wirklich ab („es hat mir nicht geschadet“). Die Reaktionen der Mütter beschränkten sich dabei — wenn sie es nicht sowieso in Ordnung fanden, aber lieber dem Vater überließen — darauf, es stillschweigend geschehen zu lassen, wenn möglich wegzusehen, gar nicht zu bemerken oder später zu verstehen zu geben, daß sie damit eigentlich nicht einverstanden seien und selbst darunter leiden. Bei vielen kam deutlich zum Ausdruck, daß sie sich durch dieses Verhalten ihrer Mütter im Stich gelassen fühlten.

Dieses Verhalten, das ein typisches „Mitläufer"-Syndrom ist, schlägt sich bis heute bei Kindesmißhandlungen, aber auch in einem Bereich nieder, der allmählich aus der „Tabu"-Zone ans Licht gerückt wird: der sexuelle Mißbrauch von Kindern, der oft nur durch das Nicht-Bemerken(-wollen) und die Nicht-Reaktion vieler Mütter in diesem Ausmaß über einen längeren Zeitraum möglich ist. Die Feststellung dieser Mitschuld der Mütter bedeutet keine Entlastung der mißbrauchenden Männer – ebensowenig wie Mitläufertum eine Entschuldigung für politische Täter ist. In beiden Fällen geht es darum, „keine Unruhe in die Familie zu bringen"; in beiden Fällen aber sind Wegschauen und Nichtstun Beihilfe.

Es ist auch im heutigen Alltag selbstverständlich, zuzusehen, sich aber nicht einzumischen; auch dann nicht, wenn die Einmischung keine Konsequenzen nach sich zieht.

7. Schlußfolgerungen

„Und schließlich, vor allem, haben auch dir die Lehrer gesagt, daß wir Heutigen die Durchlässigkeit deshalb nicht mehr schaffen, weil wir nicht ganz von vorne wieder mit dem Fragen anfangen? ... Daß wir dieses Spiel vom Fragen in jeder Situation betrachten sollten als ein An-das-Licht-Kehren unserer verborgensten und hintersten Welt? Daß es dabei immer noch besser sei, falsch zu fragen, als gar nicht mehr zu fragen: das erstere sei bloß ein Fehler, das letztere aber inzwischen Schuld? ..."
(Peter Handke: Das Spiel vom Fragen. 1990)

7.1. Psychologisch

Die weit verbreitete Kommunikationsform UDN entspricht dem „Mitläufer". Sie ist die Folge der in einer Diktatur verständlichen „Angst vor dem Sprechen" und war damals zweifellos berechtigt, sogar sinnvoll; die Einhaltung der Schutzzone des „Tabu" Vorfeldes kann in dieser Situation eine Überlebensfrage sein. Bleibt das „Tabu" aber über diese Zeit hinaus bestehen und damit auch die UDN-Kommunikation, so wird der nachfolgenden Generation der Eindruck vermittelt, klare Stellungnahmen hätten zwar nicht mehr lebensgefährliche, aber doch immer noch bedrohliche Konsequenzen. Ob das nun tatsächlich der Fall ist oder nicht, und wenn, in welchen Bereichen, ist in einer UDN-Kommunikation schwer feststellbar, da man sich in die „Gefahr", es genau zu erfahren, gar nicht begibt. Die Beibehaltung dieser Kommunikationsform, die sich auch in Verhaltensweisen manifestiert, erinnert an das Bild eines in einem geschlossenen Raum gefesselten Menschen, der auch dann, wenn die Türe geöffnet wird, gefesselt bleibt, und daher auch den nun offenen Raum nicht verlassen kann.

Die UDN-Kommunikation ähnelt einer „double bind"-Situation. Mit „double-bind" kann ein negativer Inhalt „positiv" oder ein positiver Inhalt „negativ“ vermittelt werden. Der/die Empfänger/in merkt, daß Mimik, Gestik und Tonfall dem Inhalt der Information widerspricht und gerät dadurch in eine „Patt“-Situation. Das Nachfragen, wodurch der Widerspruch geklärt beziehungsweise aufgelöst werden könnte, wird durch die mit der Information gleichzeitig vermittelten Haltung (Androhung von Bestrafung — meistens in Form von Liebesentzug) verwehrt. Es scheint daher einfacher zu sein, diesen Widerspruch „nicht zu merken“.

7.2. Politologisch

Während Religionen, vordemokratische und autoritäre Gesellschafts- und Staatsformen und Ideologien Strukturen entwickelt haben, die auch das Denken, Fühlen und Verhalten, also die „geistig-seelische“ Struktur von Menschen durch vermittelte Normen (positiv oder negativ) prägen, scheint das bei der Demokratie bisher nicht der Fall zu sein, obwohl sie doch als erstrebenswert in aller Munde ist und gelegentlich zum überstrapazierten Schlagwort zu verkommen droht.

Liegt es daran, daß sie im Grunde nicht gewollt wird? Das mag für einzelne Gruppen gelten, aber sicher nicht für die Mehrheit der Bevölkerung. Oder daran, daß es über Demokratie unterschiedliche Ansichten gibt? Das wäre möglich, aber durch Diskussionen zu klären. Oder liegt es daran, daß die „inneren“ Strukturen es verhindern, eine Demokratie-Strategie zu entwickeln? Äußere Strukturen sind ihrer Eigendynamik wegen zwar mühsam, aber, weil konkret, doch veränderbar, „innere“ Strukturen hingegen weit schwerer zu beeinflussen und aufgrund ihres Beharrungsvermögens auch nur sehr langsam in Bewegung zu setzen. Die „inneren“ Strukturen hinken daher immer hinter äußeren Veränderungen nach, bleiben sehr oft lange Zeit weit hinter diesen Veränderungen zurück. Die Stärke totalitärer Systeme/Diktaturen liegt schließlich darin, daß sie ihre Bevölkerung, sofern sie nicht als Gegner ausgegrenzt werden, mit totaler Versorgung, also Unterwerfung und Entmündigung mit totaler Sicherheit „belohnen“.

Zweifellos haben Religionen und Ideologien in der „ersten“ Welt ihre Anhängerschaft, zumindest in ihrer sichtbaren Form, weitgehend verloren, ihre „inneren“ Spuren haben aber kaum an Wirksamkeit eingebüßt. Viele Inhalte vergangener Ideologien sind zu Alltags-Ideologien geworden und schlagen sich nun als Alltags-Rituale in den alltäglichen Umgangsformen, in den alltäglichen Verhaltensweisen und in der Alltags-Sprache nieder (Ethnopsychoanalyse). Daß das nicht (oder kaum) wahrgenommen wird, liegt an dem geringen Stellenwert, der dem Alltags(er)leben in Politik und Gesellschaft, also in der politisch-gesellschaftlichen Kultur (zu Unrecht) beigemessen wird.

Die Stärke der Religionen, der vordemokratischen Gesellschafts- und Staatsformen und der Ideologien war es (unabhängig von ihrer Bewertung), daß sie neben der Bedeutung äußerer Strukturen die Notwendigkeit von (Sprach)Symbolen und (Alltags)Ritualen erkannt haben; diese Symbole und Rituale haben wesentlich dazu beigetragen, daß die „innere“ Struktur zur Selbstverständlichkeit, also Bestandteil des Alltags und der politisch-gesellschaftlichen Kultur eines Landes geworden ist.

Welche Symbole und Rituale hat die Demokratie entwickelt? Gesetze, Nationalfahne, Wahlen, freie Meinungsäußerung und Bürgerinitiativen waren dazu anscheinend noch nicht ausreichend. Und die Gleichwertigkeit von Mehrheits- und Minderheitspositionen oder die von einzelnen Gruppen geforderte „Basisdemokratie“ wird ohne die Beeinflussung der „inneren“ Strukturen *auch* durch (Sprach)Symbole und Rituale kaum zu verwirklichen sein. Warum war die Demokratie bisher nicht imstande, ausreichende Symbole und Rituale zu entwickeln? Gesetze allein können demokratische Begriffe, Symbole und Rituale nicht ersetzen. Warum gibt es (noch) keine Demokratie-Sprache? Im Gegensatz zu den früheren, mehr oder weniger geschlossenen, hierarchisch strukturierten und durchinstitutionalisierten gesellschaftlichen Systemen kann die Demokratie nur ein, zumindest weitgehend, durchlässiges System sein. Ein durchlässiges System bedarf jedoch auch zumindest durchlässiger „äußerer“ und „innerer“ Strukturen und einer entsprechend durchlässigen politisch gesellschaftlichen (Alltags)Kultur.

Da die Kommunikation in einer Gesellschaft ihre „äußeren“ und „inneren“ Strukturen im Alltag und in ihrer politisch-gesellschaftlichen Kultur widerspiegelt, ist die weitverbreitete und in den Institutionen oft auch vorherrschende UDN-Kommunikation ein Symbol für Demokratie-Unfähigkeit. Ohne zumindest durchlässige Kommunikation werden wir zwischen den obrigkeitsstaatlich-patriarchalischen Strukturen der autoritären Systeme/Diktaturen der Vergangenheit und einer demokratischen politisch-gesellschaftlichen Kultur steckenbleiben.

7.3. Politisch-psychologisch (Politische Psychologie)

„Wir sind nicht nur verantwortlich für das, was wir tun, sondern auch für das, was wir nicht tun.“

(Voltaire)

Ein Tabu — individuell oder gesellschaftlich — bewirkt, daß in einer Familie auch die allgemeine Kommunikation gestört beziehungsweise verzerrt verläuft: es wird — von den alltäglichen Notwendigkeiten abgesehen — entweder gar nicht miteinander gesprochen, oder die Kommunikation verläuft in der Form, wie ich sie in den von mir entwickelten Kommunikations-Typen beschrieben habe. Im Unterschied zu individuellen Tabus wirken sich gesellschaftliche Tabus nachhaltig auf die politische Kultur einer Gesellschaft aus. Die allgemeine Kommunikation und die Kommunikation über ein Tabu verlaufen parallel. Das gilt auch für die Länder des bisherigen Ostblocks, insbesondere für die ehemalige DDR. (Siehe 10)

Mit dem „Tabu"-Kreis stellte sich die Frage nach der Demokratiefähigkeit (siehe 2) einer heranwachsenden Generation. Wird ein Thema, das die Elterngeneration kollektiv stark betroffen hat — wie zum Beispiel in der BRD und in Österreich die NS-Zeit —, zum Tabu und verläuft die Kommunikation sowohl über dieses Thema als auch allgemein gar nicht, verzerrt oder diffus, so bleiben auch Themen, die dem Tabu als subjektiv nahe empfunden werden, ausgespart, verzerrt oder diffus (Schutzzone!). Das betrifft auch — und darin liegt die Tragik des Tabus — Werte zur persönlichen und gesellschaftlichen Orientierung und schließlich das gesellschaftliche „Klima", die politische Kultur eines Landes (auch in der ehemaligen DDR).

Die Kommunikations-Typen MA und EA (und ihre Mischformen) entsprechen weitgehend einer geschlossenen/autoritären „inneren" Struktur. Demokratie muß, weil sie in vielen Bereichen nur auf Einsichten aufbauen kann, eine rationale Komponente beinhalten; sie ist daher ohne Information, ohne Gespräch (Dialog) und vor allem ohne (Nach)-Fragen nicht möglich. Die FR-Kommunikation (ansatzweise auch ihre Mischformen) ist ein erster Schritt auf dem Weg zu einer demokratischen Kultur, der die DO-Kommunikation (und ihre Mischformen) entspricht. Zu dieser demokratischen Kommunikation gehören auch immer wieder hinterfragbare persönliche und gesellschaftliche Wert-Vorstellungen zur Orientierung; Wert-Vorstellungen und Strukturen, die nicht wieder in Frage gestellt werden (können), müssen zwangsläufig wieder „erstarren". Fragen, Dialog und offene Auseinandersetzung müßten zu Demokratie-Symbolen werden.

Tabus aber blockieren Informationen, Gespräch (Dialog) und (Nach)Fragen, die Kommunikation bleibt im „Tabu"-Vorfeld, in der „Schutzzone" und damit auch weitgehend in der Irrationalität stecken. Damit verhindert die UDN-(„Mitläufer"-)Kommunikation durch die Aufrechterhaltung gesellschaftlicher „Tabus" eine persönliche und gesellschaftlich-politische Orientierung, die für eine demokratische gesellschaftliche Kultur Voraussetzung ist, und führt zu der von Thomas Leithäuser formulierten „Pathologie der Normalität". Dazu Erich Fromm:

„Wenn es einem Menschen nicht gelingt, Freiheit und Spontaneität zu erlangen und sein Selbst unmittelbar zum Ausdruck zu bringen, so kann man von ihm annehmen, daß er an einem schweren Defekt leidet, vorausgesetzt, wir gehen von der Annahme aus, daß Freiheit und Spontaneität objektive Ziele sind, die jedes menschliche Wesen erreichen sollte. Wird dieses Ziel von der Mehrheit der Mitglieder einer bestimmten Gesellschaft nicht erreicht, so haben wir es mit dem Phänomen eines gesellschaftlich ausgeprägten Defektes zu tun. Der einzelne teilt diesen Defekt mit vielen anderen. Er empfindet ihn nicht als Defekt und seine Sicherheit gerät nicht durch die Erfahrung, anders — sozusagen ein Ausgestoßener — zu sein, in Gefahr. Was ihm an innerem Reichtum und an echtem Glücksgefühl verlorengegangen sein mag, wird durch die Sicherheit kompensiert, die das Gefühl gibt, zur übrigen Menschheit zu passen — so wie er sie kennt. Tatsächlich besteht sogar die Möglichkeit, daß eben sein Defekt von der Kultur, in der er lebt, zur Tugend erhoben wird, was sein Gefühl, etwas zu leisten, noch verstärkt."

Thomas Leithäuser: „Der gesellschaftliche Defekt, die sozialpathologische Störung, wie wir genauer sagen sollten, kann derart sein, daß die einzelnen, die auch einzeln von dieser Störung betroffen sind, gar nicht unter ihr leiden, sie gar nicht erleben und erfahren. Die Sozialpathologie gewährt geradezu Sicherheit. ... So ist die Frage nach der Entstehung von Sozialpathologien ganz wesentlich eine Frage nach der Beschaffenheit des gesellschaftlichen Bewußtseins, eine Frage, wie weit Einsicht und Erkenntnis von gewichtigen Problemen zugelassen werden und praktisch gelöst werden können oder inwieweit sie z.B. durch Vorurteile abgeschoben werden müssen. Mitscherlich macht dies an den sozialen Selbstverständlichkeiten und der sich in ihnen ausdrückenden Bewußtseinslagen deutlich. ... Die sozialpathologische Störung geht aus der Bewußtseinslage einer Gesellschaft hervor. Je nachdem, wie sich die Grenzen des Bewußtseins bilden, findet man eine breitere oder eine eingeengtere Anteilnahme an Leiden, Elend, Unterdrückung und Ausbeutung. Die Bewußtseinslage entscheidet darüber, mit welchen Menschen aus welcher Gruppe man sich identifiziert, an ihrem Schicksal teilnimmt und bei welchen Menschen und Gruppen man das wie selbstverständlich unterläßt, ohne sich weiter darüber Gedanken zu machen. Es handelt sich dann um eine Einengung und Versteinerung der Ordnungs- und Wertvorstellungen, die zur Einschränkung der sozialen Erfahrungsfähigkeit führen. Ordnungs- und Wertvorstellungen wirken unbefragt; sie erscheinen tabuisiert und sakrosankt. ... Soll die

Bewußtseinslage der Gesellschaft, in der wir leben, mit dem Begriff des Alltagsbewußtseins charakterisiert werden. ... Die Welt wird eingeebnet, so daß man ihre Ecken und Kanten nicht spürt. Sie werden zu politischen Selbstverständlichkeiten."

„Mitläufer" unterlassen, lassen geschehen, sehen weg oder sehen nur zu, hören zu oder hören weg, halten sich heraus, ... sie sagen „Ich habe nichts *getan*. Und das ist es, was sie depressiv macht: „Sie haben eben *nichts* getan."

8. Der Unterschied zwischen (alter) BRD und Österreich

„Ich bin in Österreich ungleich aggressiver, unfruchtbar aggressiv. Das habe ich in den Jahren in Salzburg gemerkt, wieviel mir das an Weite in der Brust wegnimmt. ... Bei Gott habe ich immer Sehnsucht gehabt, Widerstand zu leisten. Aber kein Land der Welt macht es so schwierig oder unmöglich, daß man Widerstand leistet, wie Österreich. Gegen das, was Widerwillen, Haß, Unmut, auch Verzweiflung auslöst hier. Die tief innere, man muß schon sagen, Massenseele hier. Ich weiß nicht, was dagegen tun. Sicher sage ich mir immer wieder: Du mußt das aushalten, und du gehörst auch selber dazu auf eine Weise. ... Insofern muß ich sagen, daß ich gescheitert bin hier, fürs erste." (Peter Handke in einem Interview mit dem „Standard" vom 1. Juni 1990)

In Österreich überwiegt — von den Typen MA und EA abgesehen — eindeutig der Kommunikations-Typ UDN, in der (alten) BRD gibt es in etwa ein Gleichgewicht zwischen FR und UDN. Woher kommt dieser für meine Thesen wesentliche Unterschied? Zunächst einige Daten und in diesem Zusammenhang gesellschaftlich relevante Stimmungsbilder:

Österreich liegt seit Jahrzehnten weltweit an dritter, manchmal zweiter Stelle bei der Selbstmordrate; Weltrekord hält es bei der Zahl der Verletzten bei Verkehrsunfällen. An der Weltspitze steht Österreich auch mit den Mitgliederzahlen im Österreichischen Gewerkschaftsbund (ÖGB), einer branchenübergreifenden Einheitsgewerkschaft mit politischen Fraktionen. Im Vergleich zu anderen Industriestaaten bildet Österreich das Schlußlicht bei Streiksekunden, aber ebenso auch in der Entwicklungshilfe. Mit wenigen Unterbrechungen waren alle österreichischen Regierungen nach 1945 Koalitionsregierungen zwischen den beiden stimmenstarksten Parteien SPÖ (Sozialdemokraten) und ÖVP (Volkspartei). Die „Neue Kronenzeitung", eine kleinformatige Tageszeitung, die am ehesten mit der „Bild"-Zeitung vergleichbar ist, wird laut Medianalysen seit vielen Jahren von über vierzig Prozent aller potentiellen österreichischen Zeitungsleser gelesen. Österreich ist das einzige europäische Land, in dem für Rundfunk und Fernsehen nach wie vor ein Staatsmonopol — der ORF — besteht. Und auch neueste demoskopische Untersuchungen bestätigen den Österreichern neben einer hohen, nur wenig nachlassenden Resignation, ein immer noch stärkeres Untertanenbewußtsein als etwa in der (alten) BRD und in der Schweiz.

Ein französischer Tourist schilderte 1992 in der österreichischen Wochenzeitung „Falter", er habe noch in keiner Stadt die ständige Nähe zum Tod erlebt wie in Wien; er habe das Gefühl, Wien lebe auf seinen Friedhöfen. Für den „gelernten Wiener" rückt auch jeder Heurige in Friedhofsnähe: jedes Heurigenlied handelt vom Sterben und vom Tod. Und ein Berliner Pantomime, der europaweit vor Kindern auftritt, erzählte über seine Erfahrungen bei seinen Auftritten: „Die Kinder in Wien sind schwierig, intelligent, aber sehr aggressiv."

Robert Menasse, österreichischer politischer Schriftsteller, erklärte im Mai 1990 in einem Interview der (damals noch existierenden) österreichischen Tageszeitung „AZ", ein wesentlicher Grund für das typisch österreichische „Klima" liege darin, daß Österreich keine erfolgreiche Revolution erlebt habe und daß die Sozialpartnerschaft sozusagen die moderne Variante des „habsburgischen Mythos" darstelle. Und weiter meinte er:

„Vielleicht sollten wir zuerst über die Bedeutung der Sozialpartnerschaft reden. Sie ist, im Vergleich zu anderen bürgerlichen Gesellschaften, jene gesellschaftliche Organisationsform, der es als einziger geradezu umfassend gelungen ist, die Existenz verschiedener Klassen, gesellschaftlicher Widersprüche und Konflikte aus dem allgemeinen Bewußtsein auszublenden. Es scheint keine wirklichen Konflikte mehr zu geben, weil sie öffentlich immer gleich als Kompromiß auftreten. Trotz niedrigster Lohnabschlüsse bei immerhin beachtlichem Wirtschaftswachstum herrscht ein lückenloser sozialer Friede. Die Verteilungsfrage ist völlig aus dem allgemeinen Bewußtsein verschwunden. Eine solche Gesellschaft, in der es keine Klassen und keine Widersprüche mehr zu geben scheint, kann man als die konkrete bürgerliche Gegenutopie zur klassenlosen Gesellschaft bezeichnen. ... Es gibt in diesem Punkt sicher einen historischen Zusammenhang. Im wesentlichen ist er darin begründet, daß hier in Österreich ein katholischer Kapitalismus herrscht, im Gegensatz etwa zum deutschen Kapitalismus, der ja eher protestantisch bestimmt ist. Und das Eigentümliche an der katholischen Ausformung ist, daß die Form der Ohrenbeichte einen entscheidenden Einfluß auf die Form des gesellschaftlichen Diskurses nimmt. In einem gesellschaftlichen Diskurs, der von der katholischen Beichtform geprägt ist, geht die Macht von dem, der etwas zu sagen hat, auf den über, der zuhört. Das scheint ja dann Machtverhältnisse vordergründig umzudrehen und die beiden Seiten des Widerspruchs auch harmonisch umzudrehen und die beiden Seiten des Widerspruchs auch harmonisch zu versöhnen, scheint doch jeder kampflos auch gleich immer der andere zu sein."

Und im österreichischen Wochenmagazin „profil" schrieb der politische Kommentator Georg Hoffmann-Ostenhof im Juni 1992: „In Parteikritik und -verdrossenheit sind wir Avantgarde — und nicht nur gegenüber Deutschland. ... Es liegt an unserer demokratischen Unterentwicklung, daß wir in diesem Bereich so fortgeschritten sind. In Österreich ist die „zivile Gesellschaft" schwächer ausgebildet als anderswo in Westeuropa, der Staat stärker, und die Parteien erscheinen noch um einiges einflußreicher und noch „verstaatlichter".

Diese Fakten und Stimmungsbilder sind die Ursache beziehungsweise die Folge der Nicht-Auseinandersetzung sowohl mit dem sogenannten Bürgerkrieg und dem autoritären Ständestaat der Ersten Republik (1918 - 1938) als auch mit dem Nationalsozialismus. So wurde die NS-Zeit in Österreich weit stärker tabuisiert als in der (alten) BRD. Grundlage dafür war (und ist) die Lebenslüge der Zweiten Republik, Österreich wäre ausschließlich das erste Opfer Hitlers gewesen; für viele Österreicher gilt immer noch, nur die „bösen Deutschen" wären Nationalsozialisten gewesen, weil „es Österreich in diesen Jahren nicht gegeben" habe. (Ich hoffe, ich darf das Wissen um die österreichische Beteiligung am Nationalsozialismus, an den Verfolgungen, an den Arisierungen und am Holocaust voraussetzen, obwohl die BRD die Lebenslügen Österreichs indirekt unterstützt, weil sie es nicht wagt, von der österreichischen Mitschuld zu sprechen.)

Daher war es auch selbstverständlich, daß zum fünfzigsten Jahrestag des Überfalls der deutschen Wehrmacht auf die Sowjetunion im Juni 1941 in den österreichischen Medien nur bemerkt wurde, daß dieser Tag in der BRD in den Medien und in der Öffentlichkeit begangen wurde; kein Wort darüber, daß — wie sollte es auch anders gewesen sein — österreichische Soldaten Teil dieser Wehrmacht und damit am „Unternehmen Barbarossa" beteiligt waren. Oder daß auf eine parlamentarische Anfrage der „Grünen" im Mai 1992 über die „Mitverantwortung Österreichs an den Verbrechen des Nationalsozialismus, die Wahrnehmung dieser Verantwortung sowie die Entschädigung der Opfer" — die Entschädigung hat so gut wie nicht stattgefunden — die Antwort der Koalitionsregierung lautete: „Die Regierung verweist darauf, daß das Verhalten der deutschen Organe, die Österreich okkupierten, Österreich völkerrechtlich nicht zurechenbar ist" und daß daher keine Antwortpflicht bestehe.

Diese Haltung stellt jedoch nur die Fortsetzung der seit Ende des Krieges praktizierten Verhaltensweise dar. Mit der Begründung, Österreich sei selbst das erste Opfer der Nazis gewesen, wurden Geschädigte mit ihren Ansprüchen bereits 1945 „an die deutsche Regierung" verwiesen. Ein Gesetz, das den Opfern des NS-Regimes wieder zu ihren Wohnungen verholfen hätte, wurde aus Rücksicht auf 70000 österreichische Ariseure nie beschlossen. Und der Antrag eines Wiener Juden, der 1942 in ein Zwangsarbeiterlager deportiert worden war, wurde 1968 vom Verwaltungsgerichtshof mit der Begründung abgewiesen, er habe dort ohnehin „Unterkunft und Verpflegung" gehabt. Von mehr als 42000 Anträgen wurde insgesamt nur rund 8000 stattgegeben; die Ablehnungen erfolgten meistens wegen mangelnder Beweislage, die leicht hätte behoben werden können: durch einen Zufall erfuhr ein hartnäckiger Antragsteller, daß in einem — den zuständigen Beamten bekannten — Geheimarchiv alle Akten mit den damaligen Reichsfluchtsteuererklärungen liegen. Die Fristen für Entschädigungsanträge sind nun zwar längst abgelaufen, aber das bis vor kurzem geheime Archiv steht nur für wissenschaftliche Zwecke offen. In vielen Fällen mußten Naziopfer, die ihr Eigentum zurückbekamen, den Betrag der damals vom Vermögen abgezogenen Reichsfluchtsteuer an die ehemaligen Ariseure zurückzahlen; die Begründung der österreichischen Justiz dafür: diese Steuer habe den Juden seinerseits „zu seinem Vorteil gereicht", weil sie erst dadurch emigrieren konnten.

Die Diskussion um die Probleme von „Ossis" und „Wessis" nach der deutschen Wiedervereinigung werden in Österreich nur am Rande wahrgenommen. Das ist umso erstaunlicher, weil Österreich in vielen Bereichen — wirtschaftlich, kulturell usw. — beinahe BRD-fixiert ist und jeweils zwischen Minderwertigkeitskomplexen und „Piefke"-Feindlichkeit schwankt. Außerdem habe ich irritiert zur Kenntnis genommen, daß viele Verhaltensweisen der „Ossis" und ihre Art der Kommunikation den Österreichern ähnlich ist. (Siehe Kapitel 10). Stasi-Meldungen gehen zwar durch österreichische Medien, werden aber oft recht eigenartig kommentiert. So hieß es etwa in einer auflagenstarken österreichischen Tageszeitung, daß in der DDR Ende der sechziger Jahre bei 17 Millionen DDR-Bürgern für den Staatssicherheitsdienst 180000 Spitzel arbeiteten, ein Vergleich mit der Gestapo wäre daher naheliegend. Allerdings, so meinte die Zeitung weiter, hatte der Sicherheitsdienst (SD) der Nazis 1937 bei 66 Millionen Einwohnern nur rund 50000 Informanten.

In seinem 1990 erschienenen Buch „Zur österreichischen Identität. Zwischen deutscher Wiedervereinigung und Mitteleuropa" bezeichnete der österreichische Politologe Anton Pelinka die Waldheim-Affäre als typisch für das österreichische gesellschaftliche Klima. „Waldheim in uns" nannte er das Kapitel, in dem er das Verhältnis Österreichs zum

Nationalsozialismus charakterisierte. Nicht die gegen ihn erhobenen konkreten Vorwürfe wären wesentlich gewesen. „Nein, kein einziger dieser Gründe, für sich genommen, kann erklären, warum die Debatte um Kurt Waldheim diesen Tiefgang, diese Bedeutung, die Emotionalität provoziert hat. Waldheims Bedeutung ist eine andere — er paßt so schön in das durchschnittliche Verhalten durchschnittlicher Österreicher; er ist das Spiegelbild des Herrn Österreicher; und eben deshalb ist es so schmerzhaft, wenn — noch dazu vom Ausland — die häßlichen Züge eben dieses durchschnittlichen Österreichers unterstrichen werden."

Und unter Bezugnahme auf die in meiner wissenschaftlichen Arbeit von mir entwickelten Kommunikations-Typen schrieb Anton Pelinka weiter: „Bei den Untersuchungen, wie fünf Jahrzehnte danach Österreicherinnen und Österreicher der „Nachfolgegenerationen" mit dem Phänomen Nationalsozialismus umgehen, stößt man also — gerade in Österreich — auf ein Verhalten, das doch ziemlich genau dem Verhalten Kurt Waldheims entspricht. Waldheim war, in bestimmter Weise, immer „Mitläufer" — Mitläufer im autoritären Ständestaat, Mitläufer bei der Großdeutschen Wehrmacht, Mitläufer im Diplomatischen Dienst, Mitläufer bei den Vereinten Nationen und nun als österreichischer Bundespräsident."

Daß die etablierten Politiker in Österreich am stärksten zur UDN-Kommunikation neigen, spiegelte auch der Wahlkampf um den österreichischen Bundespräsidenten im Jahr 1992 wider. Auf die von der „Gesellschaft für politische Aufklärung" schriftlich gestellten und schriftlich zu beantwortenden Fragen an die Kandidaten der österreichischen Parlamentsparteien lautete die Antwort des sozialdemokratischen Präsidentschaftskandidaten auf die Frage: „Gibt es für Sie Unterschiede zwischen Nationalsozialismus und anderen faschistischen Systemen?": „Nichtdemokratische Systeme, in denen die Menschenrechte und Grundfreiheiten sowie das Prinzip der Rechtsstaatlichkeit nicht respektiert werden, lehne ich aus Überzeugung ab. Das bezieht sich auch auf die Theorie derartiger Systeme. Als engagierter Demokrat verurteile ich den Nationalsozialismus ebenso wie jede andere Form von Faschismus oder anderen totalitärem System." (Der Volkspartei-Kandidat schrieb: „Ja, es gibt für mich einen Unterschied. Ich halte den Nationalsozialismus für das unmenschlichste aller faschistischen Systeme"). Das Erstaunliche, aber gleichzeitig die Bestatigung, wie unbewußt die UDN-Kommunikation abläuft, beruht darin, daß der sozialdemokratische Kandidat nicht einmal merkte, daß er eine diffuse Antwort gab.

Im Juni 1992 veranstaltete das österreichische Parlament zum zweiten Mal ein „Schülerparlament". Dabei „besetzen" österreichische Schüler und Lehrlinge einen Tag lang die Sitze der 183 Abgeordneten und befragen die Minister und den Bundeskanzler. Das Resümee der Jugendlichen: sie hätten sich gut vorbereitet und viele konkrete Fragen gestellt, „aber die Herren Politiker haben sich vor klaren Antworten herumgedrückt“. Oder, wie es der Kommentator einer österreichischen Tageszeitung formulierte: „Und irgendwann wird wie im Märchen ein munteres Kind aufschreien: Aber der hat ja gar nichts an(gesagt)!“

In diesem UDN-Gesellschaftsklima mit seiner (vor allem im östlichen Österreich) stark verbreiteten Larmoyanz ist es kein Wunder, daß großer Medienjubel ausbrach, als der Bundeskanzler im Sommer 1991 bei einer Stellungnahme zu Jugoslawien beinahe verschämt am Schluß eine Erklärung zur österreichischen NS-Vergangenheit abgab. Dabei stellte er fest, daß viele Österreicher in dieser Zeit mitgemacht und vom Regime profitiert hätten, und daß daher alles getan werden müsse, damit sich das nicht wiederhole.

9. Die ehemalige DDR

Aufgrund meiner Ergebnisse, wie nachhaltig ein vor allem von den Mitläufern gepflegtes gesellschaftliches Tabu nicht nur Gefühle, sondern auch Verhaltensweisen und Denken bis in die jüngste Generation weitertransportiert, hatte ich in meinem Forschungsbericht die Vermutung ausgesprochen, die ehemaligen Ostblockstaaten hätten dieses Problem im Zusammenhang mit dem Stalinismus noch vor sich. Im besonderen würde das für die ehemalige DDR gelten, und zwar aus folgenden Gründen:

- Der beinahe nahtlose Übergang vom Nationalsozialismus zum Stalinismus
- Die Verdrängung der NS-Zeit durch die Selbstetikettierung als antifaschistischer Staat
- Die aufgrund der besonderen Beziehung zur BRD im Vergleich zu anderen Ostblockstaaten erheblich bessere wirtschaftliche Situation (die DDR war sozusagen die BRD des Ostblocks)
- Und die Tatsache, daß es in der DDR im Gegensatz zu anderen Ostblockstaaten keine „Charta 77", keine „Solidarnocs" oder ähnliches gegeben hat.

Am 26. Februar 1990 erschien im „Spiegel" ein Artikel des DDR-Psychiaters Hans-Joachim Maaz:

„Wir distanzieren uns heftig, proklamieren das Ende einer Ära und suchen vor allem Schuldige: Wie schön wäre es, wenn es uns gelänge, ein paar Stalinisten aufzustöbern, abzuurteilen und die ganze böse Vergangenheit anschließend vergessen zu können.

So geschah es doch auch 1945: Einige Nazis und Kriegsverbrecher wurden angeklagt, verurteilt oder vertrieben. Mit einem Schlag war der Nationalsozialismus ausgerottet, die „Stunde Null" war da. Daß die

Deutschen in ihrer großen Mehrheit begeisterte Mittäter gewesen waren, konnte verdrängt werden; erklärt wurde nichts.

Wie wollen wir heute in der DDR unser jahrzehntelanges Wahlverhalten oder die millionenfache Beteiligung an peinlichen Jubelaufmärschen erklären? Keiner kann sich auf die Tribüne stellen, wenn es nicht ein Volk gibt, das willig defiliert. War Verweigerung wirklich existentiell bedrohlich? Was drückte sich in der 99prozentigen Zustimmung aus?

Angst spielte sicher dabei eine Rolle, aber wohl auch die Bereitschaft zur Unterordnung, zu Gehorsam und Angepaßtheit. Allseits erkennbare Heuchelei stand hinter der farcenhaften Übereinstimmung, die in der DDR-Gesellschaft massenhaft abnorme Charakterstrukturen formte. ...

Mein Beitrag beruht auf den Erfahrungen, die einem Psychotherapeuten eröffnet werden, wenn seelische Not und körperliches Gebrechen die Menschen zur Wahrheit aufrufen, zu Erkenntnissen, die sie lieber weiter vor sich und anderen verborgen hätten.

Lernt man in solcher Lebenslage die Menschen genauer kennen, so ergibt sich ein typisches Bild des durchschnittlichen DDR-Bürgers: Er ist autoritätsgläubig, ängstlich und gefühlsblockiert, vor allem aggressiv gehemmt. Seine Bereitschaft, wirkliche Konflikte offen auszutragen, ist gering; seine Realitätswahrnehmung ist verzerrt und eingeengt. Er zeigt einen deutlichen Mangel an Direktheit und spontaner Lebensfreude — alles ist verhalten, gebremst, abgesichert und kontrolliert. Doch unter dieser Oberfläche, die nur unter großem Druck aufbricht, brodeln heftigste Gefühle: mörderische Wut, ohnmächtige Angst, auch tiefer Schmerz und lähmende Traurigkeit. Das allerdings bleibt meist verdeckt, weil es als bedrohlich und belastend empfunden wird.

Anpassungsdruck, repressive Erziehung, körperlicher und seelischer Terror; er ist Gehirnwäsche („Wir sagen dir, was richtig ist, was du denken, sagen und fühlen darfst") und Entfremdung von der eigenen Natur. Vor allem aber ist er Unterdrückung der Gefühle, Verbot von Wut, Schmerz und Lust, statt dessen Erziehung zu Disziplin und Härte und damit zu einer Verlogenheit, die schließlich zur zweiten Natur wird. Durch die Gleichschaltung der gesellschaftlichen und familiären Repression wurde die chrakterverformende Wirkung des Stalinismus in der DDR zu einem Massenphänomen. ...

Für diese Annahme spricht, daß sich in der Psychotherapie mittlerweile zunehmend Probleme abzeichnen, die man als „Angst vor der Freiheit und Selbstbestimmung" einordnen könnte. ...

Die Mauer fiel, bevor sie zum Ziel des politischen Kampfes werden konnte. ... Damit werden alle tieferen Erkenntnisprozesse und die notwendige Trauerarbeit durch eine Flucht nach vorn vermieden: Der kollektive Mangel, die kollektive Schuld sollen als kollektive Erlösung in der Einheit Deutschlands getilgt werden.

Doch die Charakterverformung der Massen bleibt unangetastet und stellt eine Gefahr für die Zukunft dar. ...

Ohne eine „psychische Revolution", die den Stalinismus als Lebensform ablöst, haben wir keine Chance. ..."

Seither hatte ich mehrmals Gelegenheit, als Nicht-Deutsche private Kontakte in der ehemaligen DDR zu pflegen und bei Veranstaltungen, Vorträgen, Tagungen und Seminaren das Zusammentreffen zwischen „Ossis" und „Wessis" zu beobachten. Bei einer Tagung von Familientherapeuten in Eßlingen/Stuttgart erklärte ein DDR-Psychologe: „Die den Beginn der DDR-Diktatur (noch dazu so rasch nach dem Nationalsozialismus) bewußt erlebt haben, haben unter dem Zwiespalt gelitten, nicht sagen zu können, was sie denken, beziehungsweise anders sprechen zu müssen als sie denken. Für die nachfolgende Generation war das bereits selbstverständlich".

Im Dezember 1990 nahm ich am „Ersten gesamtdeutschen Kongreß zur Politischen Psychologie" in Jena teil. Unter dem Titel „Neudeutsche Stimmungsbilder. Konturen einer geistig-seelischen Kolonisierung" habe ich meine Eindrücke damals in der österreichischen Tageszeitung „Der Standard" festgehalten. Ich möchte sie auszugsweise wiedergeben, da sich diese Beobachtungen und Gedanken seither eher noch verstärkt haben:

„Die Unterschiede zwischen den „beiden Deutschen" schlugen sich zwar auch inhaltlich (nicht qualitativ!) in den Vorträgen nieder — behandelten die „Westdeutschen" vorwiegend wissenschaftlich-abstrakte Themen, so versuchten die „Ostdeutschen" eine konkrete Auseinandersetzung mit ihrem DDR-Regime —, aber das Sprach- und Kommunikationsklima war politisch-psychologische Feldarbeit in Reinkultur. Nach Sprache und Tonfall waren die „beiden Deutschen" — für mich jedenfalls — nicht zu unterscheiden. Es war der Diskussionston, der die Musik machte.

Nach einem „westdeutschen" Vortrag zeichneten sich die „westdeutschen" Wortmeldungen weitgehend durch Sachlichkeit aus, „Ostdeutsche" begannen stets mit dem beinahe entschuldigenden Hinweis auf die Herkunft aus der ehemaligen DDR. Nach „ostdeutschen" Vorträgen meldeten sich „Ostdeutsche" kaum zu Wort, „Westdeutsche" gerieten meistens sehr rasch in einen verhörenden oder anklagenden Tonfall. Auf den „Ostdeutsche" mit Unterwerfungshaltung reagierten: verteidigend, unsicher. Die meisten „Westdeutschen" merkten offensichtlich nicht, wie sie die „Ostdeutschen", die ihnen keineswegs unterlegen waren, rhetorisch überrollten; darauf angesprochen, reagierten sie erstaunt bis verständnislos. Nur einige Studenten brachten ihre Rat- und Hilflosigkeit zum Ausdruck: „Wie redet man mit *denen,* ohne sie zu kritisieren?“ — „Warum ziehen *die* sich immer gleich zurück oder versuchen sich zu rechtfertigen?“ ...

Bei vielen „Ostdeutschen“ herrscht das Gefühl vor, es würde ihnen nun sofort wieder vorgeschrieben, was „richtig“ oder „falsch“, „gut“ oder „böse“ sei.

Zwischendurch (und auch jetzt noch) bei mir selbst kritische Irritation. Natürlich bin ich „Ostdeutschen“ begegnet, von denen ich weiß, daß sie aufgrund ihrer Haltung Repressionen ausgesetzt waren. Aber waren die meisten von ihnen nicht „Mitläufer“? Hätte ich den „Mitläufern“ der NS-Zeit ebenso viel Mitgefühl entgegengebracht? Genügt der (zweifellos gravierende) Unterschied, daß die DDR keinen Krieg ausgelöst und keinen Holocaust auf dem Gewissen hat, sondern nur eine „ganz normale“ Diktatur gewesen ist? Mit der Entfernung von Jena (und nachher Dresden und „Ost“-Berlin) wächst meine Skepsis. Hier nur der Versuch einer Erklärung.

Die Entnazifizierung wurde durch die Alliierten, von denen drei durch Hitlers Krieg direkt betroffen waren, eingeleitet, sie wurde von Deutschen und Österreichern selbst so gut wie nicht vollzogen. Westdeutsche und Österreicher blieben trotz massiver Wirtschaftshilfe Herren im eigenen Land. Die Entstalinisierung bleibt — mit Ausnahme der DDR — den ehemaligen Ostblockländern selbst überlassen; neben Wirtschaftshilfe aus dem Westen wird der Erfolg oder Mißerfolg dieser Entstalinisierung darüber entscheiden, wie die politische Zukunft dieser Länder aussehen wird.

Die ehemalige DDR wird — ohne Mitspracherecht — in ein neues Wirtschafts- und Gesellschaftssystem eingegliedert. Ihre Bürger haben keine Chance auf Selbstbesinnung, keine Möglichkeit, eine neue, eigenständige geistige und psychische Identität zu suchen und zu entwickeln. Das löst mein Mitgefühl für sie und mein Unbehagen gegen die „westdeutsche“ Kolonisierung aus.“

Noch eines erleichterte mir den Zugang bei meinen Beobachtungen. Ich hatte festgestellt, daß mich viele Reaktionen der „Ossis“ gegenüber politischen Vorwürfen, auch die Larmoyanz, an die vieler Österreicher erinnerten, wenn sie auf die NS-Zeit angesprochen werden (und das ist ja nun bereits mehr als 45 Jahre her!). (Siehe Kapitel 8). Zufällig stieß ich im Herbst 1991 auf Untersuchungen, die in den letzten zwei Jahren bei „Ossis“, „Wessis“ und Österreichern im Hinblick auf Autoritarismus, Fremdenfeindlichkeit und Antisemitismus durchgeführt worden waren: sie stellten fest, daß sich die Österreicher in fast allen Fragen ziemlich genau zwischen „Ossis“ und „Wessis“ bewegten. Erklärungen, warum das so ist, sind zwar aufschlußreich und „spannend“, würden hier aber zu weit führen.

Und weil in Österreich die Tendenz vorherrscht, Stasi und Gestapo zumindest gleichzusetzen, zitiere ich aus einem Artikel des österreichischen Politologen Anton Pelinka in der jüdischen „Illustrierten Neuen Welt“ vom März 1992, dem ich mich weitgehend anschließe: „... wichtiger ist, daß die „Bewältiger“ der DDR-Vergangenheit mit einer Unbedingtheit auftreten, die es in Deutschland (und erst recht in Österreich) nach 1945 eigentlich nicht gegeben hat. ... Doch die Frage nach der Doppelmoral geht noch tiefer. Das DDR-Regime war ein Regime voll von Unrecht. Es war ein System der Diktatur, Opposition wurde nicht geduldet, Oppositionelle wurden unterdrückt. Das alles galt auch für das nationalsozialistische Regime. Doch dessen Unrechtsgehalt ging noch weiter. Die NSDAP verfolgte nicht nur politische Gegner — sie führte auch einen auf Weltherrschaft oder Weltzerstörung ausgerichteten Angriffskrieg. Und die Führung des Nazi-Staates vernichtete systematisch und massenhaft Menschen, deren einzige Schuld die einer falschen Abstammung war. Mit anderen Worten: Das DDR-Regime war ein System, dem Verbrechen gegen die Menschlichkeit immanent waren; das Nazi-Regime war ein System, das in sich und für sich bereits ein Verbrechen gegen die Menschheit war. Beide Regime kann und soll man vergleichen — man kann und darf sie aber nicht gleichsetzen. ... Wie hart man das DDR-Regime beurteilen und verurteilen mag — und es gibt sehr gute Gründe für ein solches hartes Urteil: Es war ein grundsätzlich anderes Regime. Und das darf bei der Aufgeregtheit rund um die Akten des Staatssicherheitsdienstes der DDR nicht vergessen werden. Ein wenig scheint diese Aufgeregtheit auch den Charakter eines Ablenkungsmanövers zu haben ...“

Und im bereits zitierten „Standard“ schrieb Georg Possaner am 18. Februar 1992 zum „Stasi-Syndrom“: „... Und noch etwas: Auch in Westdeutschland, ja, in Westeuropa insgesamt, wird es langsam Zeit, vom hohen Roß herunterzusteigen, die Aufarbeitung des DDR-Erbes nicht den Opfern des Regimes allein zu überlassen. Haben nicht auch jene Politiker, Intellektuelle, Medien und Bänkelsänger an ihre Brust zu klopfen, die, wohl wissend um den verbrecherischen Charakter des DDR-Regimes, jahrelang für ein nebeneinander der Gesellschaftsordnungen plädiert haben? Sie haben sich dafür in all den Jahren der „friedlichen Koexistenz“ auf die normative Kraft des Faktischen ausgeredet. Das heißt, sie haben sich mit dem Bösen abgefunden.“

Die Bedeutung der NS-Zeit für die ehemalige DDR zieht sich auch durch das im Frühjahr 1992 erschienene Buch „Der antifaschistische

Staat entläßt seine Kinder. Jugend und Rechtsextremismus in Ostdeutschland". In seinem Beitrag „Rechtsextremismus — eine subjektive Verarbeitungsform des Umbruchs?" schreibt Wilfried Schubarth: „Die Erblast des Nationalsozialismus wie des Realsozialismus wiegt in dieser Hinsicht schwer. Insbesondere wurde der weiteren Tradierung faschistoider und undemokratischer Ideologiefragmente und Vorurteile durch einen stalinistischen, „verordneten" Antifaschismus nicht wirkungsvoll entgegengewirkt; im Gegenteil, Erfahrungen mit einem autoritären Staat, mit undemokratischen gesellschaftlichen Strukturen, mit Intoleranz, Einschüchterung, Repression und Gewalt haben die Herausbildung autoritärer, intoleranter und undemokratischer Denk- und Verhaltensweisen gefördert."

Dazu noch Konrad Weiß vom „Bündnis 90/Grüne" in einem Interview mit Henryk M. Broder für das österreichische Wochenmagazin „profil" vom 22. Juli 1991: „Es ist ja auch kein Zufall, daß die Rechtsradikalen, die es schon vor der Wende gegeben hat und die es jetzt gibt, zu einem großen Teil aus Familien von SED-Funktionären, von Stasi-Leuten kommen, aus diesem Milieu, das den Staat getragen hat. Die versuchen einfach, ihren Eltern und dem Staat dort weh zu tun, wo es am meisten schmerzt. Und das ist bzw. war in einem Staat, der sich als von Natur aus antifaschistisch verstand, der Faschismus. Ich kenne Fälle, wo der Sozialismus den Kindern von ihren Vätern mit der Faust eingebleut wurde. Daß die jetzt nach rechts abmarschieren, ist eigentlich nur natürlich." (Also eine MA-Reaktion, bei der es nicht um den Inhalt, sondern nur um das „Kontra" an sich geht).

Welchen Stellenwert mein „Tabu"-Kreis (siehe Kapitel 2) in der DDR-Gesellschaft hatte, beschreibt Helga Gotschlich, Autorin des 1990 erschienenen Buches „Ausstieg aus der DDR. Junge Leute im Konflikt": „Jugendliche, an autoritäre Verhältnisse gewöhnt, erfuhren Fürsorglichkeit und Zuwendung durch Unterwerfung unter vorgegebene Normen, Ansprüche der Gesellschaft, Erziehungsziele der Schule oder der Jugendorganisation. Durch ihre Anpassung an Regeln wurde Geborgenheit und äußerer Halt erreicht. ... Zuviele nahmen sich selbst in einem FDJ- oder Klassenkollektiv oder in einer Jugendbrigade nicht mehr so wichtig. Alle zusammen wollten möglichst keine „Fehler" machen. Weil Fehlermachen mit „Schuld" besetzt schien. Fast waren junge Menschen lebensunfähig in dieser Furcht vor dem Fehlermachen." Eine beinahe „klassische" UDN-Mitläufer-Gesellschaft.

Und in ihren „Nachbemerkungen" schreibt Helga Gotschlich: „Unbewußt oder schon bewußt schwingt oft die Frage nach dem eigenen Schuldanteil an einem verpfuschten Weg. Andere wiederum weisen Mitverantwortung an den Geschehnissen hierzulande empört von sich. Sie setzen Tabus."

Die Wirkung solcher neuer Tabus scheint sich in der ehemaligen DDR auch schon abzuzeichnen. Darunter fallen auch wieder Begriffe, die zum früheren Alltag gehörten, so zum Beispiel „Solidarität“ und „Sozialismus“. (Allerdings scheinen „Sozialismus“ und „Marx“ nun auch in der BRD und in Österreich zu diskriminierten Begriffen geworden zu sein).

Bei meinen Beobachtungen schienen sich auch meine Kommunikations-Typen im wesentlichen zu bestätigen: In der Auseinandersetzung mit den „Ostdeutschen“ glichen die Formulierungen der „Westdeutschen“ beinahe wörtlich jenen in der Auseinandersetzung mit den ehemaligen Nationalsozialisten, sowohl denen nach 1945 als auch jenen, die später vor allem in der 68er-Bewegung verbreitet waren. Und die Reaktion der „Ostdeutschen“ entspricht durchaus der der damals angesprochenen ehemaligen NS-Mitläufer. So verwenden die „Westdeutschen“ besonders häufig die Kommunikationsform MA, Sensiblere FR. Sie sind überzeugt, über die DDR Bescheid zu wissen, Recht zu haben, und kommen meistens gar nicht auf die Idee, die „Ostdeutschen“ zu fragen oder diese erzählen zu lassen, wie sie den DDR-Alltag erlebt haben. So wie es zum Verständnis und zur konstruktiven Auseinandersetzung mit dem Nationalsozialismus wichtig (gewesen) wäre, nach dem NS-Alltag zu fragen. (Bleibt nun der Alltag beider Diktaturen unbefragt?). Entsprechend reagieren daher die „Ostdeutschen“ mit der — ebenfalls bei den NS-Mitläufern üblichen — was keine Gleichsetzung der beiden Regime bedeutet! — UDN-Kommunikationsform.

Womit das nächste gesellschaftliche Tabu vorprogrammiert ist. Und es scheint, daß das in der ehemaligen DDR auch über kurz oder lang der Fall sein wird. (So meinte etwa eine Frau aus Dresden, mit der ich seit 1989 befreundet bin: „Früher haben wir wegen der Stasi den Mund gehalten, heute halten wir den Mund, weil wir Angst haben, unseren Arbeitsplatz zu verlieren“). Und das nicht nur, weil die „Ossis“ lieber verdrängen als aufarbeiten. Eine Barriere könnte sein, daß die ständige Betonung der „Westdeutschen“, daß nun der „gute Westen“ den „bösen Osten“ besiegt habe, die Fronten verhärtet (MA/EA) oder verschleiert (UDN). Dabei merken sie — ebenso wie in Österreich — nicht, wie sehr dieser Triumpf über den Kommunismus noch in der Tradition der NS-Ideologie verankert ist; in anderen westeuropäischen Ländern spielt sich der Sieg über den Kommunismus erheblich leiser ab. Es könnte auch im Interesse der alten BRD liegen, nicht ständig auf die Parallelen zur Verdrängung in den Jahren nach 1945 gestoßen zu werden.

10. Das „Mitläufersyndrom“ — Die Unfähigkeit zu fragen Einige Überlegungen als Nachwort

„Seit die Kleinkinderfragen vorbei sind, konnte ich nicht mehr fragen. Ich wurde auch immer unwillig, wenn ich selber gefragt wurde. Alle Fragen, die mir gestellt wurden, erschienen mir falsch, gestellt von den Falschen, im falschen Ton, im falschen Moment, am falschen Ort. Ihr habt mir mit euren falschen Fragen den Staub von den Flügeln gestupst. Wurde ich nach etwas Geschehenem falsch gefragt, verlor ich allein durch die falsche Frage des Geschehenen Bild. Dabei wartete ich ständig darauf, endlich gefragt zu werden. Je mehr Welt und Möglichkeit die Fragerei um mich herum vernichtete, desto größer wurde mein Bedürfnis, es möge doch einer kommen mit einer Frage nicht an oder gegen, sondern *für* mich. Ja, eine richtige Frage stellte ich mir vor als Geschenk! ... Übrigens erwartete ich die richtige Frage immer nur von den Unbekannten oder Auswärtigen und nahm die der Angehörigen und Ortsansässigen, so unausgesetzt wie sie fragten, nie ernst. Und doch: Ach Eltern, hättet ihr mich, sooft ich heimkam, statt mit eurem Selbstgemachten von Keller und Herd, bewirtet mit einer richtigen Frage! ... Und wenn ich meinerseits nicht fragte, so hieß das nicht, daß ich keine Fragen hatte. Das Fragen ist beständig in mir, aber ich konnte es nie äußern, auch nicht in Haltung oder Blick. ... Weil ich nie fragte, galt ich als roh und verwildert. Aber in Wahrheit erschien mir das Fragen insgesamt als etwas mir Verwehrtes — ich weiß nicht, durch wen. ... Dabei habe ich andere in ihrer Verlassenheit eigens Wildfremde um eine Auskunft fragen hören, auch wenn sie Weg oder Zeit selber wußten: Das bloße Fragen hat ihnen schon gutgetan. Sogar bei der Antwort „Ich habe keine Uhr“: wie überschwenglich ihr Dank! ... Höchste Zeit, daß ich es schaffe, zu fragen. Nur wen? Denn frage ich mich allein, bleibt es unernst und folgenlos. Vater und Mutter, jetzt da ihr tot seid, hätte ich Fragen um Fragen an euch! ...“ (Parzival)
(Peter Handke: Das Spiel vom Fragen, 1990)

Wir neigen dazu, uns entweder mit den feststellbaren „Tätern“ oder mit deren unschuldigen „Opfern“ auseinanderzusetzen oder zu identifizieren. Das betrifft keineswegs nur die Zeit des Nationalsozialismus, des Stalinismus oder anderer Diktaturen; es ist allgemein, auch in unserem heutigen Alltag, üblich, jene Sachverhalte zu diskutieren, die einfach — nämlich als „gut“ oder „böse“, „richtig“ oder „falsch“ — zu bewerten und einzuordnen sind. Eine wesentliche Rolle spielen heute dabei die Massenmedien.

Diese fast ausschließliche „Fixierung“ auf spektakuläre Minderheiten verzerrt die Realität, nämlich die Tatsache, daß unsere Gesellschaft — wie jede andere auch — im wesentlichen aus jenen besteht, die weder „Täter“ noch „Opfer“, sondern „Mitläufer“ sind. Jedes Regime, jedes System, jede Regierung — eine Diktatur ebenso wie eine Demokratie — lebt davon, daß die meisten schweigend akzeptieren oder geschehen lassen, was eine Minderheit tut, und sich dort heraushalten, nicht einmischen oder wegsehen, wo eine andere Minderheit an den Rand gedrängt wird. Je größer die Zahl der Mitläufer in einer Gesellschaft, desto niedriger die demokratische Kultur. Mitläufer verhalten sich auch im Positiven lau, weil „man ja schließlich nie wissen kann, was dabei herauskommt“ oder was „die anderen sagen“.

Ich möchte hier ein Beispiel zitieren, das Ausdruck eines Gesellschaftsklimas ist, in dem Mitläufertum weniger Chancen hat. Im Februar 1992 setzten weite Teile des öffentlichen Schweden Aktionen gegen Ausländerfeindlichkeit. Nicht nur, daß Einwanderer einen landesweiten Streik von einer Stunde abhielten und ein Komitee als Repräsentant von mehr als fünfzig Einwandererorganisationen zu Manifestationen aufriefen, an denen fast eine Million Menschen teilnahmen. Mit einer aufsehenerregenden „Rede an die Nation“ und einem gemeinsamen Gottesdienst von Königshaus und Reichstag bezog das „offizielle“ Schweden eindeutig Stellung gegen ausländerfeindliche Tendenzen. Der Volvo-Konzern bekundete seine Sympathie für den Einwanderer-Streik, indem er für zehn Minuten die Arbeit ruhen ließ, die Arbeitgeberorganisation SAF gab ihren Angestellten grünes Licht für ähnliche Kundgebungen.

Die Tragik ist, daß Mitläufer-Eltern Mitläufer-Kinder großziehen: auch sie sollen nirgends mittun, sich möglichst nicht einmischen, nicht auffallen. Vorgeschoben wird dabei die Sorge um das Wohl der Kinder (sie sollen keine Schwierigkeiten haben), kaschiert aber wird der eigene vorauseilende Gehorsam, die vorauseilende Vorsicht, die vorauseilende Angst.

Es gibt kaum ein „Rezept“ gegen dieses UDN-Klima, das nicht schon genannt oder beschrieben wurde. Sie alle wollen die große Veränderung, um das hehre Ziel einer demokratischen Kultur zu erreichen. Dabei wird den täglichen „Banalitäten“ und „Kleinigkeiten“ zu wenig Bedeutung beigemessen und zu wenig berücksichtigt, daß Mut in kritischen Situationen meistens nur dann möglich ist, wenn Zivilcourage — ein wesentliches Kriterium für eine demokratische Kultur — im Alltag erlernt, erfahren, versucht und erlebt worden ist, also in „kleinen Schritten“ gerade da geübt wird, wo es „um nichts geht“.

Eine wichtige Voraussetzung dafür ist die Fähigkeit zu fragen. Wer fragt, kann sich orientieren, kann verstehen, kann Zusammenhänge erkennen, ist nicht darauf angewiesen, alles zu nehmen, „wie es ist“. Wer wissen will, warum etwas ist, wie es ist, kann starre Strukturen verändern.

Fragen wird im allgemeinen nicht als Interesse an Informationen, an Wissen, an den Ansichten anderer oder als Anteilnahme angesehen. Es hat meistens den Anstrich von prüfen (in der Schule), kontrollieren (in der Familie), hineinlegen (in Gruppen), auf Glatteis führen (im Journalismus) usw. Warum hat Fragen so ein schlechtes „Image“?

Der Mythos unserer heutigen Kommunikationsgesellschaft besteht darin, daß die Vielfalt an Kommunikationsmedien — Massenmedien, vor allem das Fernsehen, Telefon, Telefax, Computer usw. usw. — die Kommunikation in Familie und Gesellschaft nicht ergänzen beziehungsweise erleichtern, sondern häufig Ersatzfunktion haben. Man kommuniziert nicht miteinander, sondern sieht/hört (zu?), wie andere das tun.

Die Scheu vor dem Fragen beruht in der vorauseilenden Angst, sich zu blamieren, unangenehm aufzufallen, schief angesehen zu werden, auch dort, wo es eigentlich um gar nichts geht. Es ist ein Verhalten, als lebten wir noch in einer Diktatur: nicht auffallen; keine dummen Fragen stellen; die werden schon wissen, warum es so sein muß; nichts sehen, nichts hören, nichts sagen. Offensichtlich haben wir unsere vordemokratischen Verhaltensmuster nicht abgelegt, weil es uns durch UDN-Kommunikation so vermittelt worden ist. Unsere Gesellschaft ist weitgehend im „Tabu-Vorfeld“, in der „Schutzzone“ steckengeblieben. Das hat weitreichende Folgen für die (Un)Möglichkeit von Demokratie.

Ich weiß nicht, ob die Demokratie der Weisheit letzter Schluß ist. Sie ist es sicher nicht, wenn sie sich ausschließlich in staatlicher Institutionalisierung und Wahlen erschöpft. Demokratie muß sich im Alltag in einer demokratischen politisch-gesellschaftlichen Kultur niederschlagen. Dabei spielt die gesellschaftliche Kommunikation, spielt das (Nach)Fragen eine wesentliche Rolle.

11. Ergänzende Untersuchungen

11.1 IFES (für Österreich) — Generationenvergleich

Folgende sechs Fragen, auf die ich mich mit dem Leiter des Wiener Instituts für Empirische Sozialforschung, Ernst Gehmacher, geeinigt hatte, wurden von IFES Ende November 1988 in seiner monatlichen repräsentativen Umfrage zu jeweils gleichbleibenden und aktuellen Themen zusätzlich gestellt. Daraus wurden anschließend die Ergebnisse für die von mir befragte Altersgruppe ausgewertet:

1. Jeder Mensch hat so seine Lebenserfahrung. Wie ist das bei Ihnen, was halten Sie für besser? Sich im allgemeinen dem *üblichen Verhalten* anzuschließen (ÜV)? Oder sich um übliche Verhaltensweisen im allgemeinen nicht zu kümmern?

   ÜV: 56,2 %

2. Jeder Mensch möchte sich manchmal offen aussprechen können. Haben Sie zum Miteinanderreden über wichtige Dinge *ausreichende Möglichkeiten* (AM)? Wenig Möglichkeiten? Fast keine Möglichkeiten?

   AM: 83,0 %

3. Bei wem können Sie sich da aussprechen? In der *Familie* (MFA)? Bei *Freunden* (MFR)?

   MFA: 84,6 %
   MFR: 51,0 %

4. Nun noch zu dem, was man vom Staat und von der Gesellschaft erwarten darf. Sind da für Sie und Ihre Angehörigen die Voraussetzungen gegeben für beruflich-finanzielle Sicherheit (a)? Für Sicherheit vor Verbrechen und Kriminalität (b)? Für die Bewahrung der Gesundheit (c)? Für die wünschenswerte Bildung und Persönlichkeitsentwicklung (d)?

   (a) 75,0 %
   (b) 61,7 %
   (c) 62,4 %
   (d) 80,6 %

5. Wie würden Sie die Erziehung bezeichnen, die Sie in Ihrem Elternhaus erhalten haben? Eher streng (ST)? Eher nachsichtig (NA)? Eher zur Ordnung (ZO)? Oder eher zum Miteinanderreden (MR)?

St: 46,0 %
NA: 21,8 %
ZO: 43,3 %
MR: 30,2 %

6. Wie ist Ihre eigene Tätigkeit oder Arbeit? Haben Sie eher die Möglichkeit, es sich selbst zu gestalten (GS) oder müssen Sie sich da eher an andere Personen und an die Arbeitsanforderungen anpassen (ANP)?

GS: 56,7 %
ANP: 31,5 %
Keine Antwort: 11,7 %

Da mir die Gesamtdaten der IFES-Umfrage vom November 1988 zur Verfügung standen, hatte ich mir auch die Personengruppe der Jahrgänge 1963 bis 1973, also der 15- bis 26Jährigen (= die „Kinder“ der von mir Interviewten) auswerten lassen; damit standen auch deren Antworten auf die sechs IFES-Fragen zur Verfügung. Daraus ergeben sich zwei Möglichkeiten: zum einen, wie vorgesehen, zu „testen“, ob die Ergebnisse meiner Untersuchung mit denen der IFES-Fragen vergleichbar waren, und zum anderen die Ergebnisse der beiden Altersgruppen („Eltern“ — „Kinder“) zu vergleichen.

Zunächst der Vergleich, den ich in den nachfolgenden Tabellen zusammengefaßt habe (s. S. 166):

Die Antworten zum „üblichen Verhalten“, zum „Aussprechen“ (in der Familie oder mit Freunden), zur „Erziehung“ und zur „Arbeitsgestaltung“ waren für meine Hypothesen besonders wichtig. Sie stehen sowohl miteinander als auch mit meiner Untersuchung in einem deutlichen Zusammenhang.

In der Tabelle fehlt die Frage nach den allgemeinen Aussprache-Möglichkeiten, weil es da keinen Unterschied zwischen den beiden Altersgruppen gab und mir die Unterteilung in „Familie“ und „Freunde“ interessanter erschien. Wobei der hohe Prozentsatz der Aussprachemöglichkeiten überrascht, da doch allgemein von abnehmender Kommunikation in Familien die Rede ist. Oder drückt der hohe Prozentsatz den Wunsch danach aus? Jedenfalls sind die Möglichkeiten zum „Aussprechen in der Familie“ gleich (hoch) geblieben, deutlich gestiegen ist bei den „Kindern“ der Stellenwert von Freunden. Dieser Stellenwert geht bei den „Kindern“ aber durch oder nach der Heirat offensichtlich verloren, denn die Prozentsätze sind dann dieselben wie bei ihren „Eltern“.

„Eltern“ (Jahrgänge 1942 - 1952, 36 bis 47 Jahre alt) —
Vergleich mit der Generation ihre „Kinder“ (Jahrgänge 1963 - 1973, 15 bis 26 Jahre alt) (Angaben in Prozent):

Familienstand	„Eltern“		„Kinder“
verheiratet	80		17
Ledig	10		83
Geschieden	9		—

IFES-Frage	„Eltern“		„Kinder“
Übliches Verhalten	56,2		53,4
Aussprechen in der Familie	84,6		81,7
Aussprechen mit Freunden	51,0	!!	65,4
verheiratet	44,0	!!	44,0
ledig	70,0	!!	70,0
Sicherheit			
finanziell / bürgerlich	75,0		77,0
vor Kriminalität	61,7		60,5
Gesundheit	62,4		79,7
Bildung / pers. Entwicklung	80,6		84,6
Erziehung			
eher streng	46,0		24,0
eher nachsichtig	21,8		29,8
eher zur Ordnung	43,3		42,8
eher zum Miteinanderreden	30,2	!!	54,3
verheiratet	29,7	!!	27,8
ledig	23,3	!!	59,8
Arbeitsgestaltung			
selbständig	56,7	!!	35,1
muß sich anpassen	31,5	!!	46,2
keine Antwort	11,7	!!	18,8
Schüler / Studenten			
selbständig		!!	30,6
muß sich anpassen			34,6
keine Antwort		!!	34,6
Berufstätige	80,0		57,7
selbständig			37,9
muß sich anpassen			58,6
keine Antwort		!!	3,4

Die Einstellung zum „üblichen Verhalten“ — wobei offen bleibt, ob sie die tatsächliche Meinung der befragten Personen ausdrückt oder ihre Einsicht in die Realität — ist gleichgeblieben.

Bei der „Arbeitsgestaltung“ fällt sowohl bei den „Eltern“ wie bei den „Kindern“ zunächst einmal der Prozentsatz ohne Antwort auf. Erfahrene Meinungsforscher vertreten den Standpunkt, daß „keine Antwort“ im Zweifelsfall der „unangenehmeren“ Antwort zuzurechnen ist, das wäre hier wahrscheinlich das „Anpassen“. (Daß nur 30,6 % der Oberstufen-Schüler und Studenten „selbständig“ ihre Arbeit gestalten können, erscheint bedenklich).

In der Einstellung „Erziehung zur Ordnung“ hat sich offensichtlich nichts geändert. Überraschend auch der geringe Unterschied bei der „nachsichtigen Erziehung“, die am ehesten einer „Laissez-faire“-Erziehung entspricht; wenig überraschend hingegen der große Unterschied bei der „strengen Erziehung“. Bei der „Erziehung zum Miteinanderreden“ wird noch stärker deutlich, was schon beim „Aussprechen mit Freunden“ auffallend war: es gibt einen großen (positiven) Unterschied gegenüber der Elterngeneration, der aber bei der Verheiratung verloren zu gehen scheint, denn der Prozentsatz der Verheirateten der „Kinder“-Generation ist derselbe wie der ihrer verheirateten „Eltern“.

Insgesamt scheinen also die Unterschiede zwischen den Generationen erheblich geringer zu sein als häufig angenommen wird. Das bedeutet, daß es positive Veränderungen nur in einem sehr geringen Ausmaß gibt.

Nicht nur Schlagen als Erziehungsmittel ist kaum weniger verbreitet als früher, auch die Feststellung, schuld an allem, was nicht klappt, wären Umstände und Personen außerhalb der Familie. Die Verringerung autoritärer Erziehungsmethoden in bezug auf Gehorsam und Benehmen und die Einhaltung von traditionellen Normen und Regeln ist nur eine scheinbare – sie haben sich auf den Leistungsdruck verlagert: je früher ein Kind gehen, essen oder reden kann, desto erfolgreicher ist die Erziehung der Eltern. Der Leistungsanspruch findet später bei den Schulergebnissen seine Fortsetzung, daher nehmen die psychosomatischen Beschwerden bei Schülern und Schülerinnen ständig zu. (Seit vielen Jahren berichten Fachzeitschriftenüber entsprechende Untersuchungsergebnisse.)

Auch die größere Freiheit im täglichen Umgang zwischen Eltern und Kindern ist nur selten Ausdruck einer wirklich offeneren Erziehung; in den meisten Fällen ist es Gleichgültigkeit, die sich hinter „Laissez-faire“ verbirgt. Und manchmal steckt dahinter auch der Wunsch, nicht autoritär zu sein; die Hilflosigkeit im Umgang mit der diskreditierten, mißbrauchten, aber stets präsenten Macht führt aber schließlich ebenso zum UDN-Familien„klima“, in dem vieles nur verschleiert wird.

11.2. Empirische Hermeneutik

Prof. Thomas Leithäuser vom Institut für Psychologie an der Universität Bremen verwendete sechs meiner Tiefeninterviews (drei deutsche, drei österreichische, darunter vier Männer, zwei Frauen; die Auswahl erfolgte jeweils nach dem Zufallsprinzip) für ein Seminar. Siebzehn Psychologiestudenten werteten sie im Sommersemester 1989 im Rahmen ihres Projektes „Psychologie des sozialen Vorurteils. Methoden und Untersuchungen in der Vorurteilspsychologie" nach der Methode der Empirischen Hermeneutik (Leithäuser/Volmerg) aus. Bei dieser Methode liegt der Schwerpunkt nicht nur beim Inhalt, sondern vor allem in der jeweiligen Beziehung (Interaktion) zwischen Befrager(in) und Befragten, aber auch in der Beziehung, die die Auswertenden zum Inhalt und zu beiden Gesprächspartnern entwickeln. Während dieses Sommersemesters führte ich mit den Studenten auch ein Gespräch über meine Untersuchung. Im Februar 1990 erhielt ich sieben Arbeiten (zwei Gruppen hatten dasselbe Gespräch ausgewertet) im Umfang zwischen acht und 34 Seiten; mit vier Studentinnen führte ich im Mai 1990 eine Abschlußdiskussion. In den wesentlichen Aspekten bestätigten die Seminararbeiten meine Ergebnisse.

11.3. Objektive Hermeneutik

Dorit Stenke-Knorr, Assistentin am Pädagogischen Institut der Universität Mainz, wertete drei, ebenfalls zufällig ausgesuchte österreichische Gespräche (zwei Frauen, ein Mann) nach der Methode der „Objektiven Hermeneutik" (Oevermann) unter dem Aspekt der Rolle der Frauen aus. Ihr ging es inhaltlich einerseits um die Persönlichkeit der Befragten und ihre Beziehung zu den Eltern, vor allem aber um die Beziehung zur Mutter und ihre Bedeutung im Zusammenhang mit dem Nationalsozialismus.

Im Januar 1990 (1989 habe ich an ihrem Institut einen Vortrag über meine Untersuchung gehalten) übersandte sie mir eine wissenschaftliche Arbeit von dreißig Seiten: „Weiblichkeit und Nationalsozialismus. Die Verdrängung der politischen Dimension von Mütterlichkeit. Versuch einer Sekundäranalyse dreier Interviews mit der Methode der Objektiven Hermeneutik." Die Arbeit bestätigte meine Ergebnisse hinsichtlich der Rolle der Frauen und Mütter.

11.4. Psychoanalyse

Die Dissertation von Elke Rottgardt, Psychotherapeutin in Köln, befaßte sich mit dem Thema Familie und Nationalsozialismus; ihre Zielgruppe war, sowohl hinsichtlich des Milieus wie des Alters, weitgehend dieselbe wie meine Gesprächspartner. Ihre Gespräche mit etwa fünfzehn Personen liefen über einen längeren Zeitraum und orientierten sich an der Psychoanalyse.

Elke Rottgardt überließ mir eine Zusammenfassung ihrer Einzelauswertungen über den Umgang mit dem Nationalsozialismus in den Familien, über den Eltern-Kind-Kontakt in diesen Familien, das Elternbild, die Auseinandersetzung mit dem Nationalsozialismus und die psychischen Auswirkungen bei der Zielgruppe. Sie betonte, daß sie die große Übereinstimmung meiner Ergebnisse mit ihren Analysen überrascht habe.

11.5. Oral History

Barbara Keller, Studentin der Psychologie an der Universität Heidelberg, arbeitete an einem Projekt, das sich mit dem Erinnern und seinem Stellenwert für das spätere Leben der NS-Generation befaßte. Sie überließ mir jene Gesprächsteile, die sich mit der Schwierigkeit dieser Generation befaßten, ihren Kindern — also meiner Zielgruppe — ihr Leben in der NS-Zeit zu vermitteln. Das weitgehende Scheitern dieser Vermittlung deckte sich auch mit meinen Ergebnissen.

11.6 Exkurs: Vergleich mit Adorno

Die Vorurteils-Typen von Adorno haben nach wie vor große Bedeutung für die Charakterisierung von „autoritär" (mit Vorurteilen) und „nicht-autoritär" (ohne Vorurteile) mit ihren jeweiligen Schattierungen. Obwohl Adorno diese Typen zu einer bestimmten Zeit, unter bestimmten Voraussetzungen und vor seinem persönlichen und gesellschaftlichen Hintergrund entwickelt hat, entsprechen sie in vieler Hinsicht allgemeingültigen Kriterien (Tabelle s. S. 170).

Die verschiedenen Schattierungen von „autoritär" (mit Vorurteilen) und „nicht-autoritär" (ohne Vorurteile) bewerten zwar die Einstellung, sagen aber grundsätzlich wenig über politisches (gesellschaftliches) Verhalten oder Handeln aus. Die Feststellung von Vorurteilen kann da-

Mit Vorurteilen (MV)	Ohne Vorurteile (OV)
1. Oberflächenressentiment	000
2. Konventionell	Starr vorurteilsfrei
3. Autoritär	Protestierend vorurteilsfrei
4. Rebell / Psychopath	Impulsiv vorurteilsfrei
5. Spinner	000
6. Manipulativ	Ungezwungen vorurteilsfrei
7. 000	Genuin liberal

Und nun der Versuch, Adornos Vorurteilstypen mit meinem Kommunikations-Typen zu vergleichen:

Typen von Adorno	Kommunikations-Typ
Oberflächenressentiment – MV	FR
Konventionelle – MV	MA / FR
Starr vorurteilsfrei – OV	FR / MA
Autoritär – MV	MA
Protestierend vorurteilsfrei – OV	EA / FR
Rebell / Psychopath – MV	MA / EA
Impulsiv vorurteilsfrei – OV	EA / MA
Spinner – MV	UDN / EA
Manipulativ – MV	UDN
Ungezwungen vorurteilsfrei – OV	FR / DO
Genuin liberal – OV	DO – DO / FR

her für demokratiepolitische Überlegungen nur eine Orientierung sein. So verhält sich etwa Adornos „starrer Vorurteilsfreier" wohl kaum von vornherein demokratischer als der „Konventionelle", es könnte sogar umgekehrt sein. Für Adorno ist – ein anderes Beispiel – „Ungezwungen vorurteilsfrei" die Kehrseite von „manipulativ"; das könnte auch das Gegensatzpaar „Tun – Unterlassen" oder „Tun – Geschehen-Lassen" sein.

Der Versuch des Vergleiches hatte nur die rein theoretische Bedeutung, meine Kommunikations-Typen auch aus diesem Blickwinkel zu beleuchten beziehungsweise zu „testen".

12. Literatur

In das Literaturverzeichnis habe ich auch Bücher aufgenommen, die nach Abschluß meines Forschungsprojektes erschienen sind, aber auch Bücher, auf die ich erst später aufmerksam geworden bin — weil sie mir für das Thema wichtig erschienen.

Adorno, Theodor W.: Erziehung zur Mündigkeit. Suhrkamp 1971.

ders.: Studien zum autoritären Charakter. Suhrkamp 1976

Arnim, Gabriele von: Das große Schweigen. Von der Schwierigkeit, mit den Schatten der Vergangenheit zu leben. Kindler 1989

Bandler, Richard/Grinder, John: Metasprache und Psychotherapie. Junfermann 1988

Bauriedl, Thea: Das Leben riskieren. Psychoanalytische Perspektiven des politischen Widerstandes. Piper 1988.

dies.: Die Wiederkehr des Verdrängten. Psychoanalyse, Politik und der Einzelne. Piper 1988

Bergedorfer Gesprächskreis: Hemmen Tabus die Demokratisierung der deutschen Gesellschaft? 1965

Berger, Karin: Man hat ja nichts gewußt. Frauen im Krieg und im Faschismus von 1939-1945. AUF 1989

Bernfeld, Siegfried: Psychoanalyse als Gespräch. Fischer 1941

Besson, Waldemar/Jasper, Gotthard: Das Leitbild der modernen Demokratie. Dietz 1991

Bodenheimer, Aron Ronald: Warum? Von der Obszönität des Fragens. Reclam 1986

Bonß, Wolfgang: Die Einübung des Tatsachenblicks. Zur Strukturveränderung empirischer Sozialforschung. Suhrkamp 1982

Borries, Bodo von: Geschichtslernen und Geschichtsbewußtsein. Klett 1988

Bos, Wilfried/Tarnai, Christiane (Hrsg.): Angewandte Inhaltsanalyse in Empirischer Pädagogik und Psychologie. Waxmann 1989

Dahrendorf, Ralf: Gesellschaft und Demokratie in Deutschland. Piper 1971

Devereux, Georges: Normal und Anormal. Aufsätze zur allgemeinen Ethnopsychologie. Suhrkamp 1982

Ebbinghaus, Angelika (Hrsg.): Opfer und Täterinnen. Frauenbiographien des Nationalsozialismus. Delphi Politik 1987

Eckstaedt, Anita: Nationalsozialismus in der „zweiten Generation". Psychologie von Hörigkeitsverhältnissen. Suhrkamp 1989

Epstein, Helen: Die Kinder des Holocaust. Gespräche mit Söhnen und Töchtern von Überlebenden. Beck 1987

Erdheim, Mario: Die gesellschaftliche Produktion von Unbewußtheit. Eine Einführung in den ethnopsychologischen Prozeß. Suhrkamp 1984
Ethnopsychoanalyse: Herrschaft, Anpassung, Widerstand. Brandes & Apsel 1991
Feigl, Susanne / Pable, Elisabeth: Väter unser. Reflexionen von Töchtern und Söhnen. Österreichische 1988
Focke, Harald / Reimer, Uwe: Alltag unterm Hakenkreuz. Rowohlt 1979
Francesconi, Hedi: Extremtraumatisierung und ihre Folgen für die nächste Generation. Die psychischen Störungen der Nachkommen ehemaliger KZ-Häftlinge. Sensen Verlag 1983
Freud, Sigmund: Massenpsychologie und Ich-Analyse. Totem und Tabu. Das Unbehagen in der Kultur. Fischer 1978
Friedrichs, Jürgen: Methoden empirischer Sozialforschung. WDV 1985
Gabel, Josef: Ideologie und Schizophrenie. Fischer
Geulen, Dieter: Das vergesellschaftete Subjekt. Suhrkamp 1989
Goffman, Erving: Rahmen-Analyse. Suhrkamp 1989. Interaktions-Rituale. Suhrkamp 1991
Goleman, Daniel: Lebenslügen und einfache Wahrheiten. Beltz 1987
Gotschlich, Helga: Ausstieg aus der DDR. Junge Leute im Konflikt. Verlag der Nation 1990
Gravenhorst, Lerke / Tatschmurat, Carmen (Hrsg.): TöchterFragen — NS-Frauengeschichte. Kore Verlag Traute Heusch 1990
Greven, Michael Th.: Systemtheorie und Gesellschaftsanalyse. Luchterhand 1974
Grinder, John / Bandler, Richard: Kommunikation und Veränderung. Junfermann 1987
Gruen, Arno: Der Wahnsinn der Normalität. Realismus als Krankheit. Kösel 1987
Hacker, Friedrich: Das Faschismus-Syndrom. Psychologie eines aktuellen Phänomens. Econ 1990
Haller, Max / Hoffmann-Nowottny, Hans-Jürgen / Zapf, Wolfgang: Kultur und Gesellschaft. Campus 1989
Handke, Peter: Das Spiel vom Fragen. Suhrkamp 1989
Haslinger, Josef: Politik der Gefühle. Luchterhand 1990
Havers, Wilhelm: Neuere Literatur zum Sprachtabu. 1946
Heimannsberg / Schmidl (Hrsg.): Das kollektive Schweigen. NS-Vergangenheit und gebrochene Identität in der Psychotherapie. Asanger Verlag 1988
Heinemann, Karl-Heinz / Schubarth, Wilfried (Hrsg.): Der antifaschistische Staat entläßt seine Kinder. Jugend und Rechtsextremismus in Ostdeutschland. Köln 1992
Heinrich, Hans-Georg / Klose, Alfred / Ploier, Eduard: Politische Kultur in Österreich. Veritas 1989
Heinrichs, Hans-Jürgen (Hrsg.): Das Fremde verstehen. Gespräche über Alltag, Normalität und Anormalität. Fischer 1985
Herkner, Werner: Einführung in die Sozialpsychologie. Huber 1986
Huemer, Peter / Schurz, Grete: Unterwerfung. Über den destruktiven Gehorsam. Zsoluay 1990
Janßen, Eva: Die Verarbeitung des „Zusammenbruchs“ nach dem Zweiten Weltkrieg. Diplomarbeit München 1988 (Bauriedl)
Jaspers, Karl: Die Schuldfrage. Von der politischen Haftung Deutschlands. Piper 1987
Jonas, D. / Daniels, A.: Was Alltagsgespräche verraten. Hammbeck 1987
Juttemanns, G. / Thomae, H.: Biographie und Psychologie. Springer 1987
Klages, Helmut / Herbert, Willi: Wertorientierung und Staatsbezug. Untersuchungen zur politischen Kultur in der Bundesrepublik Deutschland. Campus 1983

Klingemann/Kaase/Horn: Politische Psychologie. Sonderheft 12/1981
Kress, Gisela/Senghaas, Dieter: Politikwissenschaft. Fischer 1972
Kristeva, Julia: Fremde sind wir uns selbst. Suhrkamp 1990
Leithäuser, Thomas/Volmerg, Birgit: Anleitung zur empirischen Hermeneutik. Psychoanalytische Textinterpretation als sozialwissenschaftliches Verfahren. Suhrkamp 1979.
dies.: Psychoanalyse in der Sozialforschung. Eine Einführung. Suhrkamp 1988
Leithäuser, Thomas/Salje, Gunther/Volmerg, Ute/Wutka, Bernhard: Entwurf zu einer Empirie des Alltagsbewußtseins. Suhrkamp 1981
Lohmann, Hans-Martin (Hrsg.): Psychoanalyse und Nationalsozialismus. Fischer 1984
Lorenzer, Alfred: Sprachspiele und Interaktion. Suhrkamp 1977.
ders.: Sprachzerstörung und Rekonstruktion. Suhrkamp 1985
Maaz, Hans-Joachim: Der Gefühlsstau. Ein Psychogramm der DDR. Argon 1990.
ders.: Das gestürzte Volk. Deutschlands unglückliche Vereinigung. Argon 1991
Meissl, Sebastian/Mulley, Klaus-Dieter/Rathkolb, Dieter (Hrsg.): Verdrängte Schuld, verfehlte Sühne. Entnazifizierung in Österreich 1945-1955. Geschichte und Politik 1986
Menasse, Robert: Die sozialpartnerschaftliche Ästhetik. Essays zum österreichischen Geist. Sonderzahl 1990
Merten, Klaus: Inhaltsanalyse. Einführung in Theorie, Methode und Praxis. WDV 1983
Miller, Alice: Abbruch der Schweigemauer. Hoffmann & Campe 1990.
dies.: Du sollst nicht merken. Suhrkamp 1983
Mitscherlich, Alexander und Margarete: Die Unfähigkeit zu trauern. München 1977
Moser, Tilman: Das zerstrittene Selbst. Suhrkamp 1990
Müller-Hohagen, Jürgen: Verleugnet, verdrängt, verschwiegen. Die seelischen Auswirkungen der Nazizeit. Kösel 1988
Münch, Richard: Theorie des Handelns. Suhrkamp 1988
Müssig, Ricarda: Familien-Selbst-Bilder. Ernst Reinhardt 1991.
Narr, Wolf-Dieter: Theoriebegriff + Systemtheorie. Einführung in die politische Theorie I. Kohlhammer 1972
Narr, Wolf-Dieter/Naschold, Frieder: Theorie der Demokratie. Kohlhammer 1973
Naschold, Frieder: Systemsteuerung. Einführung in die politische Theorie II. Kohlhammer 1972.
Neugschwandtner, Renate: Frauen im Nationalsozialismus. Opfer oder Mittäterinnen: Diplomarbeit. Salzburg 1987 (Botz)
Onekelberghe van, Renaud: Klinische Ethnopsychoanalyse. Asanger 1991
Otten, Karl: Geplante Illusionen. Eine Analyse des Faschismus. Luchterhand 1989
Ottomeyer, Klaus: Lebensdramen und Gesellschaft. Deuticke 1987
Overbeck, Annegret/Wirth, Hans-Jürgen (Hrsg.): Erinnern hilft Vorbeugen. Psychosozial Mai 1986
Parin, Paul: Der Widerspruch im Subjekt. Ethnopsychologische Studien. Suhrkamp 1984.
ders.: Erfahrungen mit der Psychologie bei der Erfassung gesellschaftlicher Wirklichkeit. Universität Klagenfurt 1985
Pelinka, Anton: Zur österreichischen Identität. Zwischen deutscher Wiedervereinigung und Mitteleuropa. Wien 1990
Popper, Karl R.: Die offene Gesellschaft und ihre Feinde. UTB 1980
Preuss-Lausitz, Ulf u.a.: Kriegskinder, Konsumkinder, Krisenkinder. Zur Sozialgeschichte seit dem Zweiten Weltkrieg. Beltz 1983

Reich, Wilhelm: Die Massenpsychologie des Faschismus. Fischer 1974
Reichel, Sabine: Zwischen Trümmern und Träumen. Aufgewachsen im Schatten der Schuld. Hoffmann & Campe 1991
Reiter/Brunner/Reiter-Theil (Hrsg.): Von der Familientherapie zur systemischen Perspektive. Springer 1988
Richter, Horst-Eberhard: Die Chance des Gewissens. Hoffmann & Campe 1986
Riemann, Fritz: Grundformen der Angst. Ernst Reinhardt 1984.
Safrian, Hans/Witek, Hans: Und keiner war dabei. Dokumente des alltäglichen Antisemitismus in Wien 1938. Picus 1988
Scharfetter, Christian: Schizophrene Menschen. Urban & Schwartzenberg 1983
Scharpf, Fritz: Demokratietheorie zwischen Utopie und Anpassung. Universitätsverlag Konstanz 1970
Schneider, Heinrich: Politische Kultur. Herder 1990
Schubert, Helga: Judasfrauen. Luchterhand 1990
Schülein/Rammstedt/Horn/Leithäuser/Wacker/Bosse: Politische Psychologie. Syndikat 1981
Sichrovsky, Peter: Schuldig geboren. Kinder aus Nazifamilien. Kiepenheuer & Witsch 1987
Soeffner, Hans-Georg: Auslegung des Alltags — Der Alltag der Auslegung. Suhrkamp 1989. Ordnung der Rituale. Suhrkamp 1992
Speicher, Guenther: Die großen Tabus. Macht und Ohnmacht der Moral 1969
Sperling, E./Massing, A./Reich, G./Georgi, H./Wöbbe-Mönks, E.: Die Mehrgenerationen-Familientherapie. Vandenhoeck & Ruprecht 1982
Stierlin, Helm: Delegation und Familie. Suhrkamp 1982
Streiffeler, Friedhelm: Politische Psychologie. Hoffmann & Campe 1975
Strotzka, Hans: Macht. Ein psychoanalytischer Essay. Zsolnay 1985
Systemtheorie: Colloquium Verlag 1972
Volmerg, Birgit/Volmerg, Ute/Leithäuser, Thomas: Kriegsängste und Sicherheitsbedürfnis. Zur Sozialpsychologie des Ost-West-Konflikts im Alltag. Fischer 1983
Wassermann, Jakob: Etzel Andergast, Moewig 1980
Weizsäcker, Carl Friedrich: Wahrnehmung der Neuzeit. dtv 1986
Westernhagen, Dörte: Die Kinder der Täter. Das Dritte Reich und die Generation danach. Kösel 1987
Wodak/Cillia/Blüml/Andraschko: Sprache und Macht — Sprache und Politik. Suhrkamp 1985
Wodak, Ruth u.a. (Hrsg.): Wir sind alle unschuldige Täter. Suhrkamp 1990
Wulff, E. (Hrsg.): Ethnopsychologie. Seelische Krankheit — ein Spiegel der Kultur? Akademische Verlagsanstalt 1978.

Angaben zur Autorin

Geboren 1941 in Frankreich, seit 1947 in Wien, nach der Matura einige Studienversuche, dann verschiedene Berufe, unter anderem Sekretärin, Bibliothekarin, Erzieherin und Lehrerin. 1972 Studium der Politikwissenschaft, seit 1974 freiberufliche Journalistin in Printmedien und im ORF / Hörfunk, seit 1977 freiberuflich in der Erwachsenenbildung, seit 1985 Gestaltung zeitgeschichtlicher Ausstellungen, seit 1987 wissenschaftliche Projekte.

Publikationen

Beitrag über Antisemitismus als Fallbeispiel in „Faschismus-Theorien. Unterrichtsmodelle, Fallstudien" (Verlag für Jugend und Volk, Wien 1980)
„Judenstein — Legende ohne Ende" (SOG, Salzburg 1985)
Beitrag in „Das Große Tabu" (Edition S., Wien 1988)
Politischer Stadtführer 1918 bis 1945 (Picus-Verlag 1990)
„Auswirkungen gesellschaftlicher Tabus auf die Nachfolgegenerationen — am Beispiel des Nationalsozialismus" (Forschungsbericht, Wien 1990)
„Politische Identität — Kommunikation in der Familie" („Kontext", Freiburg 1990) „Der Mythos von der Kommunikationsgesellschaft" (Tagungsband zum Kongreß „Politische Psychologie" über „Moderne Mythen — Mythen der Moderne" (Jena 1991)
„Aufbruch in den Untergang. Das Zweite Vatikanum und seine Auswirkungen". Mit Paul M. Zulehner (Herder, Wien 1991)
„Resignation in Wien" (Volkshochschulprojekt Wien 1992)
Beiträge in „Antisemitismus in deutschen Massenmedien" (Bundeszentrale für politische Bildung, Bonn 1993)
Wissenschaftliches Projekt „Psychiatrie als gesellschaftliche Problemlösung in Extremsituationen — am Beispiel ehemaliger Wehrmachtssoldaten" (seit 1991)
Seit 1974 Artikel, Reportagen, Hintergrundberichte und Kommentare in österreichischen Tages-, Wochen-, Monats- und Fachzeitungen.

Hörfunksendungen

(Reportagen, Hintergrundberichte, mehrteilige Sendereihen, Wissenschaftliche Buchrezensionen)
„Radio — Selbstgestrickt" (ORF / Volkshochschule) März 1979)
„Politische Bildung — Wozu?" (November 1979)
„Funkverbindung" (ORF / Volkshochschule) (Jänner 1980)
„Sag' mir, wo die Frauen sind?" (Oktober 1980)
„Juden unter Christen. Zur Geschichte eines Vorurteils" (Mai 1982)
„Aber es war so harmlos, es war gar nicht gefährlich. Alltagsantisemitismus in der Ersten und Zweiten Republik" (Oktober 1982)
„Alle reden vom Frieden — Wer macht ihn?" (Oktober 1983)
„Umfassende Landesverteidigung — Die große Unbekannte" (Februar 1984)

„Der lange Schatten des Antisemitismus" (September 1984)
„Judenstein — Legende ohne Ende?" (Dezember 1984)
„Zuhause in Österreich. Gastarbeiter in Wien" (April 1985)
„Martin Buber" (Juni 1985)
„Wahrheit oder Lüge? Der Streit um das Tagebuch der Anne Frank" (November 1985)
„Schalom Ben Chorin. Judentum im Israel von Heute" (November 1985)
„Menschenbilder vom Zweiten Vatikanum" (November 1985)
„Elfriede Frank. Leben mit dem Tagebuch der Anne Frank" (August 1986)
„Lou Andreas Salomé" (Oktober 1986)
„Resignation. Die Macht der Illusionen" (Dezember 1986)
„Jüdisches Selbstverständnis jenseits des Klischees" (Jänner 1987)
„Wilhelm Reich — Psyche, Wahn und Wissenschaft" (März 1987)
„Gefährliche Oper. Die Oper im Brennpunkt der Politik" (September 1987)
„Der Einmarsch begann in Braunau. Erinnerungen von Österreichern an den März 1938" (März 1988)
„Wien 2000" (Mai 1988)
„Die vergessene Pubertät" (Oktober 1988)
„Alle reden vom Konzil" (Jänner 1989)
„Der jüdische Witz" (Jänner 1989)
„Richard Tauber" (Juli 1989)
„Jüdisch-Politisches Cabaret in der Zwischenkriegszeit" (August 1989)
„Der Friedensvertrag von St. Germain" (September 1989)
„Signifikant oder Repräsentativ? Geheimwissenschaft Meinungsforschung" (November 1989)
„Jeder hat Angst vor Fremden. Spurensuche mit Ethnopsychologie" (Juni 1990)
„Der ängstliche Adler. Das Universalgenie Friedrich Nietzsche" (August 1990)
„Demokratie und Sozialismus. Nur ein Widerspruch? Spurensuche bei Leo Trotzki und Rosa Luxemburg" (September 1990)
„Muß Wohnen in Österreich teuer sein?" (März 1991)
„Friedrich Heer. Ein österreichisches Schicksal" (April 1991)
„Demokratie oder Der Mut zum eigenen Standpunkt" (Juni 1991)
„Psychologie und Wirtschaft" (Juni 1991)
„Der Grenzüberschreiter. F.M. Dosotojewski" (November 1991)
„Endlager oder Zwischenlager — Ist das hier die Frage?" (Juni 1992)

Erwachsenenbildung

Kurse, Veranstaltungen, Tagungen und Symposien zu Zeitgeschichte, Judentum, Literatur, Psychologie, Politische Bildung und Medien in Volkshochschulen und in der katholischen Erwachsenenbildung.